权威·前沿·原创

皮书系列为
"十二五""十三五""十四五"时期国家重点出版物出版专项规划项目

BB
BLUE BOOK

国家治理与制度建设智库

浦东新区蓝皮书
BLUE BOOK OF PUDONG NEW AREA

上海浦东经济发展报告（2023）

ANNUAL REPORT ON ECONOMIC DEVELOPMENT OF PUDONG NEW AREA (2023)

聚焦核心功能引领和创新发展引领

主　编／邢　炜　雷新军
副主编／张武君　张晓娣

社会科学文献出版社
SOCIAL SCIENCES ACADEMIC PRESS (CHINA)

图书在版编目（CIP）数据

上海浦东经济发展报告. 2023：聚焦核心功能引领
和创新发展引领 / 邢炜，雷新军主编 . ——北京：社会
科学文献出版社，2023.1
（浦东新区蓝皮书）
ISBN 978-7-5228-1204-5

Ⅰ.①上… Ⅱ.①邢… ②雷… Ⅲ.①区域经济发展
-研究报告-浦东新区-2023 Ⅳ.①F127.513

中国版本图书馆 CIP 数据核字（2022）第 232575 号

浦东新区蓝皮书

上海浦东经济发展报告（2023）
——聚焦核心功能引领和创新发展引领

主　　编／邢　炜　雷新军
副 主 编／张武君　张晓娣

出 版 人／王利民
组稿编辑／邓泳红
责任编辑／王　展
责任印制／王京美

出　　版／社会科学文献出版社·皮书出版分社（010）59367127
　　　　　地址：北京市北三环中路甲 29 号院华龙大厦　邮编：100029
　　　　　网址：www.ssap.com.cn
发　　行／社会科学文献出版社（010）59367028
印　　装／天津千鹤文化传播有限公司

规　　格／开　本：787mm×1092mm　1/16
　　　　　印　张：19　字　数：251 千字
版　　次／2023 年 1 月第 1 版　2023 年 1 月第 1 次印刷
书　　号／ISBN 978-7-5228-1204-5
定　　价／158.00 元

读者服务电话：4008918866

主要编撰者简介

邢　炜　中共上海市浦东新区委员会党校常务副校长、校务委员会副主任，浦东新区行政学院副院长。历任长宁区北新泾街道办事处主任、长宁区人大常委会办公室主任、长宁区人民政府办公室主任、上海市人大常委会办公厅监督协调处处长等职。

雷新军　经济学博士，博士后，上海社会科学院经济研究所开放经济研究室主任，上海东方品牌文化发展促进中心副理事长。先后担任上海社会科学院经济研究所宏观经济学研究室副主任、企业发展研究室主任、人口资源环境经济学研究室主任。2008 年作为全国第 9 次博士服务团成员，赴中国延安干部学院，担任教学科研部国情研究室副主任。长期从事产业经济研究，主要学术著作有《日本经济发展过程中的政府作用》（日文）、《城市产业转型比较研究：上海市杨浦区与日本川崎市的产业转型经验》、《上海经济改革与城市发展：实践与经验》（合著）、《科学发展与城市国际竞争力》（合著）、《中国产业论归纳法的展开》（日文、合著）、《东亚地区经济发展与中小企业》（日文、合著）、《上海品牌发展报告》（执笔、主编）、《上海浦东经济发展报告（2022）》（主编）。

张武君　中共上海市浦东新区委员会党校副校长、校务委员会委员，浦东新区行政学院副院长。

张晓娣　经济学博士，博士后，上海社会科学院经济研究所副研究员，中国民主建国会会员。联合国工业发展组织伙伴专家。先后主持 1 项国家自然科学基金青年项目、1 项国家社会科学基金青年项目、1 项中国博士后科学基金项目及 4 项上海市决策咨询项目，近五年以第一作者名义共发表 CSSCI 论文 20 余篇。2018 年获得上海市"三八红旗手"称号与"巾帼创新新秀奖"，2019 年入选上海市"青年拔尖人才"。《上海浦东经济发展报告（2022）》副主编。

摘　要

2022 年是我国迈向全面建设社会主义现代化国家的重要一年，凝心聚力向第二个百年奋斗目标进军，浦东新区将以党的二十大精神为引领，在新时代、新征程上奋勇前行，力争再创社会主义现代化引领区建设的新成绩，积极作为，尽责担当全面建设社会主义现代化国家的排头兵。基于此，《上海浦东经济发展报告（2023）》围绕打造社会主义现代化建设引领区的使命，设置总报告、行业篇和专题篇三个板块，包括 14 篇报告，全方位描摹和探寻浦东新区经济新引擎和发展新动向。

总报告依据全球经济收敛下行和中国经济增长放缓的总体趋势，指出 2022 年浦东经济运行轨迹呈现明显的 "V" 字形态势，6 月开始强力复苏反弹并呈现稳固向好态势。预估 2023 年浦东经济将呈现高速增长态势，工业增速在上年强力反弹基础上继续稳步上扬，第三产业在金融业的平稳增长下增长较快，从而加快打造社会主义现代化建设引领区，助推经济高质量发展。

分报告共有 5 篇报告，分别从全球资源配置能力、总部经济发展、自主创新功能、绿色金融发展以及消费模式创新五个方面进行分析。报告认为浦东城市全球资源配置力影响力还存在提升空间，下一步要积极创新思路打造 "国内外双循环的战略链接"；报告提出浦东新区总部经济的发展应从发展环境、本土企业总部的集聚力以及新模式等方面发力；报告展望大企业开放创新中心是助力浦东新区做强创

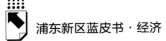

新引擎和自主创新新高地的重要抓手；报告系统评估并探析浦东新区绿色金融发展水平现状，并对标国外先进实践从政策体系、制度体系、产品体系、中介服务、风险防范、国际合作等方面提出建议；报告也指出未来浦东新区创新消费模式是必然选择，但新型消费模式最终得以成型还有赖于制度支持和监管水平的提升。

专题篇共有 8 篇报告，分别从科技企业、数字经济赋能制造业、数字赋能旅游业、数字文化产业、知识产权金融、创业投资行业、招商引资以及乡村振兴八个角度进行研究。报告从孵化源头、孵化培育和孵化成效等角度剖析了浦东硬核科技企业存在的短板和不足并提出建议；报告强调浦东新区应抢抓数字经济发展带来的新机遇，积极推动制造业转型升级；报告聚焦浦东新区旅游资源转型升级的现状与当前上海数字化新基建的助推作用，并根据旅游业所面对的三大挑战提出应对建议；报告认为浦东新区要瞄准数字文化产业的发展瓶颈，下好数字文化产业的先手棋，抢抓经济发展新赛道的战略新机遇；报告指出浦东新区知识产权金融服务创新的进一步发展还面临诸多挑战，并据此提出了相应的对策建议；报告建议浦东新区从探索差异化监管体系、创新国有创投机制、打造创业投资发展生态圈等方面入手，支持创业投资行业健康发展；报告着重提出了浦东开发区需进一步完善协同机制、考核机制及快速反应决策机制，加强产业招商研究和平台建设，优化人才等政策；报告也指出浦东新区乡村振兴战略的实施取得一定成效但仍面临挑战，需要进一步提升产业发展能级、加快农村集体经济发展、完善新型农业经营体系。

关键词： 经济发展　创新发展　数字经济　浦东新区

目 录 ⟅⟆

Ⅰ 总报告

Ⅱ 行业篇

皮书数据库阅读**使用指南**

总 报 告

General Report

B.1

浦东2022年经济发展分析及2023年展望

胡云华 *

摘 要： 随着新冠肺炎疫情反复和乌克兰危机加剧，2022年全球经济收敛下行，中国经济增速也出现放缓态势。在疫情的冲击下，2022年浦东经济增速创历史新低。展望2023年，浦东经济发展虽面临全球经济复苏乏力带来的挑战，但国内经济增长上行的基础稳固将带来新的支撑。综合各种因素可以预判，浦东经济增速将持续上扬，应重点聚焦综合改革试点突破、创新策源功能提升和现代产业体系构建，以高水平改革开放加快推进打造社会主义现代化建设引领区，力争高质量发展取得明显进展。

关键词： 浦东经济 改革开放 创新发展 浦东新区

---

* 胡云华，经济学博士，中共上海市浦东新区委员会党校经济教研室主任，副教授，主要研究方向为区域经济发展、创新经济。

一　2022年浦东经济发展背景分析

（一）全球经济收敛下行

受疫情和俄乌冲突影响，2022年全球经济弱复苏进程受阻，阴云密布。一方面，虽然欧美各经济体纷纷宣布新冠肺炎疫情解除限制措施，疫情感染人数却不断走高，同时新冠毒株奥密克戎不断变异，对全球经济的消极影响仍未结束。另一方面，乌克兰危机引发能源等大宗商品价格高企，严重冲击全球供应链，推高全球通胀，拖累全球经济增速下行。2022年10月国际货币基金组织（IMF）发布《世界经济展望报告》，预测2022年全球经济增速降至3.2%，通胀较2021年的4.7%上升到8.8%的高位①；发达国家经济增长2.4%，较此前7月预测值下调0.1个百分点；新兴市场和发展中经济体总体增长态势有所好转，较此前预测值上调0.1个百分点，增长3.7%。

首先，发达国家举步维艰。美国面临数十年来最高通胀困扰，迫使美联储启动加息通道，然而收效甚微。根据2022年10月13日美国劳工部公布的数据，9月美国消费者价格指数（CPI）环比增长0.4%，同比增长8.2%。生产者价格指数（PPI）同比上涨8.5%，环比上涨0.4%，是3个月来首次出现环比上涨。② 高额通胀拖累美国经济连续两个季度负增长，滑入衰退的风险不断加大。根据IMF预测，2022年美国GDP增速为1%，比7月下调了0.7个百分点。欧元区的状况比美国更糟。受疫情的困扰尤其是俄乌冲突的影响，

---

① 《国际货币基金组织下调明年全球经济增长预期至2.7%》，光明网，2022年10月12日。

② 《美国2022年GDP下滑概率达30%？ 美联储会议纪要透露利率需提高至更限制性的水平以避免通胀预期失控》，腾讯网，2022年10月14日。

欧洲面临前所未有的能源价格暴涨，给制造业带来沉重打击，经济面临萎缩困境。第三季度，欧元区制造业 PMI 指数持续下跌，连续 3 个月低于荣枯线，季度平均值从第二季度的 54.2 大幅下滑至 49.0，是 2013 年以来最快的下滑速度。[①] 受大环境影响，日本经济复苏势头不断减弱。8 月日本服务业 PMI 创新低，为 49.5。制造业 PMI 连续 5 个月下跌，至 51.5。同时受日元贬值影响，日本对外贸易逆差激增，CPI 呈现上涨态势。根据 IMF 预测，日本 2022 年经济增速为 1.7%。

其次，新兴经济体困难重重。尽管总体表现优于发达经济体，然而高通胀和持续货币紧缩成为制约新兴经济体动能加速的双重困扰。以金砖国家为例，深陷乌克兰危机中的俄罗斯举步维艰，西方制裁已经将其拖入明显滞涨的泥潭。第三季度 GDP 同比下降 4.13%，增速较上一季度下降了 7.68 个百分点。尽管 IMF 将俄罗斯 2022 年增长速度调高至−3.4%，但冲突和制裁仍然是俄罗斯经济挥之不去的阴霾。印度由于上年度低基数的原因，第三季度实现了 13.5% 的大幅增长，然而通胀率持续走高，已经连续 8 个月超出印度央行设立的 6% 的通胀容忍上限。巴西总体维持稳步复苏发展态势，但动能依然偏弱。南非经济在第三季度仅实现了同比增长 0.19%，复苏动力不足。可见，尽管新兴经济体总体处于复苏通道，但随着美元的不断加息，大多陷入高通胀的泥潭，面临的债务危机风险也在不断加大。

总而言之，2022 年全球面临经济收敛下行和通胀高企的双重挑战，地缘冲突的不确定性又进一步加剧了金融市场动荡风险，加之新冠肺炎疫情的困扰未曾远去，使得中国经济发展环境的复杂性、严峻性和不确定性增加。

---

① 孙彦红：《欧洲经济：复苏前景黯淡》，《世界知识》2022 年第 19 期。

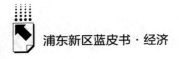

（二）中国经济增长放缓

2022年是中国全面开启社会主义现代化强国建设新征程的第一个完整年，也是中国共产党第二十次全国代表大会召开之年。如前所述，外部环境给中国经济带来的风险挑战前所未有，同时，国内又面临多点频发的新冠肺炎疫情冲击困扰。"疫情要防住、经济要稳住"成为对中国政府的重大考验。因此，在供给冲击、需求萎缩、预期转弱的不利影响下，2022年中国稳增长、稳就业、稳物价的压力加大，全年经济总体增速放缓。

2022年中国经济呈现"两头高、中间低"的增长轨迹。根据国家统计局数据，第一季度中国经济开局良好，实现4.8%的增速，第二季度在疫情的冲击之下进入谷底，同比增速仅为0.4%，上半年的增速为2.5%，大大低于年初5.5%左右的预期目标，但进入第三季度以来，随着全国疫情逐步缓解，疫情防控政策不断优化，经济快速反弹，强力复苏。前三季度实现国内生产总值870269亿元，同比增长3.0%。[①] 尽管中国经济增长很难实现年初预期目标，但在全球面临滞胀风险的大环境中还是表现亮眼，实现了主要经济指标平稳增长、居民消费价格温和上涨、就业形势总体稳定的"全优"成绩，发挥了全球经济的"稳定器"作用。

从需求侧来看，全球外需收缩直接影响中国出口在下半年承压下行，消费由于疫情多点频发难以明显改善，房地产处于下降通道短期难以转向上行。因此，投资成为重要的"稳定器"。从供给侧来看，工业的强力复苏为中国经济运行轨迹的上行发挥了"加速器"的作用。

首先，中国工业回暖上行。根据国家统计局公布的数据，进入第三季度，工业边际改善明显，增速加快。7月、8月工业增加值分别同

---

① 国家统计局网站。

比增长 3.8% 和 4.2%，2 个月的平均增速相较于第二季度 0.6% 的平均增速提升了 3.4 个百分点。从具体门类来看，第三季度工业增速的走高主要得益于公用事业。7 月、8 月全国电力、热力、燃气及水生产和供应业在罕见高温天气的带动下同比大幅增长 9.5% 和 13.6%。制造业增加值在第二季度强力反弹之后逐步平稳。其中汽车生产、电气机械和器材生产保持高速增长，如汽车制造业受惠于 2022 年鼓励购买新能源车政策，在上年低基数基础上于 8 月实现了高达 30.5% 的同比增长。[①]

其次，投资增长趋稳。随着国内疫情防控形势向好，国家和地方重点项目加快推进，固定资产投资增长趋于平稳。根据国家统计局数据，1~8 月全国总体固定资产投资累计同比增长 5.8%，相比 1~7 月略有增长，投资作为经济"稳定器"的作用日益显现。预计在稳增长相关政策的大力实施下，第四季度的投资增幅会延续平稳上行的轨迹。具体来看，三大投资中表现最为亮眼的是基建投资。1~8 月基建投资累计同比增长 10.37%，比上半年增速高 1.1 个百分点。制造业投资鉴于海外需求的疲弱和利润率的下降，1~8 月累计实现同比增长 10%，较上半年增速略低 0.4 个百分点。与前两者相反，房地产投资没能实现明显回暖上行。

因此，从国内来看，尽管全球经济收敛下行和地缘冲突带来了不利影响，但中国经济凭借强大韧性和巨大潜力迎来了强劲复苏，从而实现了平稳增长，在全面建设社会主义现代化国家、实现中华民族伟大复兴的新征程上迈出了坚实的一步。

二 2022年浦东经济运行现状

2022 年对于浦东具有特殊的意义，是浦东打造社会主义现代化

---

① 国家统计局网站。

建设引领区的第一个完整年。面对外部环境的复杂性、严峻性和不确定性，尤其是3月突如其来严重的疫情冲击，浦东积极统筹推进疫情防控和经济社会发展，在上海市统一部署下，全力打赢"大上海保卫战"。在6月1日上海城市"重启"之后，浦东优化完善常态化疫情防控体系和应急指挥体系，出台经济恢复实施方案（"50条"），积极纾困企业主体，保障大项目开工，加快推进城中村和老旧小区更新改造，尤其是全力贯彻落实《中共中央 国务院关于支持浦东新区高水平改革开放打造社会主义现代化建设引领区的意见》（以下简称《意见》），把疫情耽误的时间抢回来，"挑最重的担子，啃最硬的骨头"，全力加快推进高水平改革开放。

由于疫情的冲击，2022年浦东经济运行轨迹呈现明显的"V"字形态势，第二季度是全年的谷底，6月开始强力复苏反弹，呈现稳固向好态势，作为上海市"发动机""稳定器""加速器"的作用日益显著。1~6月，浦东实现地区生产总值7086.68亿元，同比下降3.1%（见表1），高出上海市2.6个百分点，占上海市经济总量比重提升至37.01%，① 在经历了7月经济恢复势头边际放缓后，浦东各行业各

表1 2022年1~8月浦东新区主要经济指标情况

单位：亿元，%

指标名称	绝对值	增速
地区生产总值（季）	7080.68	-3.1
规模以上工业总产值	8070.82	3.2
全社会固定资产投资	1463.13	3.6
社会消费品零售总额	2196.99	-11.0
商品销售总额（季）	27123.26	-7.6
外贸进出口总额	15602.81	3.9

① 数据如无特殊说明，均来自浦东新区统计月报。

领域继续复苏，如金融业保持较快增长，实到外资实现正增长，工业强劲恢复，主要指标呈现触底回升态势，经济基本面明显改善。根据相关数据总体预测，2022年第四季度浦东会进一步加快相关重大项目的投资，全年经济增长率为2%左右，持续高于上海市增速1~2个百分点。

（一）打造社会主义现代化建设引领区加快推进

2021年7月中央公布的《意见》是浦东推动引领区建设的根本遵循。根据《意见》，浦东社会主义现代化建设引领区的战略定位是更高水平的开路先锋、自主创新的时代标杆、全球资源配置的功能高地、国内需求扩大的典范引领、现代城市治理的示范样板。[①] 2022年7月16日，中共浦东新区委员会五届二次全会召开，通过《中共浦东新区委员会关于牢记嘱托砥砺奋进勇当王牌加快打造社会主义现代化建设引领区的意见》，打造社会主义现代化建设引领区加快推进。

一年多来，浦东对标中央《意见》要求，紧紧围绕着五个战略定位，全面贯彻落实习近平总书记的指示精神，"挑最重的担子，啃最硬的骨头"，加快推进引领区建设。根据中共浦东新区委员会五届二次全会的数据，中央《意见》发布一年来，《浦东新区推进高水平改革开放打造社会主义现代化建设引领区实施方案》提出的450项任务中，持续性工作、已完成或基本完成的有370项，占82.2%。在引领区加速度建设的带动下，浦东经济发展持续向好，具体进展情况如下。

1. 围绕全力做强创新引擎，努力打造自主创新新高地

聚焦打好关键核心技术攻坚战，着力打造自主创新新高地是《意见》部署的首项任务，也是浦东引领区建设的重中之重。一年多来，浦东加快推动了一批重大科技基础设施和支持政策落地。

---

① 《中共中央　国务院关于支持浦东新区高水平改革开放打造社会主义现代化建设引领区的意见》，2021年7月15日。

一是重大科技基础设施加快落地，战略科技力量不断集聚。张江实验室研发大楼项目加快建设，临港实验室落实选址。李政道研究所投入使用，交大张江高等研究院实现整体入驻。硬 X 射线项目完成首套超导加速器模组总装和水平测试，软 X 射线用户装置实现外种子型自由电子激光出光。世界顶尖科学家国际联合实验室等重点项目加快推进。

二是科创成果持续涌现，创新策源功能得到提升。2022 年 9 月，C919 大飞机取得中国民航管理局颁发的适航证，年内有望向国内航空公司交付客机，同时也和欧美等 32 个国家及地区签署了双边适航协议。国内唯一由中国企业研发并获准上市的四臂腔镜手术机器人在浦东诞生。全球最大江海联运型 LNG 船、中国首艘全球最大 2.4 万TEU 超大型集装箱船签字交付。中国首款 CAR-T 细胞治疗产品获批上市并实现量产。

三是相关支持政策率先取得突破，创新环境持续优化。平台方面，大企业开放创新中心计划已有 2 批 34 家企业加入。率先开展生物医药特殊物品入境检疫改革试点，联合监管信息化平台已完成验收。人才方面，国家移民管理局赋予浦东新区永久居留推荐权，市人社局向浦东下放高端人才审核权，一年多来通过留学人员落户政策累计引进海外留学人员超一万人。税收政策方面，公司型创业投资企业所得税优惠政策正式落地。

2. 着力加强改革系统集成，不断激活高质量发展活力

《意见》提出浦东要聚焦基础性和重大牵引作用的改革，着力加强系统集成改革。① 一年多来，浦东积极推出了一批重大改革举措，激活高质量发展新动力。

---

① 《中共中央　国务院关于支持浦东新区高水平改革开放打造社会主义现代化建设引领区的意见》，2021 年 7 月 15 日。

一是加快创新政府服务管理方式。浦东围绕整体政府建设着力突破，全力优化营商环境。一方面，持续深化市场准入便利化改革。市场主体准营的探索是浦东改革的重点，从证照分离改革到"一业一证"改革，浦东一直在全国改革中充当先行者。截至 2022 年 7 月，浦东"一业一证"改革已实现 31 个试点行业全部落地。首批 10 个行业开展市场准营承诺即入制改革试点。另一方面，事中事后监管持续强化综合监管机制。浦东在"六个双"基础上重点探索健全信用监管机制，已覆盖 57 个主要行业领域。率先试点以企业信用信息报告代替行政合规证明新机制。

二是不断完善法治保障体系。《意见》赋予浦东特区立法权，让浦东改革自主权进一步得到有效释放。一年多来，浦东加快制度创新步伐，加快建立支持浦东高水平改革开放的法治保障体系。截至 2022 年 10 月 1 日，上海市人大常委会先后出台"一业一证""市场主体退出""知识产权保护""绿色金融"等 12 部浦东新区法规，浦东新区出台"商事调解制度"等 6 部管理措施。

三是积极探索健全要素市场一体化运行机制。上海数据交易所设立运行，挂牌数据产品已超过 100 个，交易制度体系基本建立。国家（上海）新型互联网交换中心挂牌并试运行。临港新片区建成国际互联网专用通道。国家版权创新发展基地落户浦东。

3. 深入推进制度型开放，争创国际合作和竞争新优势

《意见》要求浦东引领区在服务构建新发展格局中发挥更大作用，着力推动规则、规制、管理、标准等制度型开放。[①] 一年多来，浦东聚焦推动自贸试验区及临港新片区先行先试，在若干重点领域率先实现突破，已初步形成了一批政策制度创新成果。

---

① 《中共中央　国务院关于支持浦东新区高水平改革开放打造社会主义现代化建设引领区的意见》，2021 年 7 月 15 日。

一是服务业扩大开放取得新成效。全国首批外商独资公募基金、首家外资独资券商、首家合资转外资独资人寿保险公司等相继落户。国内首单外资班轮船公司外贸集装箱"沿海捎带"业务在洋山港正式落地。上海国际文物艺术品交易中心正式揭牌，2021 年保税区域文物操作数量 2035 件、同比增长 48.5%。

二是高标准国际化经贸规则试点取得新突破。首批境外职业资格证书认可清单和紧缺清单已对外发布。全国首个覆盖四大船供物料产品的《船舶供应服务物料产品分类与编码》团体标准发布。浦东新区入选首批国家气候投融资试点、全国商业秘密保护创新试点地区。

三是海关特殊监管区建设提速。2022 年 3 月，作为我国目前开放程度最高、改革力度最大的海关特殊监管区域，洋山特殊综合保税区（二期）实现封关运作，全国首创"一司两地"一体化监管模式，并完成首次进口货物申报。监管区面积由一期的 14.27 平方公里，扩大至 22.36 平方公里。2021 年，洋山特殊综保区进出口货值达 1294.9 亿元，同比增长 28%，较上海市进出口货值增长率高出 12 个百分点。①

4. 全面提升全球资源配置能力，服务构建新发展格局

《意见》指出，浦东要努力打造国内大循环的中心节点和国内国际双循环的战略链接，服务构建新发展格局。② 一年多来，浦东抓紧打造一批扩大金融开放高能级功能性平台，加快提升服务辐射能级。

一是努力增强全球金融资源配置能力。一方面，不断扩大金融开放创新。临港新片区开展跨境贸易投资高水平开放外汇管理改革试点。推进贸易外汇收支便利化试点扩容提质增效，截至 2022 年 7 月，

---

① 《洋山特殊综保区二期封关运作》，《解放日报》2022 年 3 月 8 日。
② 《中共中央国务院关于支持浦东新区高水平改革开放打造社会主义现代化建设引领区的意见》，2021 年 7 月 15 日。

共有 13 家试点银行和 148 家企业参与试点，合计金额 518.91 亿美元。外高桥港综合保税区国际铜交割规模提升，铜品种首次在同一库区内实现国内期货、国际期货、国内现货、国际现货四个市场完全流通。另一方面，加快推进重要金融基础设施平台建设。原油期权在上海国际能源交易中心正式挂牌交易，成为全国首批以人民币计价并向境外投资者全面开放的期权品种，2022 年上半年总成交量达到 238.3 万手。

二是不断增强总部经济的辐射能级。浦东 2021 年以来新增跨国公司地区总部 48 家，2022 年 8 月底累计达到 407 家，占全市的 46.93%。"全球营运商计划"（GOP）进展顺利。"离岸通"平台已初步完成与境外海关数据、集装箱海运数据以及港口装卸数据的对接，覆盖范围向临港新片区、陆家嘴片区拓展。前滩国际经济组织集聚区揭牌成立，国际商会上海代表处、国际检验检测认证理事会（TIC）上海代表处等一批重量级国际组织落户。

三是带动长三角一体化和服务"一带一路"功能不断凸显。首先，带动长三角一体化发展。一年多来，浦东发起设立长三角自贸试验区联盟，长三角资本市场服务基地实现主要城市全覆盖。国家药监局药品、医疗器械技术审评检查长三角分中心启动运营。其次，主动服务"一带一路"倡议。"一带一路"技术交流国际合作中心东亚分中心在浦东揭牌。搭建海外知识产权维权援助工作网络，在纽约、旧金山、东京、马德里等 4 个城市设立海外维权咨询服务中心。上海自贸区国别（地区）中心涵盖 14 个国家和地区。

5. 加快提高城市治理现代化水平，积极开创人民城市建设新局面

《意见》提出，浦东要率先构建经济治理、社会治理、城市治理统筹推进和有机衔接的治理体系，把城市建设成为人与人、人与自然和谐共生的美丽家园。一年多来，浦东以一批民生实事工程为重要抓手，统筹推进疫情防控与经济稳定发展，加快推动治理机制创新，人民城市建设迈出坚实步伐。

一是持续深化"两张网"建设。持续推进城市运行"一网统管",深化整合经济治理、社会治理、城市治理三大治理平台,整理出 10 大类 57 个场景,"城市大脑"运行体征数量增至 150 种以上,推动城市治理由智能化向智慧化跃升。深化政务服务"一网通办",推动企业专属网页、"政务智能办"等新模式,政务服务从"能办"向"好办"转变。

二是持续做实做好民生实事。"15 分钟服务圈"三年行动计划全面完成,群众可就近享受优质公共服务。金色中环、交通路网等一批重大工程,上图东馆、上博东馆、上海大歌剧院等重大文体设施加快建设和投入运营。

总而言之,一年多来,浦东引领区建设取得了一系列创新突破,体现了先行者的突出作用,更为 2022 年浦东全年经济复苏回升激发了驱动力。

(二)主导产业强力支撑经济修复前行

经过 30 多年的开发开放,浦东已经初步构建起了以服务经济为主体、先进制造业为主导、战略性新兴产业为引领的现代化产业体系。以 2021 年为例,浦东金融业增加值占 GDP 比重最大,为30.6%;工业次之,占比为 23.9%。因此,金融业和工业的走向对于浦东经济运行至关重要。2022 年在外部风险加大和国内严重疫情冲击之下,金融业和工业强力复苏反弹,成为支撑浦东经济修复上行的重要支撑,充分展现出浦东经济的强大韧性。

1. 工业强劲复苏

随着疫情防控常态化,复工复产后生产节奏加快,经济稳增长扎实推进,浦东工业呈现强劲复苏的态势。8 月,浦东完成规模以上工业总产值 1359 亿元,创历史新高。1~8 月,浦东累计实现规上工业产值 8071 亿元，同比增长 3.2%，领先上海市 6.2 个百分点（见图 1），在上海市各区中率先回正，成为浦东经济修复上行的重要引擎。而且值得一提的是，1～8 月，浦东高技术产业产值规模超过 2000 亿元，实现了 14% 的高增长，反映出浦东工业的创新能级在加快提升。

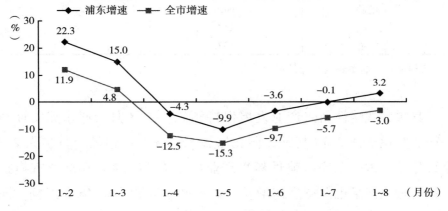

图 1　2022 年 1~8 月浦东工业增长情况

资料来源：浦东新区统计月报。

一是三大先导产业和战略性新兴产业发展势头良好。

首先，三大先导产业发展加速。2020 年 11 月 12 日，在浦东开发开放 30 周年庆祝大会上，习近平总书记强调浦东要在集成电路、生物医药、人工智能三大产业方面打造世界级创新产业集群。[①] 自此，浦东聚焦三大先导产业，着力提升高端产业引领功能。8 月，浦东三大先导产业完成产值 193 亿元，同比增幅高达 37.6%；1～8 月累计完成产值 1194 亿元，同比增长 9.3%，增速较 1～7 月提高 4.1 个百分点。其中，表现最为亮眼的是规模最大的集成电路产业，8 月产

————————

① 《在浦东开发开放 30 周年庆祝大会上的讲话》，人民出版社，2020。

值突破 100 亿元，增速达 42.9%，1~8 月累计增长 27.9%，产值规模达 645 亿元（见表 2）。

表 2　2022 年 1~8 月浦东三大先导产业发展情况

单位：亿元，%

产业	产值	增速
集成电路	645	27.9
生物医药	412	−6.7
人工智能	137	−3.8

资料来源：浦东新区统计月报。

其次，战略性新兴产业发展保持领先。1~8 月，浦东战略性新兴产业实现产值 3973 亿元，同比增长 13.7%，增幅较上月扩大 2.8 个百分点，占上海市战略性新兴产业比重为 37.8%。在产值规模扩大的同时，产量也保持高速增长，如生产新能源汽车 46.8 万辆，同比增长 59.1%；生产智能手机 1876 万台，同比增长 1.2 倍；生产集成电路圆片 586 万片，同比增长 22.4%。

二是重点行业支撑作用明显。

浦东工业重点行业对全行业的支撑拉动作用明显，其中，贡献最大的是规模排在前面的汽车制造业和电子信息制造业。

首先，汽车制造业高速增长。作为产值最大的行业，汽车制造业的走势对浦东工业影响巨大。受惠于政策利好因素，浦东汽车制造业复工复产之后增幅持续扩大。8 月完成产值 420 亿元，同比实现 40.2% 的高速增长，拉动当月浦东工业增长高达 11.4 个百分点，成为名副其实的重要引擎。1~8 月完成产值 2335 亿元，同比增长 13.4%，较 1~7 月扩大 4.7 个百分点。其中，整车制造和汽车零配件产值比接近 3:1，分别增长 18.8% 和 0.03%。

其次，电子信息制造业保持两位数增长。规模仅次于汽车制造业的电子信息制造业增速更高。1~8月浦东电子信息制造业完成产值1616亿元，同比实现22.2%的增长（见表3），拉动浦东工业增长3.8个百分点。截至8月底，有25家电子信息制造企业位列浦东工业百强，共实现产值1362亿元，同比增长30.7%，拉动浦东工业增长4.1个百分点。

最后，成套设备制造业降幅不断收窄。随着复工复产后纾困企业相关政策的出台及落实，浦东成套设备制造业加快恢复。1~8月完成产值807亿元，同比下降8%，降幅比1~7月大幅收窄3.8个百分点。其中，船舶及相关装置制造、输配电及控制设备制造的降幅收窄5个百分点以上。

表3 2022年1~8月浦东工业重点行业情况

单位：亿元，%

产业	产值	增速
电子信息	1616	22.2
汽车制造	2334	13.4
成套设备	807	−8.0
新能源	67	−8.4
航空航天	43	−33.6

资料来源：浦东新区统计月报。

三是产业效益止稳回升。

首先，工业产销率不断提升。1~8月，浦东工业产销率达100.5%，比上年同期提高2个百分点。实现出口交货值2161亿元，同比增长28.5%，拉动销售产值增长6.7个百分点，占销售产值比重为28%，同比提高了4.3个百分点。重点行业中，汽车制造业和电子信息制造业的销售产值和出口交货值均实现两位数增长。

其次，企业经济效益企稳向好。面对疫情的冲击，2022年浦东出台了一系列纾困企业的具体措施，在税收减免、资金支持、供应链稳定保障等方面给予企业支持，安商稳商助商政策多管齐下。同时，伴随市场逐步回暖，浦东企业经济效益也逐步企稳向好。1~7月，浦东1586家规上企业实现营业收入7374亿元，同比增长6.0%，较1~6月的增幅提升了2.3个百分点。利润总额也从1~6月的312亿元提升至367亿元，降幅从-18.3%收窄至-12.3%。

2. 金融业带动服务业平稳上行

作为浦东第一大产业，也是占据浦东服务业绝对主导地位的产业，金融业一直以来在浦东经济增长中发挥着中流砥柱的作用。2022年，随着引领区建设进程的推进，服务业的高水平改革开放有力地支撑着浦东金融业继续昂首阔步前行，带动占浦东经济总量75%以上的服务经济平稳上行，有力助推浦东经济修复前行。

一是金融业快速增长。如前所述，引领区建设进程中，浦东增强国际资源配置功能的重要抓手是金融开放。高水平开放带来的是浦东金融业的快速增长，绝对主导产业地位坚不可摧。上半年金融业增加值实现了6.2%的中高速增长，实现规模2443亿元，占浦东GDP比重提升至34.5%的新高，占同期上海市金融业增加值的59.2%，拉动浦东GDP增长2个百分点。

首先，金融机构加快集聚。全国首批3家外商独资公募基金、首家外资独资券商、首家合资转外资独资人寿保险公司（贝莱德、富达、路博迈）相继落户浦东，同时重点持牌机构纷至沓来。如广银理财公司、浦银理财公司、招商银行资金营运中心、兴业银行私人银行等银行理财公司、持牌专营机构落户；瑞信证券上海分公司、中融基金上海分公司、中金基金上海分公司、英大基金上海分公司、华润元大基金上海分公司、创金合信基金上海分公司等一批证券和基金分公司相继落地浦东。① 截至2022年8月底，浦东监管类金融机构数

① 上半年浦东新区金融业增加值超2443亿元同比增长6.2%占全市59.2%（shanghai. gov. cn）2022年8月12日。

量达 1163 家，同比增长 3%。其中融资租赁领域，浦东资产规模约占全国的 1/3。私募基金领域，截至 6 月底，浦东管理规模超 1.5 万亿元。

其次，金融市场平稳发展。从要素市场方面来看，3 月底面对突如其来的疫情，浦东重要金融要素市场迅速启动应急预案，全力保障交易正常运行，确保上海国际金融中心重要功能正常运转。如上海证券交易所成交额增长最快，增幅高达 13.2%，成交额为 328 万亿元。中国金融期货交易所成交额为 83 亿元，同比增长 2.4%。从货币市场来看，8 月末浦东新区本外币存贷款余额 11.7 万亿元，增长 12.4%，较上月末提升 0.8 个百分点。其中贷款余额约 4.1 万亿元，同比增长 8.8%；存款余额约 7.6 万亿元，同比增长 14.4%。

二是社会服务业平稳恢复。

与金融业逆势上扬发展态势不同，浦东社会服务业受疫情冲击影响较大。3 月急剧转负，直到"大上海保卫战"结束之后才开始逐步恢复。1~7 月，浦东规模以上服务业营业收入实现由降转增，增长 1.3%，规模为 5415 亿元，四个重点行业发展向好。

首先，交通运输业增长最快。1~7 月营业收入规模超过 1500 亿元，同比增幅达 11.4%，其中，多式联运和运输代理业增长最为迅猛，同比增长 20.2%，实现营业收入 879 亿元。其次，信息服务业实现平稳增长，营业收入规模接近 2000 亿元，居全区社会服务业首位，同比增长 2.1%。再次，科技服务业加快回暖上行，增速较上半年继续提升至 6.0%，实现营业收入规模为 627 亿元。最后，与前三个重点行业表现不同，租赁和商务服务业仍处于负区间，但降幅有所收敛，1~7 月降幅较 1~6 月收窄 2.4 个百分点，为-6.9%。

三是房地产加快复苏。

受疫情反复等超预期因素影响，2022 年浦东房地产市场经历了前所未有的挑战。上半年先扬后抑，开局良好却很快受疫情影响进入

"空窗期"，6月经济生活重启之后"久旱逢甘霖"。下半年规模房企积极推盘营销，受惠于上海市加快推动"五个新城"建设，以及加大吸引人才力度，在人口落户方面政策有所松动调整，浦东市场房地产供求有所放量，成交加快复苏。7月，浦东商品房出售面积达24万平方米，8月增长为41万平方米，增加了17万平方米。1~8月，浦东累计商品房出售面积为196万平方米，较1~7月增加了50万平方米。

（三）商贸稳健恢复

总体来看，浦东商贸受大环境影响比较大，处于稳健复苏通道。从国内需求来看，伴随疫情防控进入常态化，上海启动了"五五购物节"等一系列活动，消费逐步回暖。然而，疫情多点频发之下，文娱、旅游等消费需求难以走出阴影。就业形势严峻尤其是青年人就业困难、经济增长下行风险等因素导致消费萎缩、预期下行，限制了国内需求报复性反弹。从外部需求来看，与全国面上情况前高后低走势不同，浦东进出口增长势头良好。

1. 商业降幅收窄

浦东商业经济总体仍然处于负增长区间，1~8月，实现商品销售总额27123亿元，下降7.6%，降幅与1~7月持平，实现止跌趋稳；实现社会消费品零售总额（以下简称"社零总额"）2197亿元，下降11%，较1~7月降幅收窄了2个百分点。

一是商品销售方面批发业和大宗商品降幅趋稳。

首先，作为浦东商品销售的绝对大头，批发销售一直都占据"压舱石"地位。伴随疫情防控进入常态化、复工复产脚步的加快，内需尤其是生活必需品和生产必需品趋于回暖。1~8月，浦东批发销售总额实现25669亿元，降幅为7.1%，降幅与1~7月持平。

其次，乌克兰危机冲击带动全球大宗商品价格高位运行，推动了浦东大宗商品销售额降幅收窄。1~8月，浦东大宗商品实现销售额

14945亿元，同比下降6.5%，降幅小于批发销售。其中，值得注意的是，限额以上商品销售总额36892亿元，下降5.4%，降幅较1~7月收窄1个百分点。

与批发销售和大宗商品销售降幅趋稳止跌走势不同，生活资料类、生产资料类商品销售额回暖效果不理想。以金属材料、通信设备和办公用品等领域为例，由于龙头批发企业受疫情冲击仍然较为严重，基本上降幅仍为2位数，离修复为正还需一段时日。

二是社会消费品零售总额降幅收窄。

受疫情影响，浦东社会消费品零售总额增长1~2月开局良好，从3月开始由正转负，6月伴随城市"重启"，开始逐步回暖，尤其是上海市举办购物节等一系列活动之后，指标向好。1~8月浦东实现社会消费品零售总额2197亿元，下降11%，降幅较1~7月收窄2个百分点。

首先，新零售和生活必需品销售实现正增长。疫情改变了居民的消费习惯和路径依赖，推动了零售新业态进一步快速发展，成为2022年浦东消费的一抹亮丽色彩。1~8月，浦东电子商务类消费实现零售总额达599亿元，同比增长18.4%，增幅在所有类别中遥遥领先，占社会消费品零售总额比重高达27%，成为绝对的引擎。从代表企业看，盒马鲜生零售额和壹佰米网络科技（叮咚买菜）网络零售额均实现了高速增长。根据艾媒咨询调查，盒马鲜生成为2022年中国生鲜电商消费者首选生鲜电商品牌，占比达36.2%。[①] 从生活必需品销售来看，餐饮食品等消费快速回暖，城市的烟火气日渐浓厚，正常的生活加快回归。1~8月，浦东粮油食品饮料烟酒类实现销售总额808亿元，同比增长5.5%，日益接近疫情前的增幅。

其次，汽车零售市场回暖止跌尚需时日。与上年高位增长态势截

---

① 艾媒咨询：《2022年中国生鲜电商运行大数据及发展前景研究报告》。

然不同，2022年浦东汽车销售市场陡然冷却。其中既有疫情冲击的影响，也和经济下行风险加大、消费者信心下降密切关联。为了激活汽车销售市场，上海市出台了增加汽车沪牌投放量、延续新能源车购买的相关优惠政策等措施。在政策利好促动下，8月，浦东汽车销售额实现29.8%的高增长，规模为55亿元。1~8月浦东累计实现零售额317亿元，降幅较1~7月的32%大幅收窄，为-24.5%。2022年9月24日，浦东在东方明珠正式启动"汽车消费季"，预计会促进汽车销售市场进一步回暖。

2. 外贸实现平稳增长

随着6月浦东全面恢复正常生产生活秩序，产业链供应链加快修复，进出口持续企稳回升。7月，浦东进出口贸易总额为2266亿元，同比增长19.4%，8月继续增长至10054亿元。1~8月，浦东进出口贸易总额为15602亿元，同比增长3.9%，较1~7月增速提高了2.2个百分点。

总体来看，2022年浦东进出口延续了多年来的贸易逆差态势，并且出口总额增长速度要快于进口总额增速。1~8月，浦东出口总额为5548亿元，占进出口总额比重约为35%，同比增长11.1%，较1~7月提升了2个百分点。1~8月进口总额为10054亿元，增幅从负转正，同比增长0.3%，反映出国内供应链产业链在加快修复。

从重点区域来看，伴随着引领区建设进程中制度型开放力度的加大，浦东机场综合保税区进出口增长态势良好。根据华经产业研究院数据：1~7月浦东机场综合保税区进出口总额为741652.44万美元，比上年同期增长19.5%。其中，出口额为379812.18万美元，同比增长27.8%；进口额为361840.26万美元，同比增长11.8%。[①]

---

① 《2022年7月上海浦东机场综合保税区进出口总额及进出口差额统计分析》，https://www.huaon.com/channel/tradedata/832110.html。

三　2023年浦东经济发展预测分析与展望

（一）宏观背景危机并存

1. 全球经济复苏乏力

展望2023年，全球经济复苏乏力，明显改善前行的概率较小。2022年10月IMF公布的《全球经济展望报告》预测，2023年全球经济将进一步放缓至2.7%，较7月下调0.2个百分点。具体来看，IMF将发达国家增长率下调至1.1%，其中美国和欧元区分别下调至1%和0.5%，濒临衰退；德国经济增速预计下调为-0.3%；日本增速下调至1.6%。IMF认为发展中国家2023年将增长3.7%，总体和2022年增速持平，其中印度增长6.1%；俄罗斯增长-2.3%，继续负增长态势。更需警惕的是相当一部分发展中国家将面临债务负担进一步加大的风险。

2023年全球经济动能预计持续减弱，需要重点关注下列风险。

一是全球通胀或将长期处于高位区间。全球通胀的快速回落改善面临诸多不确定性。关键要看全球劳动力市场供应和供应链瓶颈能否得到有效缓解和突破，以及各国央行如何应对高通胀。美国高通胀缓解面临重重困难，虽然当前美国就业需求强劲，然而疫情反复远没有停止，通胀高企带来的生活成本提升等因素可能会导致劳动力供给意愿下降，这样一来，就业市场的供求紧张又会继续推高薪资增速。而对新兴市场和发展中经济体来说，通胀形势分化差异较大，部分国家将面临通胀失控的严峻挑战。因此，2023年全球各国应对高通胀的政策权衡变得异常艰难，货币政策、财政政策宏观调控效应的释放空间有限。

二是全球资产价格持续下跌。2023年美联储要将美元通胀率目标压缩至2%很难实现，美元预计延续升值通道，其他货币较美元将继续贬值。各国均难以在短期内终止加息。主要经济体央行货币紧缩，全球资产价格预计会普遍大幅下跌。国际金融危机风险在进一步加剧膨胀，尤其是对部分债务杠杆率较高的发展中国家来说，需要高度警惕资产价格下跌引发信贷供给能力下降，从而引发流动性危机甚至债务危机。

三是地缘风险加剧。当前乌克兰危机还存在诸多变数和不确定性，未来走势很难清晰看到终点。只要危机不能得到有效解决，国际粮食和大宗商品价格高位动荡就将是大概率事件，这对当前已陷入衰退的欧洲经济来说无疑是雪上加霜，也将进一步冲击全球产业链和供应链的稳定性，加剧全球供求矛盾。

四是新冠肺炎疫情持续。尽管WHO提出全球新冠肺炎疫情终结迎来曙光，但可以肯定的是，新冠病毒的变异不会终止，疫情对全球经济的影响不会很快结束。新冠肺炎疫情和百年未有之大变局相互交织影响值得我们持续研究关注。

因此，展望2023年全球经济可知，中国经济发展环境的复杂性、严峻性和不确定性不会得到有效改善，美国对中国的全面压制更是我们要直面的严峻挑战。

2. 中国经济中高速前行

2023年是推进国家"十四五"各项目标、承上启下的攻坚之年，是全面贯彻落实中国共产党二十大精神的起始之年。尽管面临诸多风险和挑战，预期2023年中国经济仍将实现中高速稳步增长，在保障全球经济复苏中发挥中流砥柱的作用。

2023年中国经济实现中高速平稳发展并非一片坦途，而是充满风险和挑战。一是有效统筹疫情防控和经济社会发展面临挑战。一方面要面对境外疫情的输入压力，同时还要防范和化解境内疫情反弹压力，应及时调整优化疫情防控政策，最大限度减少对经济的影响。二是外需的萎缩不利于中国出口增长。如前文所述，全球经济复苏乏力将使得外需难以实现明显改善。同时随着全球货币政策总体收紧，世界贸易总额增速预期会进一步下降，叠加一些东南亚国家疫情防控解除，制造业生产较快恢复，2023年我国出口预期将延续2022年下半年的增长收敛态势，难以再现两位数增长的局面。三是全球主要经济体加息给维持人民币汇率的稳定带来压力。美元和欧元区加息将加剧国际金融市场的动荡，给中国宏观审慎管理带来挑战。中国要建好"防火墙"，避免资本短时间内大进大出，保持人民币汇率总体稳定。四是中国经济面临的供给冲击、需求萎缩和预期转弱三重压力还需要持之以恒地去攻坚化解。美国对中国的"产业脱钩""全面压制"给现代化产业体系构建带来困扰和压力，我们要发挥制度优势，以健全新型举国体制为突破口，持续深化科技体制改革，全力打赢核心技术攻坚战，加快建设全国统一大市场，增强国内大循环内生动力和可靠性，提升国际循环质量和水平，加快构建新发展格局。

机遇总是与挑战并存的。尽管中国经济面临着严峻的风险和挑战，但同时机遇也是显而易见的。中国经济的强大韧性是有目共睹的，中国经济面长期向好不会改变。习近平总书记在党的二十大报告中指出"从现在起，中国共产党的中心任务就是团结带领全国各族人民全面建成社会主义现代化强国、实现第二个百年奋斗目标，以中国式现代化全面推进中华民族伟大复兴"。① 因此接下来，我们要努力危中寻机，开新局，推动经济高质量发展。

预计2023年中央将适度提高通胀容忍度，稳增长先于防通胀、宽信用优于宽货币，实行更为灵活的财政政策和货币政策，将扩大内

① 《高举中国特色社会主义伟大旗帜　为全面建设社会主义现代化国家而团结奋斗》，人民出版社，2022年10月。

需与供给侧结构性改革紧密结合起来。关注企业主体,加大减税力度,提振民营经济活力,激发企业家精神,提振市场信心。因城施策保障楼市平稳健康发展,进一步加大新基建的投资力度,将经济重新拉回复苏通道并实现中高速增长。

总而言之,对于浦东来说,2023年国际国内宏观背景机遇与挑战并存。一方面,外围环境的不确定性和不稳定性给浦东经济运行带来了风险和挑战。另一方面,宏观发展环境中的机遇又为浦东经济实现高速增长提供了有力支撑。

(二)2023年浦东经济将实现快速增长

展望2023年,浦东应全面贯彻落实党的二十大精神,按照上海市十二次党代会所提出的建设具有世界影响力的社会主义现代化国际大都市目标,打造社会主义现代化建设引领区。浦东将进一步加快高水平改革开放步伐,贯彻习近平总书记的指示精神,"挑最重的担子,啃最硬的骨头",紧紧围绕《意见》部署的主要任务,努力以引领区打造来助推经济高质量发展。

基于上述宏观经济背景,并立足浦东当前经济运行特点,我们通过定性分析与定量预测有机结合,预估2023年浦东经济发展将实现高速增长,较2022年的低位运行明显反弹提升,经济增长率预计为9%左右,继续充当上海经济发展的重要引擎。

从产业结构方面来看,以电子信息制造业、汽车制造业等重点行业为主体的工业和以金融业为代表的服务业"齐头并进",实现良好发展,继续支撑引领浦东经济实现高速增长。先进制造业以三大先导产业为主体,带动其他重点行业创新能级不断提升,产业链供应链现代化水平不断提高;服务经济随着高水平开放的加快推进,取得新进展和新成就。

1. 工业：平稳增长

尽管外围宏观环境仍然有着诸多风险和不利因素，但随着引领区建设进程的进一步加快，2023年浦东工业将在上年强力反弹基础上继续稳步上扬，预计保持2位数左右的增长态势。

从重点行业发展来看，首先，三大先导产业继续表现亮眼。集成电路产业尽管面临美国的全面打压，但在国家战略科技力量的支撑下，在国内统一大市场建设加快推进、国内需求回暖的利好下，将延续高增长的运行轨迹。生物医药和人工智能预期实现明显增长。其次，汽车制造业尤其是新能源汽车制造业基于上年度下降态势，预期明显回弹实现较高速增长，支撑因素来自相关优惠政策的延续和市场需求的回暖。成套装备、新能源、航空航天产业基于2022年负增长运行基数，2023年将转正回暖，上年度下降明显的航空航天产业随着C919取得适航证后顺利进入交付生产阶段，并受惠于引领区相关优惠政策，大概率将实现快速增长。

2. 第三产业：快速增长

随着疫情的逐步缓解和防控政策的优化，第三产业在金融业的平稳增长下预计实现较快增长，助推浦东经济高速增长。

首先，金融业总体延续平稳发展态势。尽管上年度浦东金融业增速较高，但服务业的开放尤其是金融扩大开放是下一步加快引领区建设的重要任务，也是浦东增强国际资源配置功能的重要抓手。因此，预计相关政策的利好将进一步助力浦东加快集聚高端金融机构和头部金融机构。如果全球金融危机风险能够逐步消减，不造成严重的金融动荡，那么浦东金融业预计延续平稳增长态势。

其次，社会服务业预计随着市场需求复苏延续回暖上行态势。交通运输业增速在国内疫情防控政策不断优化基础上将反弹上扬，软件信息服务业将伴随上海"五型经济"和国内数字经济的发展得到进一步提升。

3. 消费：强力反弹

从内需来看，基于上年度负增长的低基点，尤其是浦东国际消费中心建设的进一步加快推进，只要不出现严重的疫情冲击，浦东商品销售总额和社会消费品零售总额大概率会明显反弹，实现报复性增长，增速明显上行。

从外需来看，全球经济下行导致需求萎缩，出口预计难以实现高速增长，同时大宗商品价格大概率处于高位运行态势，因此，浦东进出口将延续逆差态势。

（三）2023年浦东经济发展指标预测

基于前述的定性分析，经过定量分析工具测算，2023 年浦东主要宏观经济指标的实际增长率结果见表 4。

表 4　2023 年浦东主要经济指标预测

主要经济指标	预测值（亿元）	预测增长率（%）
地区生产总值	17146.6	9.5
第二产业增加值	4285.4	12.5
工业增加值	4087.6	12.4
第三产业增加值	12854.8	9.5
金融业增加值	5163.8	9.2
社会消费品零售总额	4018.3	11.2
固定资产投资总额	3228.8	8.7
外贸进出口总额	26346.5	5.1

（四）前景展望：加快打造社会主义现代化建设引领区，助推经济高质量发展

党的二十大报告指出，高质量发展是全面建设社会主义现代化国

家的首要任务。① 因此，浦东要全面贯彻落实党的二十大精神和上海市十二次党代会精神，在打造社会主义现代化建设引领区进程中助推经济高质量发展。要紧紧对标《意见》部署的各项任务要求，紧扣尚未推进完成的重点任务，立足自身经济社会发展实际，抢抓机遇，抓住重点领域、关键环节，以高水平改革开放"啃最硬的骨头"，让中央的重要部署在浦东落地生根，在全面建设社会主义现代化国家新征程上发挥引领带动作用。

1. 以综合改革试点为突破口，实现更高水平改革开放引领

改革开放是浦东打造引领区的实质要求，也是浦东进一步加快推进引领区建设的路径。党的二十大报告指出，要推进高水平对外开放，稳步扩大规则、规制、管理、标准等制度型开放。② 浦东作为社会主义现代化建设引领区必须在引领全国制度型开放方面走在前列。落实《意见》部署，浦东要"坚持系统观念，加强改革举措的有机衔接和融会贯通，推动各项改革向更加完善的制度靠拢。从要素开放向制度开放全面拓展，率先建立与国际通行规则相互衔接的开放型经济新体制"。③ 下一步，浦东要以综合改革试点方案为突破口，深化改革系统集成。国家层面出台的浦东综合改革试点方案，将赋予浦东批量化授权和压茬式推进两个新的推进机制。意味着浦东可以通过制定授权事项清单，从以前的一方案一汇报，变成批量授权、自主实施，改革的效率将大大提高。力争在市场开放、知识产权保护、人才制度创新、海关特殊监管区域制度创新、离岸金融等领域取得新的突破。深化投资贸

① 《高举中国特色社会主义伟大旗帜 为全面建设社会主义现代化国家而团结奋斗》，人民出版社，2022。
② 《高举中国特色社会主义伟大旗帜 为全面建设社会主义现代化国家而团结奋斗》，人民出版社，2022。
③ 《中共中央 国务院关于支持浦东新区高水平改革开放打造社会主义现代化建设引领区的意见》，2021年7月15日。

易自由化便利化，率先构建与国际经贸规则相衔接的制度体系，推出更多首创性改革、引领性开放、集成性制度创新，全域加快打造特殊经济功能区。进一步加快推动制定相关法规，对暂无法律法规或明确规定的领域先行制定管理措施，以高质量立法引领和保障高水平改革开放。

2. 以创新策源功能为突破口，实现新动能引领

党的二十大报告指出，坚持创新在我国现代化建设全局中的核心地位。① 浦东在接下来的引领区建设进程中，要按照《意见》要求，"面向世界科技前沿、面向经济主战场、面向国家重大需求、面向人民生命健康，加强基础研究和应用基础研究，打好关键核心技术攻坚战"。一方面，浦东要进一步强化科技创新策源功能，全面深入推进张江综合性国家科学中心建设，壮大国家战略科技力量，加强基础研究和原始创新，着力攻克重要领域关键核心技术，支持国家实验室和李政道研究所、世界顶尖科学家联合实验室等大平台建设，争取更多全国重点实验室落地，为确保全国产业链供应链稳定多做新贡献。另一方面，浦东要注重加快疏通基础研究、应用研究和产业化双向链接快车道，推进大企业开放创新中心计划，促进大中小企业融通发展，构建更具活力的区域创新体系。要打通从"科技强"到"产业强"的通道，扎扎实实推进万家高企培育计划、大企业开放创新中心计划，推动浦东诞生的创新成果在浦东产业化。

3. 以现代产业体系构建为突破口，实现高端产业引领

现代化产业体系构建是经济高质量发展的重要前提和条件。党的二十大报告指出，要坚持把经济发展的着力点放在实体经济上，推进新型工业化，加快建设制造强国。② 浦东在接下来推进引领区建设进

① 《高举中国特色社会主义伟大旗帜　为全面建设社会主义现代化国家而团结奋斗》，人民出版社，2022 年 10 月。
② 《高举中国特色社会主义伟大旗帜　为全面建设社会主义现代化国家而团结奋斗》，人民出版社，2022 年 10 月。

程中，要主动适应当前经济发展阶段、要素组合方式和资源约束条件，加快推动经济高质量发展。持续优化产业结构、业态结构和空间结构，全面提升经济的竞争力、创新力和抗风险能力。把做强功能作为经济高质量发展的主攻方向。要把握趋势加快产业升级。一方面，对于集成电路、生物医药、人工智能、汽车等相关优势产业，要持续投入，打造世界级产业集群，全面提升集成电路、生物医药、人工智能三大产业的全球竞争力、影响力。大飞机、未来车、新邮轮等具有发展潜能的产业，目前整机整车整船制造已经集聚浦东，要进一步抓紧推进产业链招商，加快集聚关键零部件等配套产业链，培育完整产业链。对于数字经济、绿色低碳、元宇宙、智能终端等新兴产业，要加快积厚成势，紧盯全球发展新趋势，找准切入点抢占新赛道。促进制造业和服务业共同发展、深度融合，大力发展数字经济、"双碳"经济。

参考文献

《高举中国特色社会主义伟大旗帜　为全面建设社会主义现代化国家而团结奋斗》，人民出版社，2022。

《在浦东开发开放 30 周年庆祝大会上的讲话》，人民出版社，2021。

《中共中央　国务院关于支持浦东新区高水平改革开放打造社会主义现代化建设引领区的意见》，2021 年 7 月 15 日。

《2022 中国宏观经济形势分析与预测年中报告》，上海财经大学高等研究院，2022 年 7 月 6 日。

《浦东国民经济和社会发展第十四个五年规划和二〇三五年远景目标纲要》，2021 年 4 月。

历年《浦东统计年鉴》。

《浦东新区统计月报》，2022 年 1 月至 8 月。

行 业 篇

Industry Reports

B.2

浦东新区绿色金融发展的
现状评估与优化路径

吴 友*

摘 要： 绿色金融对于助推绿色经济、转变发展方式、培育新动能
具有至关重要的作用。本文首先从绿色信贷规模、绿色债
券发行、绿色投资基金、绿色保险市场和碳金融交易五个
方面来系统梳理浦东新区绿色金融的发展现状，发现存在
整体规模不大、市场体系不全、创新产品不多等问题。然
后对标美国、英国、日本、欧盟等国家和国际组织发展绿
色金融的先进实践。最后，从政策体系、制度体系、产品
体系、中介服务、防范风险、国际合作等方面，提出强化
政府引导、健全法律法规、加强金融创新、培育中介机

---

* 吴友，经济学博士，上海社会科学院经济研究所助理研究员，主要研究方向为区
域经济发展与创新创业。

构、加强监管监督、加强国际合作等推动浦东新区绿色金融高质量发展的政策建议。

关键词： 浦东新区　绿色金融　绿色发展　绿色转型

一　引言

改革开放 40 多年以来，中国经济经历了持续高速增长，创造了历史罕见的"增长奇迹"，取得了举世瞩目的巨大成就。2021 年中国的国内生产总值达到 114.4 万亿元，进一步巩固全球第二大经济体的地位；人均国内生产总值由 1978 年的 385 元人民币上升到 2021 年 80976 元，按年平均汇率折算达 12551 美元，超过世界平均水平①。改革开放至今，我国的经济总量实现了快速增长，但与此同时，巨大的能源资源消耗和环境治理成本也居高不下。数据显示，1990 年我国的能源消费为 9.87 亿吨（标准煤）、二氧化碳排放量为 26 亿吨，到了 2021 年我国的能源消费增长到 52.4 亿吨（标准煤），二氧化碳排放增长到 363 亿吨。这 30 多年间，能源消耗量增长了近 4.3 倍，二氧化碳排放增长了近 13 倍。同时，中国依靠技术进步和政府监管相结合的治理方式，使城市空气悬浮颗粒物浓度（TSP）从 1990 年的 115 微克/米³下降为 2021 年的 30 微克/米³②，这一空气污染指标比中低收入国家公布的 63 微克/米³有明显下降，但比高收入国家公布的 24 微克/米³的浓度仍要高。能源耗竭、环境污染、生态破坏等问题严重制约着我国经济发展的质量与动力。

---

① 数据来源于对应年份的《中国统计年鉴》。
② 数据来源于对应年份的《中国统计年鉴》和 2021 年《中国生态环境状况公报》。

站在这样一个历史关键节点，推动我国经济迈入可持续高质量发展的新阶段，迫切需要转变经济发展方式，全面发展绿色经济，这已经成为中国经济发展战略的新取向。党的十八大报告提出，要大力推进生态文明建设，并把生态文明建设融入经济、政治、文化、社会全过程，努力建设美丽中国，着力推进绿色发展、循环发展、低碳发展。2020年9月，习近平总书记提出"二氧化碳排放力争于2030年前达到峰值，努力争取2060年前实现碳中和"的目标，"双碳"战略目标彰显了中国积极应对气候变化、全面走"绿色转型、绿色复苏"道路的坚定决心。而作为现代经济的核心和资源配置的枢纽，绿色金融将为绿色经济发展提供强大助力。国家各部门先后出台了一系列政策来擘画中国绿色发展的路线图，如2015年9月出台的《生态文明体制改革总体方案》，首次提出"建立绿色金融体系"；2016年8月发布的《关于构建绿色金融体系的指导意见》，标志着中国绿色金融全面发展的开端；2020年10月印发的"十四五"规划纲要明确将"大力发展绿色金融"作为"构建绿色发展政策体系"的重要任务。

浦东新区自1990年"开张设区"以来，按照"开放浦东，振兴上海，服务全国，面向世界"的方针，始终充当着中国改革开放的试验田，开创了全国"第一个金融贸易区、第一个保税区、第一家证券交易所、第一个自贸试验区"等改革开放和社会主义现代化建设的生动实践。2021年4月，《中共中央国务院关于支持浦东新区高水平改革开放打造社会主义现代化建设引领区的意见》发布，绘制了浦东新区创新引领、改革开放、资源配置、城市治理等方面的施工图。2022年6月，上海市发布《上海市浦东新区绿色金融发展若干规定》，明确了"提升浦东新区绿色金融服务水平，推进上海国际金融中心核心区建设，打造上海国际绿色金融枢纽"的战略举措和实施路径。该方案将指导浦东新区推动绿色金融发展的创新实践，有利于发挥浦东新区作为改革开放的开路先锋、全面建设社会主义现代化国家的排头兵的积极作用，从而为"加快经济社会发展全面绿色转型和促进生态文明建设"提供更多可复制可推广的示范经验。基于此，本文将系统评估浦东新区绿色金融发展水平，并对标归纳国际绿色金融发展的先进经验，尝试性地提出浦东新区绿色金融高质量发展的一些政策建议。

二　现状评估

根据 2016 年发布的《关于构建绿色金融体系的指导意见》中给出的绿色金融官方定义，绿色金融是指为支持环境改善、应对气候变化和资源节约高效利用的经济活动。绿色金融体系包括绿色信贷、绿色债券、绿色股票指数和相关产品、绿色发展基金、绿色保险、碳金融等金融工具，以及与绿色转型发展相联系的制度和政策。对此，本部分将从绿色信贷规模、绿色债券占比、绿色投资事件、绿色保险收入、碳金融交易规模等 5 个方面来系统评估浦东新区绿色金融发展的现状，并剖析发展过程中存在的主要问题。

（一）浦东绿色金融发展的现状

2022 年 6 月颁布的《上海市浦东新区绿色金融发展若干规定》是上海市在金融领域首次运用立法变通权，为推动浦东新区绿色金融创新发展、打造社会主义现代化建设引领区提供了强有力的法治保障，也是浦东推进国际金融中心核心区建设，推动经济社会发展全面绿色转型的重大突破。从浦东新区能源环保一般财政支出统计数据来看，2016 年一般财政预算支出中能源环保支出为 70351 万元，2021年能源环保一般财政预算支出为 822200 万元①。直观上看，能源环保

---

① 数据来源于《浦东新区 2021 年预算执行情况和 2022 年预算草案》，https：//www. pudong. gov. cn/14527. gkml_ ywl_ czxx_ czyjs_ qzfzmqgwh_ qzf/20220617/687053. html。

专项财政预算支出占浦东一般财政预算支出的比重从 2016 年的 0.599%上升到 2021 年的 6.381%，整体上呈现较快增长，但从 2016~2021 年的整个时间跨度来看，财政能源环保支出整体增长形势不稳定，呈现波动中增长的趋势。从工业企业能源消耗数据来看，浦东工业企业的能源消耗从 2016 年的 8341047 原煤吨上升到 2021 年的 11421890.39 原煤吨①，2016~2021 年的复合增长率为 6.49%。从能源消耗量的整体规模来看，也呈现波动中上升的趋势，具体表现为：2016~2019 年呈现逐年下降的趋势，但从 2020 年开始呈现上升趋势。总体而言，浦东新区工业企业能源消耗的反弹、一般财政预算支出中能源环保支出的不稳定增长，意味着需要更多金融资本来支持工业企业的可持续、绿色发展。

表 1   浦东能源环保一般财政预算支出与工业企业能源消耗

年份	一般财政预算支出（万元）	一般财政预算支出中的能源环保支出（万元）	能源环保支出占比（%）	工业企业能源消耗（原煤吨）
2016	11741611	70351	0.599	8341047
2017	12576900	62400	0.496	8215721
2018	13055105	125130	0.958	7714256
2019	13412675	120770	0.900	6520572.18
2020	12586986	56436	0.448	9628036
2021	12884900	822200	6.381	11421890.39

资料来源：相关年份《上海浦东新区统计年鉴》。

1. 绿色信贷发展概况

绿色信贷规模快速扩大趋势明显。绿色信贷是商业银行通过信用

---

① 浦东新区统计口径未公布 2021 年的工业企业能源消耗数据，考虑到能源消耗的主体为工业企业，此处数据根据浦东 2020 年工业总产值和 2021 年工业总产值测算所得。

贷款方式为生态保护、低碳经济、绿色发展的节能环保产业提供资金支持的一种业务实践。绿色信贷是我国开展绿色金融实践以来，活跃度最高、信贷规模最大的绿色金融产品，是推动我国绿色产业发展、践行绿色金融理念的主导力量。自 2012 年 1 月中国银监会印发《绿色信贷指引》以来，以银行业金融机构为主力军的绿色信贷呈现快速增长态势。

本文以企业注册地在浦东的交通银行和上海银行为例，来分析浦东新区绿色信贷增长情况。交通银行公布的数据显示：2016 年交通银行全年的绿色贷款余额为 2411.99 亿元，占本年度贷款余额的 5.41%；2021 年绿色贷款余额为 4767.63 亿元，占本年度贷款余额的 7.27%（见图 1）。上海银行公布的数据显示：2016 年上海银行的绿色信贷总额为 130.61 亿元，占本年度贷款余额的 2.36%；2021 年信贷总额为 302.11 亿元，占上海银行本年度贷款余额的 2.47%（见图 2）。

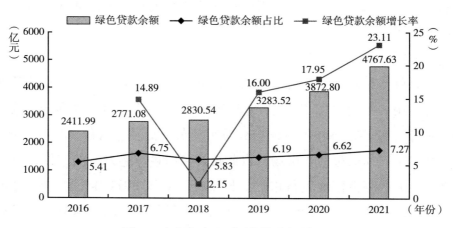

图 1　交通银行绿色信贷增长情况

资料来源：交通银行公布的社会责任报告书。

上述数据说明，交通银行的绿色信贷规模呈现稳步增长趋势；上海银行的绿色信贷规模在"十三五"期间呈现稳中有降趋势，但

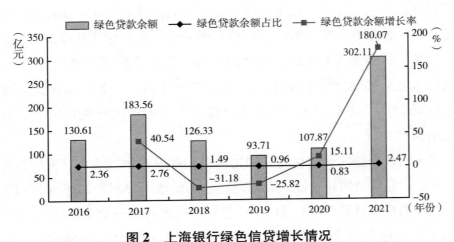

图2 上海银行绿色信贷增长情况

资料来源：上海银行公布的社会责任报告书。

2021年的绿色贷款规模较2020年增长180%，实现成倍扩张。总体来看，2016~2021年，两大银行的绿色贷款余额占本行贷款余额比重基本保持稳定。

2. 绿色债券发展现状

绿色债券是指企业向市场以发行债券的方式募集资金，并承诺资金流向相关绿色领域且符合规定条件，为绿色项目提供债务融资。2009年，世界银行在伦敦证券交易所发布首支绿色债券；2015年底，中国宣布启动绿色债券市场，自此拉开了绿色债卷发行的帷幕，成为全球最大的绿色债券发行市场。据统计，截至2021年底，中国发行的贴标绿色债券的总额约为2.1万亿元，发行量位居全球第一。2021年有138家发行人参与首次发行，近60%的首次发行人为非金融企业，21%为政府支持机构，18%为金融企业。

对绿色债券指标进行评估时，现有评价指标主要选取地区绿色债券发行金额占总发行金额的比重、地区绿色债券发行只数占总发行只数的比重2个指标。从上海和浦东新区上市公司绿色债券发行的统计指标来看，2018 年上海上市企业才开始发行绿色债券，2018 年有 3 家上海企业发行绿色债券，发行金额为 23.5 亿元，其中浦东有 1 家企业发行绿色债券，发行金额为 3.5 亿元。截至 2022 年 9 月，上海市企业绿色债券发行规模为 788.05 亿元，共计发行了 81 只绿色债券，同期浦东企业绿色债券发行规模为 327.33 亿元，发行了 15 只绿色债券。从浦东新区绿色债券发行企业的行业分布来看，42 家企业中有 31 家所属行业为货币金融服务业，占比达到 74%，其余行业的发行企业较少（见图 3）。

表 2　2018 年至 2022 年 9 月上海和浦东新区企业绿色债券发行情况

年份	上海市		浦东新区			
	发行金额 （亿元）	发行数量 （只）	发行金额 （亿元）	占上海比重 （%）	发行数量 （只）	占上海比重 （%）
2018	23.50	3	3.50	14.9	1	33.3
2019	150.00	4	0.00	0.0	0	0.0
2020	222.27	27	87.93	39.6	8	25.9
2021	275.52	41	117.09	42.5	18	43.9
2022 年 9 月	788.05	81	327.33	41.5	15	18.5

资料来源：绿色债券数据来源于 wind 数据库，作者测算整理所得。

3. 绿色投资发展现状

绿色投资是人类在环境问题和资源约束日益严峻的情况下，要实现经济高质量、可持续发展的必然选择。我国绿色投资发展相较于一些发达国家要晚。2016 年 7 月，"十三五"规划明确提出，要整合中央财政支出中现有的节能环保等专项资金，来设立各类绿色发展基金，同时鼓励地方政府和社会资本共同发起市场化运作的绿色发展基金。从浦东新区绿色投资的发展来看，2016 年，一般财政预算支出中的能源环保支出规模为 70351 万元，2021 年能源环保一般财政预算支出为 822200 万元。从绿色投资事件来看，2016 年上海市的绿色

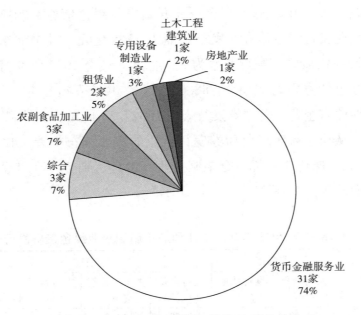

图3 浦东绿色债券发行单位的行业分布

资料来源：绿色债券数据来源于 wind 数据库，作者测算整理所得。

投资事件为 127 件，浦东为 17 件；2021 年上海市的绿色投资事件为 90 件，浦东新区为 7 件；截至 2022 年 9 月，上海市的绿色投资事件为 78 件，浦东有 6 件。总体来看，上海、浦东新区的绿色投资事件数均呈现下降的趋势，浦东新区绿色投资事件占上海比重也呈现总体下降的趋势（见图4）。

4. 绿色保险发展现状

绿色保险是在市场经济条件下进行环境风险管理的一项基本手段，对中国实现"碳达峰、碳中和"目标具有重要推动作用。自 2007 年我国开展实施环境责任险部分试点以来，环境责任险的投保规模与投保企业数都实现了稳步增长。2018~2020 年，中国绿色保险保额总量呈逐年增长趋势，2020 年，中国绿色保险保额达 18.33 万

图4 2016年至2022年9月上海市和浦东新区
绿色投资事件情况

资料来源：CVSource中公布的绿色节能环保领域的投资事件数。

亿元，较2019年增加3.65万亿元。浦东的绿色保险收入也增长迅速，以注册地在浦东的中国太平洋保险（集团）股份有限公司（简称"太保集团"）公布的数据为例，截至2021年末，太保集团已为累积6000多家企业提供环境污染责任险服务，保额高达96亿元。太保集团公布的数据显示，产险业务收入从2016年的961.95亿元，增长到2021年的1526.42亿元，复合增长率为9.67%。其中责任险业务①收入从2016年的38.23亿元，增长到2021年的109.48亿元，复合增长率为23.42%。责任险收入占整体产险收入的比重从2016年的3.97%，上升到2021年的7.17%（见图5）。

5. 碳金融发展现状

对于实现我国"30·60"目标而言，碳市场是重要抓手，碳金

---

① 根据太保集团的统计口径，责任险业务加强对服务社会民生治理相关领域的覆盖，环境污染责任险、安全生产责任险等强制性保险业务快速发展，此处采用该数据来代替环境污染责任险。

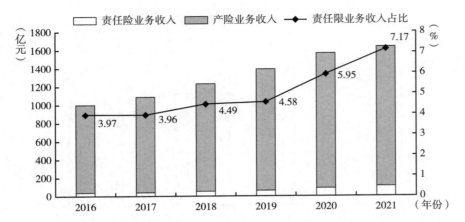

图5 2016~2021年太保集团的产险收入与责任险收入增长情况

资料来源：中国太保的公开年报。

融可以有效引导资源合理配置、激励企业技术升级、降低社会总减排成本。自2017年底我国正式启动全国统一碳排放交易市场以来，碳金融产品的发展为企业履约和投融资活动提供了新的渠道。2021年，全国九个碳市场总成交量为24600万吨，其中上海碳市场总成交量为6255.92万吨，占全国比重为25.43%。年度现货总成交量和CCER成交量在全国九个碳市场中位居第一。具体而言，上海碳市场SHEA成交量呈现下降的趋势，2016年上海碳市场SHEA成交量为1203.6万吨，2021年为206.2万吨，全国占比从2016年的16.52%下降到2021年的3.18%。CCER成交量不稳定，"十三五"期间成交量波动增大，2021年开始快速回升。2016年的CCER成交规模为1126.20万吨，2021年的成交量为6049.71万吨，占全国比重从2016年的25%上升到2021年的39%。

从碳市场的参与主体来看，2021年上海市纳管名单内的企业共计323家，比上一年度增加9家，同比增长2.87%，其中，新增企业全部属于工业行业，新增后工业行业的企业数量达到280家。建筑和

图 6　2016~2021 年上海碳市场成交量与全国占比

资料来源：上海环境能源交易所。

交通行业企业数量仍与上一履约年度持平，分别为 12 家和 31 家。从浦东的纳管企业分布来看，浦东纳管企业达到 105 家，占上海市比重为 33%。在浦东的 105 家企业中，工业行业企业 77 家、交通行业企业 25 家、建筑行业企业 3 家。随着交易主体的增加，碳配额市场交易的活跃度也在一定程度上得到显著提升。

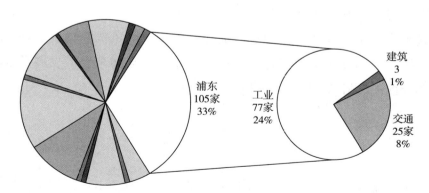

图 7　2021 年浦东新区纳管企业占比与行业分布

资料来源：上海环境能源交易所。

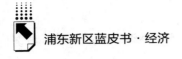

（二）浦东绿色金融发展存在的主要问题

浦东新区绿色金融的发展虽然已经取得了一定的成绩，但与当下中国经济发展及产业转型的要求还存在一定差距，其发展前景较好，但发展过程中也存在如下问题。

一是绿色资金整体规模不大。比如，一般财政预算支出中的能源环保支出规模不稳定，在"十三五"期间呈现波动中增长趋势；同时，商业银行是绿色信贷的资金供给主体，但绿色信贷占商业银行信贷总额的比重基本维持在低位水平，这也决定了市场上绿色信贷资金整体规模不够大。

二是绿色金融市场体系不完善。完善的市场体系是绿色金融健康发展的基础保障，主要包括融资渠道、融资方式、参与主体等方面。目前浦东新区的绿色金融存在产品数量和种类相对较少、覆盖面不广、交易主体不活跃等问题。比如绿色债券的发行单位以金融服务企业为主，碳交易市场的参与主体多为机构投资者，虽然纳管企业数量逐年增加，且以工业企业为主，但纳入监管的企业在碳市场交易活跃度并不高。

三是创新型的绿色金融产品相对不丰富。目前浦东的绿色金融产品以绿色信贷和绿色债券为主，其余的绿色金融产品相对单一化，难以满足市场主体的多元化需求，而绿色投资、绿色保险、碳金融等绿色金融产品与发达国家相比还存在一定差距，与浦东经济发展乃至上海和全国的实际需求之间也存在不匹配问题。

三 经验借鉴

绿色金融的实践始于美国 20 世纪 80 年代初的《超级基金法案》，该法案根据"污染者付费原则"，要求企业对其造成的环境污染负起相应的责任，从而使得金融机构更加关注融资项目中的环境保护。随后英国、日本、欧盟等国家和国际组织广泛地尝试和探索了绿色金融产品创新，积累了丰富的最佳实践。下面将从绿色信贷市场、绿色证券市场、绿色投资市场、绿色保险市场和碳金融市场等 5 个方面来系统梳理国际绿色金融的创新案例，以期为浦东新区绿色金融发展路径提供经验借鉴。

（一）绿色信贷市场

2003 年 6 月，国际金融公司发起"赤道原则"倡议，美国花旗银行、英国巴克莱银行等 7 个国家的 10 家银行率先宣布实行，截至目前，全球赤道银行超 100 家，其中我国有 10 家[①]。"赤道原则"要求银行加强审批贷款项目的社会和环境事项，该原则已经成为国际领先银行开展绿色信贷业务的行动指南。目前，国外金融市场提供的绿色信贷产品和服务品类众多。一是企业绿色环保项目贷款，比如，美国富国银行于 2009 年成立"全国清洁技术小组"，致力于向太阳能、风能、新能源汽车、智能电网、绿色建筑等行业的企业提供信贷服务。二是绿色房屋贷款，比如，荷兰银行、加拿大国家住房抵押贷款公司为家庭提供绿色抵押贷款用于房屋的家居节能改造，美国新能源银行为商业建筑的绿色建设及改造项目提供贷款优惠。三是汽车贷款，比如，澳大利亚 MECU 银行推出"Go Green"汽车贷款，按照汽车排放量设定有差别的阶梯贷款利率。四是绿色信用卡，比如，英国巴克莱银行推出"Breathe Card"绿色信用卡，为购买绿色环保产品和服务提供折扣优惠，用以推动绿色消费。

---

① 兴业银行（2008 年 10 月）、江苏银行（2017 年 1 月）、湖州银行（2019 年 7 月）、重庆农村商业银行（2020 年 2 月）、绵阳市商业银行（2020 年 7 月）、贵州银行（2020 年 11 月）、重庆银行（2021 年 2 月）、福建海峡银行（2021 年 12 月）、威海市商业银行（2021 年 12 月）、中国进出口银行（2022 年 4 月）等 10 家银行先后采纳"赤道原则"。

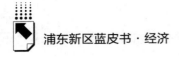

（二）绿色证券市场

国外绿色证券市场主要通过为企业提供股债两大品类融资服务，进而为绿色企业提供融资支持。一是逐步建立完善上市公司和发债企业强制性环境信息披露制度。欧盟和美国等建立了企业环境信息披露制度，其中对于上市公司，要求其披露对财务信息有重大影响的环境信息，如环境因素对公司的成本与收益、环境行政或司法诉讼、竞争力的影响等信息。二是支持节能环保类企业通过 IPO、再融资等股权融资。Wind 资讯数据显示，美国纳斯达克市场现有节能环保类上市公司 72 家，企业 IPO 募集资金平均值为 1.43 亿元，为企业高质量发展提供了充足的资金支持。三是支持企业通过绿色债券等融资。自 2007 年欧洲投资银行发行了第一只绿色债券以来，绿色债券迅速成为企业开展绿色发展的主要融资方式，如欧洲投资银行推出的绿色意识债券、拉丁美洲国家推出的森林债券，等等。2015 年 7 月，伦敦证券交易所还设立绿色债券专门板块"可持续债券市场"。《2021 年中国绿色债券市场报告》显示，2021 年，全球绿色债券年度发行量高达 5130 亿美元。四是建立绿色证券指数，引导投资者通过二级市场投资绿色企业。国际绿色证券指数主要包括标准普尔全球清洁能源指数、纳斯达克美国清洁指数等。

（三）绿色投资市场

国外绿色投资基金主要有绿色私募股权投资基金、绿色风险投资基金 2 种。一是政府引导下成立的绿色基金，比如，美国、英国、荷兰等西方国家成立的财政绿色基金，有针对性地投资绿色节能环保项目。二是绿色股票型基金，比如，瑞士联合银行设立的生态绩效股票型基金，80% 的资金投向生态引领企业，20% 的资金流向"生态创新者"。三是绿色债券基金，比如，瑞士瑞信银行成立的全球首只巨灾债券基金，用以应对与气候相关的自然灾难。四是绿色股权投资基金，比如，花旗集团成立另类投资部门——花旗创投，聚焦可再生能源、水资源管理、清洁技术等领域，开展股权投资。

（四）绿色保险市场

绿色保险又称为生态保险，目前，国外保险机构积极开展与环境风险管理有关的各种保险安排。美国于 1960 年就推行环境责任强制保险，用以应对有毒物质和废弃物处理可能引起的损害责任。德国也于 1990 年通过《环境责任法案》，强制要求包括热电、采矿和石油等 10 大类 96 小类行业的企业必须参加绿色保险。英国保险业协会也倡导全国保险机构推出绿色保险产品，积极保障参保企业由于环保风险导致的不动产损失、有关法律费用和医疗费用等。

（五）碳金融市场

碳金融市场指以"碳"为主题商品的交易市场，国外碳金融市场主要实践包括如下几个方面。一是碳交易，比如，2005 年成立的欧盟排放交易体系（EU-ETS）是目前世界上最大的碳市场，碳交易量与交易额占全球总量的 3/4 以上。美国芝加哥气候交易所（CCX）是全球第一个自愿性参与的温室气体减排量交易平台，此外，还有澳大利亚的新南威尔士温室气体减排计划（NSW GGAS）、日本温室气体自发减排行动计划（Keidanren VAP）等交易平台。二是碳金融，主要指基于碳排放权的金融产品与服务，比如，为碳交易的买卖双方提供交易撮合、开发碳金融零售产品及创新碳金融衍生产品、为碳排放权的最终使用者提供风险管理工具等。三是碳基金，如巴克莱银行推出的全球碳指数基金，这是第一只跟踪全球主要温室气体减排交易系统中碳信用交易情况的基金。四是碳金融衍生品，主要包括基于碳排放权而衍生出来的远期、期货和期权合约，碳排放权交付保证，碳保险/担保等。

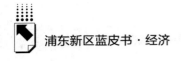
四 优化路径

经过前文分析，绿色金融的基本内涵在于发挥金融市场资源配置、风险管理、资本定价的枢纽作用，促进绿色经济发展，进而转变经济发展方式，推动经济可持续高质量发展。浦东新区绿色具有良好的基础和广阔的发展前景，但也存在整体水平不高、创新工具不足等薄弱环节。未来，浦东新区可以依托上海、辐射全国、面向世界，立足自身经济社会发展特质，吸收国内外绿色金融发展优秀实践，从而为全国的绿色金融发展提供更多成功的"浦东经验"，打造出中国式的现代绿色金融发展样板，具体建议如下。

（一）强化政府引导，健全绿色金融发展的政策体系

一是成立区级层面绿色金融发展的协调办公室，主要负责绿色金融发展规划、跨部门协调、金融监管、绿色发展宣传等事宜。二是加大促进绿色金融发展的财政补贴和税收减免政策的支持力度，成立浦东新区绿色发展基金，加强对绿色基础设施建设项目、节能环保企业的资金支持，充分发挥财政资金的杠杆作用。出台促进绿色金融发展的税收优惠、贷款贴息、财政补贴等专项扶持政策，支持金融机构开展绿色金融业务。三是推进浦东新区政府绿色采购，倡导绿色消费。按照中央七部门发布的《促进绿色消费实施方案》，大力开展绿色衣着、居住、出行、文旅、食品等方面的消费。四是积极开展绿色宣传，提升人们绿色投资、绿色消费、绿色出行等理念与意识。

（二）健全法律法规，完善绿色金融发展的制度体系

一是建立企业 ESG 信息披露制度。浦东新区金融局配合有关机构，对标国际标准，明确企业 ESG 信息的披露内容、披露格式、披

露形式等，分层分步推进上市公司强制披露、重点企业鼓励披露，引导金融机构把企业 ESG 信息披露要求落实到贷前调查、贷中审查、贷后风险控制等各个环节。二是建立绿色金融的标准体系。制定绿色认证制度，建立适合的市场准入与退出机制，建立浦东新区绿色项目库，动态更新调整绿色企业、绿色项目、绿色技术等。制定绿色认证标准，统一浦东新区绿色金融产品和项目评估、认定、分类标准，细化绿色项目募集资金的用途及监管，防止企业"漂绿"行为。

（三）加强金融创新，丰富绿色金融市场的产品体系

一是探索绿色资金的市场化定价机制，浦东新区金融机构可以加强绿色消费信用卡、绿色节能环保项目贷款以及新能源汽车优惠贷等绿色金融产品供给，不断扩大信贷规模，降低信贷成本。二是设置浦东新区绿色环保企业上市激励机制，为成功上市公司提供一定额度的现金奖励。协同上交所开展企业绿色债券发行培训与宣导，鼓励企业发行碳中和债、可持续发展债等绿色债券，并支持中小微企业政策性融资担保基金提供担保服务。三是成立浦东新区绿色发展基金，加大对节能环保项目、绿色融资租赁项目的投资。支持私募股权基金、风险投资机构等加大对浦东新区绿色企业与绿色项目的投资。四是要求浦东新区环境高风险企业投保环境污染责任险，每年发布投保企业名录，并进行动态更新。五是适时扩大并动态更新浦东新区碳排纳管企业名单，鼓励企业进行碳远期、碳期货、碳期权等碳金融衍生品试点。

（四）培育中介机构，提升绿色金融市场的服务效能

一是构建完备的中介机构队伍。引导会计师事务所、律师事务所、咨询公司、绿色评估机构等专业服务机构，积极开展绿色金融相关服务。二是打造浦东新区绿色金融人才高地。健全绿色金融人才引

进、培养、任用和评价制度，优化人才成长环境，为绿色金融高层次人才落户、入住人才公寓、子女入学等方面提供便利支持。

（五）加强监管监督，防范绿色金融发展的系统性风险

一是搭建跨部门信息共享平台，金融机构与环保部门及时发布企业绿色信贷征信、环境违法违规等信息，实现协同监管。二是发挥科技赋能作用。利用大数据、云计算等新技术，建立绿色金融数据服务专题库，推进重大绿色项目全流程跟踪监管，提升监管精准性与穿透性。三是建立分层分类监管体系，构建浦东新区金融机构绿色金融的监管指标体系，提高监管效率。推行企业申请绿色信贷的"绿、黄、红"分类评级制度，提升审批效率。四是充分发挥社会监督、社会评估、第三方机构的协作监管作用，及时反馈环境保护执法和环保政策落实相关信息。

（六）加强国际合作，提升绿色金融发展的一体化水平

一是发挥中国（上海）自由贸易试验区、中国（上海）自由贸易试验区临港新片区先行先试优势，鼓励自贸区金融机构试行"赤道原则"、可持续发展原则和 ESG 等国际标准，建立绿色金融创新发展试点。二是鼓励浦东新区企业发行境外绿色债券，引导国际机构投资浦东新区的绿色债券、绿色股票等金融产品，支持国际金融组织和跨国公司在浦东新区开展绿色投资。三是积极组织绿色金融主题的投介会、高峰论坛、人才交流会等活动，深化国际交流与合作。

参考文献

马俊、周月秋、殷红：《国际绿色金融发展与案例研究》，中国金融出版社，2017。

翁智雄等：《国内外绿色金融产品对比研究》，《中国人口·资源与环境》2015 年第 6 期。

马骏：《论构建中国绿色金融体系》，《金融论坛》2015 年第 5 期。

贺佳丹：《我国绿色金融创新发展研究》，《时代金融》2018 年第 35 期。

巴曙松、彭魏倬加：《英国绿色金融实践：演变历程与比较研究》，《行政管理改革》2022 年第 4 期。

纪盛：《国际视角下银行发展绿色金融的对策》，《银行家》2016 年第 11 期。

詹小颖：《我国绿色金融发展的实践与制度创新》，《财金调研》2018 年第 1 期。

冯馨、马树才：《中国绿色金融的发展现状、问题及国际经验的启示》，《理论月刊》2017 年第 10 期。

朱兰、郭熙保：《党的十八大以来中国绿色金融体系的构建》，《改革》2022 年第 6 期。

安国俊、訾文硕：《绿色金融推动自贸区可持续发展探讨》，《财政研究》2020 年第 5 期。

隗斌贤：《G20 框架下我国绿色金融的创新发展》，《中共浙江省委党校学报》2016 年第 6 期。

天大研究院课题组：《构建中国绿色金融体系的战略研究》，《经济研究参考》2011 年第 7 期。

王波、郑联盛：《新常态下我国绿色金融发展的长效机制研究》，《技术经济与管理研究》2018 年第 8 期。

B.3
抢抓数字经济发展新机遇，赋能
浦东制造业可持续发展

唐 坚*

摘 要： 数字经济作为新发展动能，在制造业提质、增效的重要节点必定会发挥巨大的作用。制造业是国家经济发展的支柱型产业，我国有着显著的市场规模优势与最成熟的工业体系，制造业规模排在全球首位。数字经济的迅猛发展，加速推动全球产业和技术革命进程，为制造业可持续发展创造全新的机遇。浦东是上海甚至全国数字经济和制造业发展的先行区，在当地政府的大力支持下，数字经济保持高速发展，制造业增加值连续 5 年站稳万亿台阶，新业态新模式不断涌现。2021 年，浦东被赋予"社会主义现代化建设引领区"的时代重任，在高质量打造引领区的征程上，浦东应抢抓数字经济发展带来的新机遇，积极推动制造业转型升级，以实现浦东制造业的可持续发展。

关键词： 数字经济 制造业 可持续发展 浦东新区

中国互联网络信息中心（CNNIC）发布的第 49 次《中国互联网络

---
* 唐坚，中共上海市浦东新区委员会党校教授，研究员，主要研究方向为制度哲学、科学技术哲学、制度与领导科学、宏观经济学、政府经济学、区域经济治理与可持续发展。

发展状况统计报告》显示：截至 2021 年底，我国网民规模已达 10.32 亿，互联网普及率超过 73%，已形成全球"规模最庞大、活力最旺盛"的数字化社会。按照国际数据公司（IDC）的推测，伴随物联网设备和通信设备承载能力的不断提高，2025 年中国的数据量将会达到 48.6ZB，占世界数据量的比重为 27.8%，远远超过美国的 17.5%，将会成为全球最大规模的数据中心。正是在数据量呈指数级增长的前提下，我国数字经济才能有如此之快的发展速度，从而支撑实体经济可持续发展。

浦东作为国家开放开发的"先行者"，在建设社会主义现代化强国的新征程上，再次被赋予历史重任。2021 年 7 月，中共中央、国务院印发《关于支持浦东新区高水平改革开放打造社会主义现代化建设引领区的意见》，明确提出浦东要"打造世界级创新产业集群"、"强化高端产业引领功能，带动全国产业链升级，提升全球影响力"。2021 年 8 月，《浦东新区促进制造业高质量发展"十四五"规划》（以下简称《规划》）发布，《规划》提出："十四五"阶段，浦东新区将充分利用好数字经济的赋能作用与"五型经济"的导向功能，系统提升"四大功能"，进一步提高自主创新水平，大力发展"3+6+6"产业体系，增强人工智能、生物医药、集成电路等硬核产业的引领作用，加快建设全球消费中心与"五个中心"核心区，将浦东新区打造成"科技创新策源显著、高端产业集聚引领、开放枢纽功能强劲、要素资源配置极佳"的产业高地。在全国数字经济迅猛发展的时代背景下，选择被赋予引领区重任的浦东新区作为研究对象，研究其制造业可持续发展的具体路径，有着十分重要的现实价值。

一 我国数字经济发展现状

（一）数字经济整体迈向新高度

近几年内，我国数字经济进入发展"快车道"，经济总量大幅增长。根据国家统计局发布的数据，我国数字经济规模从 2016 年的 22.6 万亿元增加至 2021 年的 45.5 万亿元，数字经济占 GDP 比重从 30.3%升高到 39.8%（见图 1）。

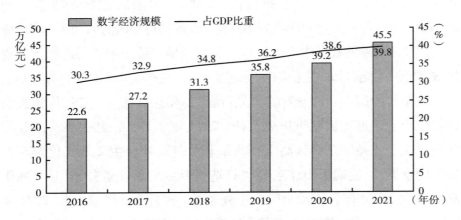

图 1　2016~2021 年中国数字经济发展情况

资料来源：国家统计局。

（二）数字产业化深入推进

数字产业化，作为大力发展数字经济的先行产业，提供服务、产品、技术以及解决方案等，主要包含互联网行业、软件和信息技术服务业、电信业、电子信息制造业等。数字产业化包括但不限于区块链、5G、云计算、大数据、人工智能、集成电路等技术、服务和产品。当前，数字产业化正在从"量"的扩张转向"质"的提高。2021 年，中国数字产业化规模已达到 8.35 万亿元，较 2020 年增加 11.3%，在数字经济中的占比为 18.3%。近年来，我国新基建进程加速，数字产业化深度发展。截至 2022 年 5 月底，我国已经建成全球技术领先、规模最大的网络基础设施，全部地级市都已成为"光网城市"，5G 基站数超过 170 万个，千兆用户规模达 5000 万户，5G 手机用户规模达 4.2 亿户。2021 年，全国软件和信息技术服务业、互联网及相关服务业的增加值较上年分别增加 17.7%、16.9%；规模以上电子信息制造业增加值较 2020 年增加 15.7%，增幅创历史新高。

（三）产业数字化稳步发展

产业数字化，是围绕创新、融合和共赢的"耐力赛"，无论是政府还是企业，在转型过程中都需高度关注市场效应，全面发挥"灯塔效应"，不断强化"共振效应"。在专项政策推进、龙头企业主导、数据要素驱动、产业发展融合、科技平台带动等各类因素的综合作用下，我国产业数字化建设取得显著进步，传统产业转型进程加速。2021 年，中国产业数字化规模高达 37.18 万亿元，较 2020 年增加 17.2%，在数字经济中的占比为 81.7%。人工智能、云计算以及大数据等新兴技术，与农业、工业、教育、交通、医疗、能源等行业深度融合。截至 2022 年 6 月底，工业互联网高质量外网覆盖超 300 个城市，工业互联网应用已覆盖 45 个国民经济大类。2021 年，我国网上零售额高达 13.1 万亿元，较上年增加 14.1%。其中，实物商品网上零售额首

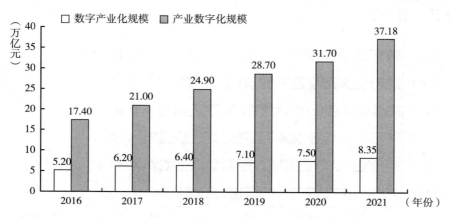

图 2 2016～2021 年数字产业化和产业数字化发展现状

资料来源：国家统计局。

次突破 10 万亿元，达到 10.8 万亿元，较上年增加 12.0%，在社会消费品零售总额中的占比为 24.5%。2021 年，全国移动支付业务规模达 1512.28 亿笔，与 2020 年相比增加 280.08 亿笔，增幅为 22.73%。

二 浦东制造业发展现状和发展趋势

（一）浦东制造业发展现状

近年来，浦东制造业保持高速发展，取得丰硕发展成果。

第一，产业规模站稳万亿台阶，实现效益和质量的双提升。2017 年，浦东新区制造业总产值首次进入万亿元"俱乐部"，达 10228.06 亿元；2021 年，浦东制造业总产值已超过 1.2 万亿元，为 12442.53 亿元（见图 3）。2022 年 1~5 月，受疫情影响，制造业较往年呈现负增长态势；随着复工复产步伐的加快，6 月制造业总产值达 1246 亿元，较 2020 年同期增长 24.7%。从上海全市来看，浦东以上海 1/5 的土地面积，创造了全市近 2/5 的战略性新兴产业总产值、近 1/3 的制造业总产值。

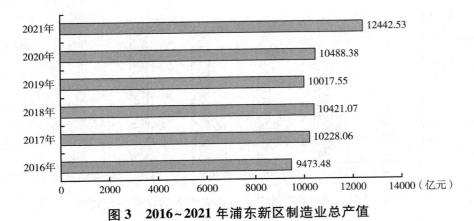

图 3 2016~2021 年浦东新区制造业总产值

资料来源：2017~2021 年《上海浦东新区统计年鉴》。

第二，产业能级明显提高，新兴动能粗具规模。中芯国际14nm、华力二期12英寸先进生产线、重型燃气轮机等重大项目，不断加快发展。聚焦"创新药""中国芯""蓝天梦""智能造""数据港""未来车"六大硬核产业，着重推进产业高质量发展。

第三，产业生态日趋成熟，创新驱动效应彰显。通过30多年的不断努力，目前浦东新区已经有很多关键产品、关键技术、关键材料、关键设备、关键零部件等处在全国领先地位。

第四，产业布局不断改善，已形成集群发展格局。当前，浦东制造业已形成"4+16"的整体格局，且有7个园区被选为首批市级特色产业园，主要包括临港新片区大飞机产业园、金桥5G产业生态园、张江创新药产业基地、集成电路设计园等。

第五，产业政策制度持续优化，营造良好产业环境。产业区块外"零增地"优质企业改扩建审批及高新技术企业审核权下放至浦东，药品上市许可持有人制度（MAH制度）试点工作取得显著成效。

（二）浦东制造业发展趋势

1.浦东制造业的发展目标

第一，产业规模、质量和能级大幅提升。到2025年，浦东制造业增加值达4600亿元，占GDP比重超过20%；制造业总产值达18400亿元，其中战略性新兴产业总产值所占比重超过45%。

第二，基本形成重点行业硬核产业引领格局。到2025年，机器人、集成电路、新能源汽车、航空航天、生物医药等行业形成更加扎实的产业基础，实现产业规模倍增，产业生态日趋成熟。

第三，进一步加强重点环节创新策源能力。到2025年，机器人核心部件、EDA工具、先进制程、关键航空复合材料、高端试剂耗材等领域取得明显突破；拥有20家工业互联网标杆工厂，每万人拥有 50 件以上高价值发明专利，建立 250 家市级以上科技公共服务平台，年均新认定高新技术企业超 2000 家。

第四，关键产业载体经济密度明显提升。到 2025 年，制造业固定资产投资在 720 亿元以上，打造 20 多个高经济密度的特色产业园区，工业劳动生产率超过全市平均水平。

2. 浦东制造业的未来发展趋势

首先，从现代产业体系角度来看，浦东将继续夯实三大支柱产业基础，关键在于提质、增效，做大做强成套设备制造业、汽车制造业和电子信息制造业。其中，成套设备制造业紧紧围绕"整机制造+关键部件、核心技术"，致力于实现柔性化、精密化、高端化制造。汽车制造业趋向共享化、智能化、网联化、电动化发展，逐渐提高新能源等汽车的比重。电子信息产品制造业以新基建赋能与产业应用为中心，大力发展终端产品，提高新型工业总部增加值。除此以外，浦东还将建设五大硬核制造增长极，关键在于技术突破，主要包含："中国芯"——具备国际竞争力的全链条现代化产业体系，"蓝天梦"——国家大飞机战略核心承载区，"创新药"——世界卓越的产业高地与创新策源地，"智能造"——具备国际影响力的智能制造产业高地，"未来车"——新能源引领智能驱动的全产业链集群。

其次，从产业空间布局角度来看，未来浦东将着重建立六大组圈联动发展格局，即：在线新经济组圈（张江—唐镇—三林—宣桥—航头）、装备组圈（临港—外高桥—金桥—张江—康桥—周浦—航头）、汽车组圈（金桥—临港—张江—康桥—曹路—航头）、民用航空组圈（临港—张江—祝桥）、生物医药组圈（张江—外高桥—老港）、电子信息组圈（张江—临港—外高桥—金桥—曹路—川沙）（见图 4）。

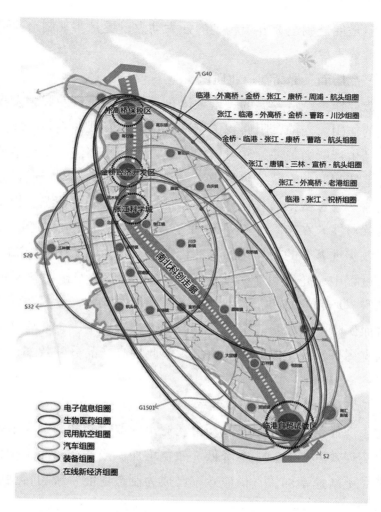

图 4 上海浦东新区产业空间布局

三 数字经济与制造业可持续发展间的辩证关系

（一）理论逻辑

从理论逻辑来看，数字经济从产品、技术、管理等层面赋能制造业，不但是促进制造业升级转型的强大动力，更是实现制造业可持续发展的重要支撑。

1. 产品层面：提高制造业质量

制造业作为经济发展的关键载体，在经济高质量发展中发挥着不可替代的作用。当前，阻碍我国制造业可持续发展的主要问题是，高质量产品生产能力欠缺、质量管控不到位等。数字经济与制造业的融合，为上述问题的有效解决提供了全新思路。第一，在产品设计过程中，企业可通过数据信息充分掌握客户需求及其变化情况，提高产品设计的针对性。在产品"精准设计"前提下，可有效规避同质化竞争，有效实现客户的差异化和个性化需求，增强体验感。第二，在产品加工过程中，企业可在数据信息引导下，合理安排原料采购、加工、销售等环节的时间，实现各类要素的精准配置，提高要素生产效率，进而保障产品质量。第三，在产品销售过程中，企业可在大数据系统的支撑下掌握供需双方的信息，借此提高产品分配效率、减少产品库存。

2. 技术层面：提升制造业效率

对于现代企业来说，要想在市场竞争中取得胜利，则需依托技术创新以实现效率提升、成本降低、效益增加。当前，产品结构日益复杂、产品更新速率加快，供应效率已成为制造业能否成功转型的重要影响因素。

第一，以数字技术为前提的智能化制造，有利于提升企业效率。通过对大数据系统的利用，企业实现从产品研发、要素配置、制造加工、产品销售到售后服务的全流程优化，且实现了全过程的系统化管理和智能化决策，既有助于提高各项要素的配置及利用效率，又有助于缩短产品加工及配送周期，大大提升企业的加工效率、缩短资金周转周期。

第二，以数字技术为前提的网络化制造，有利于提高整体效率。

网络化制造主要是利用网络技术、数字技术、制造技术等新型技术，建立面向企业特殊需求的工业制造系统。其根本性质是智能化制造在空间层面突破企业生产运行模式与范围的限制，组织覆盖产品全流程、全周期的业务活动，经过各企业间的互相合作、社会资源的共享和聚集，构建以数据信息为核心要素、具备智能决策功能的工业物联网系统，进而提升产业链甚至制造业的整体效率。

第三，以数字技术为前提的人才激励制度，有利于提高创新效率。数字经济在赋能制造业的过程中，同样对相关从业者提出更加高的素质要求，激励求职者强化学习，主动掌握专业理论以及数字技能。从业者综合素质的加强，不但可以有效满足制造业转型对人力资本的要求，还可以为制造业可持续发展提供强有力的人才保障。

3. 管理层面：革新制造业组织

对企业成长和发展而言，组织革新是其必须经历的过程。随着数字经济时代的来临，制造业内部环境和外部环境都发生了巨大的变化，同时企业资源整合能力也在逐渐提高，客观上要求企业对现有组织进行革新。

第一，弹性化革新。随着市场竞争的不断加剧，有些制造企业开始尝试建立更加灵活、弹性更大的组织形式，在互联网、大数据以及云计算等新型技术的作用下，信息数据无论是流通速率还是穿透效率，都有明显的提升。这既有利于减少企业的交易费用与协调成本，又有利于实现更深层次和更广范围的市场分工。跨行业和跨区域的制造企业可通过互联网建立较为松散的企业联盟，采取远程细分加工流程、协作完成加工任务的方式，迅速抢占市场、分摊成本、赚取利润。

第二，虚拟化革新。数字经济时代，制造企业的主导力将会从生产力、资本力逐渐向信息力、知识力转变。通过对数字技术的利用，完全可以实现家庭作业、分散劳动和远程办公，许多劳动力将会游离在企业的固定系统之外，企业组织有明显的虚拟化趋势，且无需再建造规模庞大的施工车间或者办公大楼。

第三，网络化革新。在网络平台及数字技术的支撑下，企业形式集团化、信息传递网络化、内部组织网状化、运营模式连锁化的趋势越发显著。企业生产和创新行为从"封闭、排他"逐渐转向"开放、包容"，组织形式也从独立主体转向于多元主体。

（二）作用机制

1. 直接作用机制

第一，健全的基础设施是制造业转型升级的重要基础。健全的基础设施，有助于强化各生产要素间的匹配度，从而实现优质资源的深度整合，推动制造业转型升级。数字基础设施，主要取决于信息通信产业（ICT）相关的软硬件基础能力，有利于加快制造业数字化进程。从消费者角度看，健全的数字基础设施有利于减少交易和检索成本，进而得到更加个性化和精准化的服务。同时，制造企业还可基于数字技术树立互联网思维，转变组织内部管理方式。知识溢出往往会受到空间距离带来的影响，伴随数字技术的广泛应用，数字基础设施有利于制造业打破空间限制，实现数据信息的实时传递。

第二，数字产业化是发展数字经济的根本前提。所谓数字产业化，主要指的是依赖信息通信产业所具备的创新驱动作用，不断形成新模式、新业态和新产业，其根本性质是数据要素商业化、产业化、市场化的过程。信息通信产业的重要作用主要反映在信息收集、流程改善等层面，可大幅缩短产品开发周期，大大提升生产效率，为客户提供精准化和个性化服务。伴随数字技术市场化应用步伐的加速，制造企业在遵守市场规律的基础上，渐渐形成新型经营方式和商业逻辑。并且，伴随数字技术的快速迭代，新兴产业迅猛发展，为制造业转型提供全新的方向，有利于制造企业实现融合化、高端化发展。

　　第三，产业数字化是发展数字经济的主要"抓手"。产业数字化，即以数字技术对传统产业进行改造。数字技术可以推进制造业向灵活化、网络化、智能化的方向发展。传统制造业在数字技术的支持下，创新生产管理模式，提升各类要素的周转效率，进而大幅减少经营成本，加快制造业转型步伐。除此以外，数字经济通过人工智能、工业互联网等数字技术与不同行业深度融合，引领制造业产业链实现颠覆式创新，进而使得制造企业可以通过更低的成本来提供更高质量的产品。

　　2. 间接作用机制

　　第一，人力资本。首先，数字技术的利用，有效突破知识获取的空间和时间限制。采取在线培训与在线教育的方式，从业者可以掌握更多的专业理论和技能，就业观同样会发生变化，倾向于选择发展空间大、工作环境好、薪资水平高、更加重视知识与能力的高端产业。人力资本及有关要素逐渐从低端产业流向高端产业，从而促进制造业从低端向高端演进。其次，数字经济的不断发展，带动从业者专业理论、专业技能的提升，进而使得其可以获得更多的经济收入。在物质生活得到基本满足后，人们便会追求更高质量的生活，偏向于消费多样化和个性化的产品，且对产品的档次、风格和品质等也有着更高的要求，从而促进需求和消费结构的升级，推动制造业转型发展。

　　第二，企业成本。对制造企业而言，减少成本、提升效益是加强综合竞争力的关键所在。首先，数字经济依赖自身独有的优势，大大减少产业链上下游企业间的信息沟通成本，有效缩短制造、流通、分配、销售等流程，实现企业运营成本的降低，进而推动企业间的良好合作。此外，制造企业在数字化转型过程中，可通过减少成本、提高效率的方式，提升企业的经济效益。其次，数字经济发展所引起的加工成本、边际成本、贸易成本以及信用成本等成本的减少，有利于制造企业在价值链中重新掌握主动权，从而提高制造业在国际价值链中的地位。

第三，技术创新。技术创新形成的新工艺及新技术，将会使加工流程及工艺得到极大的优化，以更低的成本实现知识、数据的迅速渗透，在新老产品迭代的同时，将"低效益、低技术"的部门逐渐压缩，从而促进产品、产业的转型。与此同时，从纵向方面看，数字经济使得创新成果逐渐渗透上下游产业链中；从横向方面看，在数据开放平台的支撑下，企业创新成果具备网络示范作用，使得创新应用得以迅速普及。

四　数字经济时代浦东制造业可持续发展策略

（一）建设开放共享的数字化平台

在推动制造业可持续发展的同时，浦东应面向数字经济发展需求，建设数字化制造业平台，主要可从以下几方面着手。第一，在数字技术的支撑下，不断提高产品和服务质量，进而形成全新的竞争优势，实现制造业的数字化和智能化发展。第二，有些产品的宣传和销售等流程，在数字平台支持下从线下运营逐渐向线上运营转变，在上述转变过程中应坚持效率最大化的原则，线上线下的结合可快速适应市场需求的不断变化，降低企业未知风险出现的可能性，进而提高企业的市场占有率。在数字化平台建设过程中，企业需遵循价值链整体最优的原则，尽量控制内部非必要的经济损失，提高企业的经济效益。与此同时，新生态环境的形成，有利于增强企业的社会效益。第三，为支持数字化平台的建设，浦东新区政府应对制造企业采取合理的奖励措施，进而使得更多企业参与数字化平台的建设，这有利于减少各企业的经营成本。

（二）建立健全传统制造业创新体系

伴随信息化、数字化时代的来临，数字技术逐渐渗透各行业、各领域中，如何加速传统制造业数字化转型进程，是浦东制造业实现可持续发展亟待解决的问题。因为传统制造业具有可替代性强、不可持续、产品附加值低等特征，所以传统制造业难以"做大、做强"。基于此，亟须建立健全传统制造业创新体系。一方面，传统制造业需不断革新产品，不仅需提升产品质量水准，逐渐消除"低端、低质"的情况，还需充分考虑广大群众消费观念及行为的变化，特别是应高度重视人们对多样化、高品质产品的需求，进而构建起"多元、全面、高质"的产品体系，以有效满足各消费层次群体的需求。另一方面，不断优化传统制造业研发体系。研发是建立健全企业创新体系的关键组成部分，如果仍然采用传统的生产方式，则无法满足数字经济发展需求，所以需要从硬件和软件两方面着手，创新生产运营模式。此外，传统制造业还应积极引进互联网、大数据等新兴技术，并且从设备、人才、资金和运营等多领域强化对数字技术的应用，进而实现传统制造业的智能化发展。

（三）以数字化技术提高制造企业管理水平

随着数字经济时代的来临，传统制造企业在管理方面的问题逐渐暴露出来，严重影响制造业的可持续发展。在制造企业数字化转型中，应重视以数字化技术提高制造企业管理水平，切实解决传统企业在管理方面存在的问题，提高管理效率。在制造企业生产经营过程中，应结合数据信息的及时传递，着重破除企业发展困境，采取协作形式转变企业发展现状。制造企业在数字化转型过程中，应采用精细化管理措施解决现实问题，还需根据企业实际情况开展各类活动，推动数字化转型、管理变革、模式创新。企业在转型升级中，应强化信息化管理，不断革新发展模式，基于大数据系统建立数字化管理机制，提升企业数字化管理水平。在数字经济时代，制造企业之间应根据发展需求开展协同发展，建立共享平台，促进数字化转型，解决资源共享问题。

（四）以数字化服务提高制造业生产效率

数字经济时代，为实现制造业的可持续发展，企业应面向消费者需求，在数字技术的支撑下对细分市场客户的消费行为进行精准定位，同时按照客户反馈的意见，及时调整企业的技术及产品，推动各类服务要素在生产过程中的全覆盖，进一步提升客户黏性以及企业服务质量，进而构建起闭环系统，增强制造企业可持续发展能力。并且，数字技术作为制造企业数字化转型的强力支撑，可破除制造业与客户间的信息"鸿沟"，将客户需求信息直接反馈至研发、设计、生产等流程。通过持续更新客户需求信息，企业可以提供满足客户个性化诉求的产品，形成新的竞争力。传统制造业的竞争优势主要源自企业研发、加工、销售等环节，目前制造业正处在数字化转型的重要阶段，数字技术的更新迭代对制造企业的生产、运营、管理有着极大的影响。数字化服务，为传统制造业带来全新的价值，数字技术发展催生出大量的电商平台，制造企业可借此进行线上销售，突破传统销售方式，实现价值的直接传递。并且，数字化服务还能够促使制造企业基于客户需求开展产品创新，以满足消费需求不断变化的情况，通过智能设备及数字技术对供给侧进行全过程控制，产生由上下游等利益关联构成的网络架构。数字化服务，明显有助于提高制造业的效率，助力制造业可持续发展。

（五）打造高素质的数字化专业人才队伍

现阶段，浦东新区在自主创新能力方面仍有所欠缺，不但需采取普惠性支持政策和市场激励措施，以激发各种创新主体，特别是处在行业"领头羊"地位的超大型企业，主动参与物联网、区块链、大数据、云计算等技术创新行为，而且还应全面掌握技术和知识的溢出效应，支撑中小企业从模仿创新转向自主创新。此外，还需强化对工业机器人等智能化设备的投资和研发，不断丰富工业机器人在制造业中的应用场景，促进浦东制造业向着智能化、数字化的方向发展。人力资本是大力发展数字经济的人才保障，所以应打造高素质的数字化专业人才队伍。浦东新区政府在加强基础教育的过程中，还需根据劳动力市场需求，重视培养复合型人才和技能型人才，既有利于提高人力资本综合水平，也有利于完善劳动力技能结构，以满足制造业数字化转型的要求，从而实现制造业可持续发展的目标。

五　结论

综上所述，近年来浦东新区在制造业和数字经济发展方面取得显著成绩：数字经济迅猛发展，不但为经济增长提供新动能，还为制造业升级带来强大动力。在数字技术驱动的数字经济时代，数字产业化与产业数字化深度融合，涌现出大量新模式及新业态，为浦东制造业实现可持续发展创造更加广阔的空间。所以，在数字经济时代，浦东应采取建设开放共享的数字化平台、建立健全传统制造业创新体系、以数字化技术提高制造企业管理水平、以数字化服务提高制造业生产效率、打造高素质的数字化专业人才队伍等策略，牢牢把握数字经济发展新机遇，实现制造业的可持续发展，筑牢浦东高质量建设引领区的经济基础。

参考文献

廖信林、曹欣宇、叶青杨：《数字经济对制造业高质量发展的影响——以创新与劳动生产效率提高为视角》，《沈阳大学学报》（社会科学版）2022 年第 3 期。

肖威、张艳婷：《数字经济背景下制造业数字化转型升级路径研究——以佛山市为例》，《广东轻工职业技术学院学报》2022 年第 2 期。

《中共中央国务院关于支持浦东新区高水平改革开放打造社会主义现代化建设引领区的意见》，2021 年 7 月。

王政：《我国数字经济规模超 45 万亿元》，《人民日报》2022 年 7 月 3 日。

朱小艳：《数字经济赋能制造业转型：理论逻辑、现实问题与路径选择》，《企业经济》2022 年第 5 期。

陈晓峰：《数字经济发展对我国制造业升级的影响——基于省际面板数据的经验考察》，《南通大学学报》（社会科学版）2022 年第 3 期。

于乐乐：《数字经济驱动制造业转型升级的路径探究》，《今日财富》2022 年第 8 期。

李昀臻：《数字经济赋能传统制造业转型升级思考》，《合作经济与科技》2022 年第 11 期。

段鑫：《新形势下数字经济赋能怀化市制造业高质量发展的实现路径研究》，《商场现代化》2022 年第 7 期。

曹雁南、陈薇宇：《数字经济助推我国制造业高质量发展及其路径研究》，《老字号品牌营销》2022 年第 11 期。

黄赜琳、秦淑悦、张雨朦：《数字经济如何驱动制造业升级》，《经济管理》2022 年第 4 期。

B.4
浦东新区数字赋能旅游业高质量
发展的现状、挑战与对策建议

李 卫*

摘 要： 浦东旅游资源丰富，在上海旅游业发展中占据重要地位。推动浦东旅游业高质量发展既是浦东建设社会主义现代化引领区的重要任务之一，也是上海打造世界著名旅游城市的重要支撑。本文立足浦东旅游资源国际化、科技化与现代化的特点，结合国家与上海"十四五"规划对旅游业高质量发展的引领和指导，确定了以数字赋能与科技赋能推进浦东旅游景点开发升级的战略方向。在此基础上，分析浦东旅游资源转型升级的现状与当前上海数字化新基建的助推作用，并指出后疫情时代浦东旅游业面对的疫情防控冲击、游客偏好变化与传统旅游业同质化竞争加剧三大挑战。对此，浦东应探索引入科幻类主题公园，与迪士尼形成互补，提升上海国际度假区能级；探索张江科技园区与邮轮小镇等现代制造业的工业旅游开发；以元游戏为媒介，增强游客与浦东优质景点的云互动，以共享、共建的方式增强游客沉浸式体验。

关键词： 浦东新区 旅游业 数字赋能 科技赋能

---

* 李卫，经济学博士，上海社会科学院经济研究所助理研究员，主要研究方向为政治经济学与经济思想史。

旅游是传播文明、交流文化、增进友谊的桥梁，是人民生活水平提高的一个重要指标，是小康社会人民美好生活的刚性需求，也是推动经济高质量发展的重要动力。"十三五"期间我国年人均出游超过4次，旅游业已成为促进经济结构优化的重要推动力。进入新发展阶段，更好发挥旅游业作用，不仅可为加快释放内需潜力、形成强大国内市场、畅通国民经济循环贡献更大力量，也可为实现社会主义现代化做出积极贡献。

当前，上海旅游品牌已具备国际影响力和吸引力，上海已成为国内国际旅游的综合性节点城市。而浦东旅游资源丰富，在上海旅游业发展中占据重要地位，是上海国际化大都市、世界级旅游目的地的重要组成部分。推动浦东旅游业高质量发展既是浦东打造社会主义现代化建设引领区的重要任务之一，也是上海建设世界著名旅游城市的重要支撑。

一　浦东新区旅游业高质量发展的战略方向

（一）浦东新区旅游资源的特点

浦东新区拥有多个世界级著名旅游景点。坐落在黄浦江畔的东方明珠，是上海地标性建筑之一，2019 年接待游客达 405 万人次，营业收入高达 6.4 亿元，2020 年在疫情影响下营业收入仍达 2.7 亿元。上海迪士尼乐园是中国大陆第一座、全球第六座迪士尼主题乐园，是迪士尼公司规模最大的海外投资项目，也是中国历史上规模最大的外资项目之一。截至 2021 年上海迪士尼乐园累计接待游客超 8300 万人次，营业收入超 400 亿元，创造就业岗位 1.5 万个，为上海市经济发展做出重要贡献。起于磁浮龙阳路站、止于磁浮浦东国际机场站的"上海磁浮列车示范运营线"是我国首条磁浮线路，也是世界上第一条商业化运营的磁浮列车示范线，2019 年接待旅客 426 万人次，营业收入 1.8 亿元，2020 年疫情影响出行下仍接待旅客 180 万人次。2021 年开馆的上海天文馆，集教育、研究、收藏、展示、交互功能于一体，是世界上规模最大的天文馆。

浦东新区还拥有多个国家级旅游景点。位于南汇新城的中国航海博物馆是我国首个经国务院批准设立的国家级航海博物馆。上海科技馆拥有 11 个主题展区、4 个高科技特种影院、3 个展示古今中外科学家及其足迹的艺术长廊，2022 年被科技部和中宣部评为"国家文化和科技融合示范基地"。上海野生动物园是我国首座国家级野生动物园，占地 153 公顷，每日核定承载的最高接待量高达 15 万人。2018年建成开园的上海海昌海洋公园，总占地面积约为 29.7 公顷，包括5 大主题区和 6 大动物展示场馆，在 2021 年被评为"长江江豚人工繁育和科普教育基地"。

2019 年浦东新区主要景点营业总收入达到 130 亿元，接待国内外游客达到 8157 万人次，占来沪游客总数的 22%[①]；2020 年受疫情间歇性影响，旅游业受到较大冲击，但浦东新区主要景点营业总收入仍超过 84 亿元[②]，接待国内外游客仍高达 4549 万人次，占来沪游客总数的 19%。2021 年浦东旅游业回暖，接待国内外游客约 7151 万人次，同比增长 57.2%。2022 年 10 月 6 日，上海第一次发布"最上海"旅游指数，综合排名前十的景点中有 4 个位于浦东，其中迪士尼乐园位居榜首，上海野生动物园紧随其后。

总体来看，浦东新区拥有多个世界著名旅游景点和国家级旅游景点，具有国际化、现代化和高科技三大特征，是对国内外游客最有吸

---

① 2019 年上海市接待国内外游客总量约为 37038 万人次，2020 年上海市接待国内外游客总量约为 23735 万人次。资料来源：《上海统计年鉴 2021》。
② 资料来源：《上海浦东新区统计年鉴 2021》。相关数据为浦东主要景点的统计数据。

引力的目的地之一，也是浦东现代化引领区与上海国际大都市形象的重要代表。

（二）浦东新区旅游业高质量发展的战略方向

为实现新阶段旅游业高质量发展，2021年12月国务院发布《"十四五"旅游业发展规划》，强调"以深化旅游业供给侧结构性改革为主线"，"着力完善现代旅游业体系"，着力方向主要有二：其一是提高旅游产品质量，包括以产业融合与科技赋能打造优质旅游景点，推动旅游服务和体验升级；其二是通过"新基建"为旅游业向数字化、智能化发展提供机遇，提高城市数字化治理水平与景区数字化管理水平。具体而言，规划将提供优质产品放在首要位置，强调优化旅游产品结构、创新旅游产品体系，开发体验性、互动性强的旅游项目，设计推出国际化程度高、中国特色明显、适合境外主流市场的优质旅游产品，打造具有独特性、代表性和国际影响力的世界级旅游景区，增强中国旅游品牌吸引力、影响力。同时，规划着重强调了旅游业的融合发展，特别是推进旅游与科技、教育、工业、农业等领域相加相融、协同发展，大力发展科技旅游，推动研学实践活动发展；鼓励依托工业生产场所、生产工艺等开展工业旅游，建设一批国家工业旅游示范基地。在数字赋能方面，实施创新驱动发展战略，充分运用数字化、网络化、智能化科技创新成果，推动旅游业从资源驱动向创新驱动转变，发展沉浸式互动体验、虚拟展示、智慧导览等新型旅游服务，推进全息展示、可穿戴设备、服务机器人、智能终端、无人机等技术的综合集成应用。推动智能旅游公共服务、旅游市场治理"智慧大脑"、交互式沉浸式旅游演艺等技术研发与应用示范。

此外，规划特别要求"东部地区加快推进旅游现代化建设"，"提升旅游核心竞争力"，而上海旅游具有"都市型、综合性、国际化"的特点，正是都市旅游首选城市，也是国内国际旅游大循环的中心节点。"十三五"期间，上海基本建成具有全球影响力的世界著名旅游城市，后疫情时代出境旅游等国际旅游消费快速"回流"也给上海旅游市场提供了更大空间。《上海市"十四五"时期深化世界著名旅游城市建设规划》提出，旅游年收入由 2020 年 3139.78 亿元增加到 2025 年的 7000 亿元，旅游业增加值占全市 GDP 比重达到 6%，成为上海的支柱产业。为实现这一目标，上海已有序推进将旅游公共服务设施建设纳入新型基础设施建设计划，将推动旅游数字化转型、提升旅游能级和核心竞争力、深化旅游供给侧结构性改革作为"十四五"时期的主攻方向，打造高质量、现代化综合交通体系，实现旅游业数字化管理，构建完善的旅游公共服务体系。在这一着力方向下，基础设施的提升有助于提升旅游景点的管理水平与服务水平，也有助于各区充分结合自身特点，利用数字化发展转型推动新基建，积极实现旅游景点的能级提升与高质量发展。

浦东作为引领区，在旅游业转型升级中，同样要走在前列，先行先试。特别是浦东新区旅游资源本身就具有国际化、科技化与现代化的特点，符合国家对东部地区旅游业高质量发展的期望。2021 年《上海国际旅游度假区发展"十四五"规划》也体现了浦东旅游在上海旅游中的重要地位。总体来看，国家的战略以提升旅游资源质量为主线，强化数字新基建对旅游业发展的赋能与支撑；而基建作为整体规划项目，已由上海市统筹推进，自 2021 年以来连续发布的《上海市电子信息产业发展"十四五"规划》《上海市数字经济发展"十四五"规划》《上海市培育"元宇宙"新赛道行动方案（2022～2025年）》等规划已显示出上海对数字化基建的积极布局。遵循国家的发展思路及其对浦东的期望与要求，特别是国家强调旅游业的供给侧改革（即旅游产品的创新与升级），同时依托上海市对数字化基建的推进，结合浦东当前的旅游资源特征，应将浦东旅游业发展重点方向明确为通过数字赋能与科技赋能提升浦东旅游景点质量，加快转换发展动力，助力上海世界著名旅游城市打造。

（三）浦东新区旅游业高质量发展的战略意义

浦东作为社会主义现代化建设引领区，在中国未来的现代化发展中将扮演引领者的重要角色，是更高水平改革开放的开路先锋、自主创新发展的时代标杆、全球资源配置的功能高地、扩大国内需求的典范引领、现代城市治理的示范样板。通过数字赋能、科技赋能实现浦东旅游业的高质量发展对上海打造世界著名旅游城市、增强上海城市软实力具有重要意义。

1. 加强浦东旅游资源的数字赋能、科技赋能是促进上海旅游业高质量发展的有力支撑

浦东旅游业在上海旅游业中占据重要位置，每年接待游客人次占来沪游客总数的 20% 左右，其景点资源总体呈现国际化、现代化和科技化特征，是上海建设世界级旅游目的地和实现旅游业高质量发展的中坚力量。浦东应以景点的数字赋能与科技赋能为引领，增强上海国际旅游度假区的核心作用，加快实现产业融合发展，推进现代工业旅游与研学旅游重大项目落地发展。加快推进浦东旅游业科技赋能与数字赋能，有力支撑上海旅游业高质量发展。

2. 加强浦东旅游资源的数字赋能、科技赋能可为全国旅游业转型升级提供样板

先行先试是浦东作为引领区的重要使命。随着旅游业在国民经济中占据越来越重要的位置，浦东新区在数字赋能与科技赋能下创新旅游体验和旅游产品供给，创新旅游业态，以沉浸式互动提升传统旅游业游览体验，打造现代工业旅游、科技旅游与研学旅游融合的高地，探索高科技工业与文旅融合样板，实现以旅游业带动全产业链发展，拉动旅游消费，带动经济现代化转型与高质量发展，可助推上海旅游城市建设，助力上海打造为国内现代化旅游业的样板城市，也可树立国内旅游业科技赋能与数字赋能的样板，对国内其他城市探索旅游业的转型升级起到示范作用。

3. 加强浦东旅游资源的数字赋能、科技赋能可增强上海城市软实力，向世界展示新时代的中国风貌

旅游业是加强对外交流合作和提升国家文化软实力的重要渠道，浦东作为引领区，集中体现了中国数十年改革开放所取得的巨大成就，体现了上海一往无前的勇气、攻坚克难的胆识与先行一步的锐气。加强浦东旅游资源的数字赋能、科技赋能不仅可以推进上海旅游业发展升级，提高旅游体验水平，向世界展示新时代上海经济发展的吸引力、创造力、竞争力、影响力，也可依托"一带一路"旅游合作、亚洲旅游促进计划等向世界讲好中国故事，彰显自信、开放、富强的新时代中国形象。

二 浦东新区旅游业发展现状

（一）浦东新区具有完善的旅游配套基础设施

1. 在传统基础设施方面，浦东旅馆业发达并具有交通优势

（1）酒店、民宿等旅馆业发达

浦东新区酒店、民宿等旅馆业发达，行业投资持续增加。2019年各类型酒店、民宿等旅游住宿客房总数达 19514 间，2020 年增加至 22706 间，同比增速达 16%；床位数由 28340 张增至 33559 张，增幅高达 18.4%。

商务酒店方面，浦东新区拥有香格里拉、喜来登、皇冠假日等众多五星级酒店，每年承接大量大型会展、商务会议、商业谈判、营销、管理（如培训、奖励旅游）等商务活动。例如，位于陆家嘴金

融中心的丽思卡尔顿酒店，配备总面积超过 2600 平方米的会议空间，包括面积 1135 平方米、层高 7.4 米的无柱大宴会厅，提供有线和无线互联网接入、远程会议设备、技术管家等服务与技术支持，每年大量政界和企业界的发布会、年会、培训等各种商务会议在此举办。商务旅游的利润通常较休闲旅游高出 20%～30%，是带动浦东商务旅游消费的重要力量。

此外，浦东新区各种类型的主题酒店越来越成为游客度假旅游的新选择。它们突破传统星级酒店、旅游景区和旅行社的边界，将目的地资源全面整合，打造集休闲、旅游、住宿、美食、游玩于一体的沉浸式主题酒店。上海迪士尼酒店围绕"迪士尼故事"主题设计，宾客在酒店走廊中还会遇到迪士尼经典动画中的灰姑娘、美人鱼等明星人物；在餐饮提供方面也将迪士尼故事带入用餐体验中，给游客带来"唯有在迪士尼"才能感受到的沉浸式旅居体验。玩具总动员酒店特别设计了胡迪牛仔苑和巴斯光年苑两个庭院，置身其中仿佛置身玩具世界，产生不同寻常的休闲放松体验。上海海昌海洋公园度假酒店则是以海洋元素为设计理念，是华东地区特有的邮轮概念海洋主题酒店，酒店共有 309 间以海洋动物为主题的客房，可同时容纳千人住宿。在建的"奥特曼主题酒店"，建成后将与海昌海洋公园联动，形成"全球首个奥特曼主题娱乐区"，产生 IP 赋能的娱乐消费集群效应。

近年来，民宿业在浦东发展迅速，特别是迪士尼乐园开园后，川沙镇民宿数量以每年 20% 的速度增长。一些设计精美、风格突出的网红民宿逐渐占据市场主流，成为大量游客的住宿首选①。携程发布的《2022 中秋小长假出游总结报告》显示，民宿搜索热度在节前一周达到高峰，预订量比端午小长假增长一成左右，其中乡村民宿热度

---

① 2021 年，尽管受到疫情影响，但部分网红民宿的平均入住率仍能达到 82%。

上升最快，搜索热度基本恢复至上年同期；木鸟民宿发布的《2022中秋民宿市场消费趋势报告》显示，中秋假期，上海迪士尼乐园周边半小时车程以内的民宿预订量，比假期前一周出现了两位数增长①。

（2）公共交通发达，具有交通优势

浦东新区交通发达，浦东国际机场是华东区域第一大枢纽机场、门户机场，是我国三大门户复合枢纽之一。2019年浦东机场旅客吞吐量高达7615万人次，2020年受疫情影响降至3048万人次，2021年小幅回升至3221万人次。目前浦东机场四期正在扩建，预计2030年可满足年旅客吞吐量1.3亿人次的需求，建成世界一流的国际航空枢纽。在公共交通方面，截至2022年，上海拥有33条地铁线路、约1600条公交线路，公共交通发达且运行时间长，周末和节假日还会延长晚间运营时间，为游客"夜间旅游"提供出行便利。此外，上海还设有专门的旅游观光巴士，路线经过上海众多著名地标性建筑，在东方明珠、上海环球金融中心等核心景点均设有停靠站，为游客旅游提供便利。旅游观光巴士的设计采用双层敞篷的形式，便于游客欣赏沿途风景、感受城市文化。

2. 上海数字基建对浦东旅游业发展的支持

（1）5G信号全方位覆盖旅游景点

上海5G基站建设数量居全国第一，位列全球第一阵营，东方明珠、国家会展中心等标志性景观均已实现5G信号的全覆盖，为游客提供高速便捷的网络体验。同时，5G基站的建站也充分考虑了基站外观与城市景观融合的需求，从用户容量、覆盖效果、外观美化等维度规划布局。5G技术低时延控制、大带宽监控、高可靠连接等优势

---

① 值得注意的是，首轮"爱购上海"电子消费券在上海的地标景点以及多家展览主题馆和古镇、公园等上百家本地知名景点均可使用，消费券的引入也进一步增强了上海本地游的吸引力。

为上海智慧城市的建设奠定基础。

（2）智慧旅游公共服务模式

上海智慧旅游公共服务和旅游市场治理"智慧大脑"是国内智慧旅游的优秀范例。上海通过整合旅游、交通、气象、测绘等信息，综合应用5G、大数据、云计算等新一代信息网络技术和装备，实时发布气象预警、道路通行、游客接待量等各类旅游信息，实现了旅游服务、旅游管理、旅游营销、旅游体验的智能化。在道路实况信息方面，线上实时显示道路路况、道路电子收费信息、交通拥堵情况，便利游客特别是自驾游客的出行。在旅游预约平台建设方面，浦东大大小小的旅游景点均实现与飞猪、携程、微信小程序等合作，特别推出分时段预约游览和人数限制功能，科学引导和分流，有助于解决景点堵、挤、贵的问题，兼顾疫情防控与人们的旅游需求，实现双赢。此外，在浦东众多旅游景区的门口及园区内部均设立流量监控监测指示牌，利用旅游监测设施和大数据平台实现"互联网+监管"的精准监管与运营。

（3）数字赋能酒店数字化转型

在数字赋能酒店数字化转型方面，截至2021年底上海已建成775家数字酒店①。2022年3月上海市文旅局发布《上海市数字化转型"数字酒店"场景建设工作方案》，提出数字酒店的六大场景和年底完成建设600家"数字酒店"的目标，进一步推进上海酒店业数字化转型。以锦江"数字酒店"为例，在试点中，酒店围绕"在线预订、在线选房、一键入住、智能客控、客房信息服务、快速离店和区域客房清洁共享"七大服务场景，应用移动互联网、5G、AI等新技术，通过线上线下联动，提升酒店运营水平，提升消费者体验，提高酒店收益能力。

---

① 资料来源：https：//baijiahao. baidu. com/s？ id = 1739651704228339399&wfr = spider&for＝pc。

（二）浦东新区旅游资源的创新驱动发展

1. 传统旅游景点推陈出新

为提高对游客的持久吸引力，浦东的传统旅游景点坚持创新驱动，从供给侧发力，在充分调研市场的基础上，主动创新旅游产品供给，不断推出当下市场流行的具有时代特征、符合时代精神的旅游新项目，保持旅游体验的新鲜感、获得感和满足感。

上海海昌海洋公园、迪士尼乐园等热门旅游景点基于国内外游客的兴趣增加新项目，丰富景点产品线和体验感。2022 年 7 月 24 日，上海海昌海洋公园全球首个"奥特曼主题娱乐区"启动运营，备受关注的全球首个"奥特曼主题馆"、"奥特曼电音广场"以及"奥特能量站"同步亮相。上海国际旅游度假区也不断推陈出新，作为度假区核心的迪士尼乐园持续扩建新的主题园区，保持新鲜感和对游客的高度吸引力。2018 年迪士尼首个扩建项目"皮克斯玩具总动员"园区建成开幕，仅一年之隔，"疯狂动物城"主题园区即宣布扩建。2022 年 9 月，迪士尼乐园打造了以电影《阿凡达》为灵感的沉浸式主题展——"阿凡达：探索潘多拉"。主题展一比一复刻电影中的标志性景观，给影迷带来极具震撼的互动、沉浸体验。2022 年国庆假期，上海国际旅游度假区累计接待游客 59.23 万人次，迪士尼乐园继续成为沪上游客休闲度假的首选地，带动比斯特上海购物村环比两位数的消费增长①。

与此同时，浦东瞄准年轻消费群体爱好泡汤、露营等娱乐活动和亲近大自然的周边游、微度假诉求，推出"白天在民宿周边露营、喝杯咖啡，晚上回民宿烧烤、火锅"这类露营与民宿融合的

---

① 资料来源：http：//www.cfbond.com/2022/10/08/wap_ 99997406. html？ city = 142。

新项目。飞猪数据显示，2022年国庆期间，周边游订单量较春节增长超80%，露营订单量较节前增长1.3倍。作为"元老级别的沪上露营地"，上海滨江森林公园节在周末和假日期间迎接了大量露营游客。周浦花海更是在中秋、国庆推出了"草地音乐节+非遗'打铁花'表演+烧烤露营节"的个性化特色项目。上海国际旅游度假区的房车、露营、赛艇和皮划艇等项目热度在国庆期间亦是持续升温。

2. 数字赋能旅游业创新发展

在坚持创新驱动方面，浦东应用5G边缘计算、全息投影、AR/VR等技术，提升旅游项目的沉浸感、互动感和体验感，推动传统旅游景点数字化升级。同时，利用大数据、互联网、云计算等技术，依托网络平台，创新旅游营销、推广和展示模式，建立成本低、传播快的多元立体营销体系。

（1）浦东旅游景点的数字赋能

伴随5G商用、AR、VR等技术在文旅产业的应用，浦东旅游景点推进以"沉浸式体验"为核心的数字创意智慧旅游，打造新的旅游消费场景。2022年9月10日，全球首座在迪士尼度假区内运营的大型XR项目——"超体空间SoReal VR"在上海国际旅游度假区开幕。项目以《西游记》"齐天大圣"为IP打造全沉浸式XR体验，通过5G边缘计算给玩家提供更逼真的画面和更流畅的操作，并将玩家从传统沉重的电脑背包中解放出来，只要佩戴轻便的VR头显就可以探索虚拟世界。5G技术带来的超高速、低时延的网络连接能力也将延迟降低至毫秒级，视效更为逼真，并显著降低眩晕感，游客体验感大大提升。

AR技术将虚拟与现实叠加，为虚拟世界和现实物理世界提供交互通道，将两者紧密连接并融合，发展至今已相对成熟。2022年10月1日东方明珠首次线上发布"元"创视频《"献礼中国"AR烟花秀》，通过 AR 技术将科技与文化巧妙融合，并融入上海的城市元素。结合东方明珠建筑创造出的"虚拟灯光秀"，让游客沉浸式观看体验了一场科技与艺术交织的视觉盛宴，是国内目前 AR 技术赋能旅游业的典范。

（2）数字赋能旅游业创新营销模式

后疫情时代，旅游景点的宣传和推介越来越借助"云模式"呈现，通过"网络虚拟景区""旅游+直播"等"云旅游"模式，营销直达潜在客户，打破时空壁垒，实现旅游信息与大众之间"零隔阂"。通过这种便捷的信息获取机制，客户增进对目的地的了解和兴趣，在线下单，实现线上流量到线下游客的成功转化，催生城市旅游的"打卡经济"。根据蝉妈妈《2021"五一"网红打卡地文旅数据报告深度解析》的统计数据，2021 年"五一"假期期间，抖音上热门景点 Top500 的旅游相关内容视频投稿量高达 7 万条，社交互动量超过 3343 万次，约为视频投稿量的 475 倍。其中，热门景点中，上海迪士尼以绝对的优势成为抖音热度最高的旅游景点，成为数字赋能旅游营销的典范。在线上赋能线下的同时，线下同步反哺线上，通过"云模式"带动线上消费，实现线上线下双向赋能，推动旅游消费市场快速发展。据抖音数据，2022 年 1 月迪士尼的抖音总销售额达 11516.9 万元。

三　后疫情时代浦东旅游业发展面临的新挑战

（一）国内外防疫措施对游客出行造成不便

受各国防疫措施影响，国际旅游显著受限。在疫情防控常态化背景下，国内旅游也受到一定程度的影响。2019 年浦东新区接待国内外游客 8157 万人次，2020 年游客总数下降至 4868 万人次，不足疫情前的六成水平。酒店实际住宿人数由 2019 年的 465 万人次降至 2020 年 271 万人次，其中，境外来沪住宿人数由 129 万人次降至 20 万人次。2019 年浦东举办的展览（博览）共计 238 次，其中国际性展览共计 201 次，接待（参观）人数 840.6 万人次。受疫情影响，2020 年展览次数下降至 138 次，国际性会议减少至 119 次，参观人数下降至 282.7 万人次；2021 年前 11 个月展览共计 123 次，国际性展览共计 107 次。从各景点情况来看，东方明珠 2019 年营业收入高达 6.44 亿元，接待游客 405 万人次；2020 年受疫情影响，营业收入下降至 2.68 亿元，接待游客 131 万人次。上海野生动物园 2019 年营业收入 5.31 亿元，接待游客 363 万人次；疫情冲击下 2020 年营业收入下降至 2.32 亿元，接待游客 155 万人次。上海科技馆 2019 年营业收入 1.1 亿元，接待游客 483.8 万人次；2020 年营业收入下降至 0.33 亿元，接待游客 107 万人次。短期内这种不利影响仍将持续。

（二）疫情间接改变了人们的旅行偏好

在防疫措施背景下，出行受限导致旅游偏好发生变化，家庭化、短途化、微度假渐成趋势，探亲游、短途游、周边游热度飙升。徒步、登山、露营等亲近自然的旅游方式成为新宠，研学与休闲融合的采摘园和农家乐成为家庭出游的主要目的地，主打"慢生活、深度假"的民宿聚集区则开始成为微度假人群的重要选择。携程《2022 年国庆假期旅游总结报告》显示，国庆期间，本地游、周边游、短途游主导假期市场，本地、周边旅游订单占比 65%，本地、周边人均旅游花费较上年国庆增长近 30%；短途高铁游、郊野露营、到地参团、当地一日游、轻户外等新玩法成为大众假日旅游的高频选择，本地、周边"躺游流派"占比超 6 成，酒店花费同比增长 10%。与此同时，郊野露营国庆爆红，人均花费比中秋多 30%。虽然疫情对人们旅行偏好的改变催生了新的旅游消费业态和场景，但传统热门旅游城市、网红旅游景点对长途、跨城市旅游游客的吸引受到一定程度的影响，城市旅游受到较大负向冲击。

（三）旅游景点的同质化竞争日趋激烈

近年来，随着网红旅游景点和爆款旅游项目的出现，在示范效应下，产品定位、营销策略和体验项目方面十分相似的旅游景点在各地大量涌现，同质化竞争激烈。例如，许多城市争相打造"地方特色"古镇，但千篇一律的小吃和几近相同的民族风小店导致这些"特色古镇"带来的旅游体验新鲜感下降，使游客"疲惫感"上升，难以形成长期性的"客留"。此外，旅游内容相近的景点也存在一定的替代关系，导致景点的客源被分流、景点之间相互竞争，如同为影视主题和具有相近旅游项目（过山车、特色演出等）的北京环球影城和上海迪士尼乐园之间即存在一定的替代关系，在客源方面出现部分分流情况。《中国青年报》社会调查中心联合问卷网在2022年"十一"长假后对2002名受访者进行调查，结果显示，"拒绝同质化"是位列榜首的游客诉求——72.9%的受访者期待景区因地制宜，推出契合游客需求的个性化产品[①]。因此，旅游城市要坚持创新驱动，通过新增旅游项目、创新旅游体验、抢占新赛道，吸引并留住游客，增强游客黏性。

新冠肺炎疫情发生后，各国防疫政策对海内外游客的出行产生了深刻的影响，游客的旅行偏好发生了较大的变化，出境游、长途游逐渐淡出，短途游、周边游、亲子游等亲近自然的旅游方式成为人们的新宠，与此同时，旅游景点的同质化竞争也影响着人们的出行决策。面对疫情后旅游市场的重大变化，浦东旅游更要迎难而上、加快转

---

① 《拒绝同质化 72.9%受访者期待景区推出契合需求的个性化产品》，《中国青年报》2022年10月12日。

型，打造成独具特色的国内旅游高质量发展引领区，助力上海世界著名旅游城市建设。

四 推动浦东新区旅游业高质量发展的对策建议

浦东新区目前已基本形成以迪士尼乐园为核心、联动周边旅游资源发展的"一核四片三带"的空间格局。面对疫情后旅游业新变化所带来的挑战与数字经济的勃兴，浦东新区要把握历史机遇，坚持创新驱动发展战略，以深化旅游业供给侧结构性改革为主线，提升旅游核心竞争力，努力构建"多个核心驱动、多种业态混合、多元文化交汇"的现代化旅游新格局。

（一）打造国风科幻 IP 主题公园

IP 主题公园的设计理念是通过将 IP 植入并转化为沉浸式和互动式体验，在现实世界中构建电影或动画中的虚拟世界，通过剧情（任务）驱动或者沉浸技术驱动，让游客在"现实的虚拟世界"里行动以探寻某种意义，使体验者获得更真切的体验感和引发情感共鸣的价值感。《上海国际旅游度假区发展"十四五"规划》中指出，要利用区位交通优势争取引入与迪士尼乐园项目互补互促的项目，形成"双核驱动"效应，而建设与迪士尼公园能级相当的科幻 IP 主题公园正可以形成新的核心。

从目前国内火爆的主题公园来看，上海迪士尼乐园主打米老鼠、白雪公主、漫威宇宙等迪士尼公司的经典 IP，北京环球影城主打哈利波特、变形金刚、小黄人等经典影视 IP，以二、三、四线城市为主要阵地的华强方特主题公园则主打"熊出没"动漫 IP，全国尚缺乏科幻类型的优质主题公园。从 IP 内容资源来看，近年来，国内科幻元素逐渐增多，在各类文学影视作品中，科幻比重逐渐增大，出现了《三体》《流浪地球》等一些国产现象级大IP的文学或影视作品，国产动漫也逐渐涉足科幻领域。这些彰显民族文化、弘扬民族自信、具有科幻特色的国产IP正是建设科幻主题公园的有益素材。在互动感与沉浸感方面，可以实现寓教于乐。在主题公园的建设中融入国内电影工业的流程与工艺，在游玩体验中向游客讲述电影拍摄的前期筹备、现场摄制与后期制作等幕后历程。例如，以《流浪地球》为代表的科幻大片，其幕后的拍摄和制作令许多粉丝好奇着迷，可通过实景还原的沉浸式演出增强游客体验，也可通过科技赋能强化景观对游客的视觉和感官冲击，增加全息展示、可穿戴设备等技术的综合集成应用，打造游客参与度高、双向互动交流丰富的沉浸式休闲游玩场景，设计凸显现代电影业制作工艺水准的互动式游玩项目，增强游客的知识收获，全方位提升游客的旅游体验。

打造具有国际风范、彰显中国元素的互动式科幻国风IP主题公园有助于提高浦东旅游的辨识度、标识度和知名度，树立高科技、现代化的旅游品牌形象，同时与迪士尼乐园联动，形成具有竞争力的优势品牌，助力浦东创新驱动发展的旅游示范区建设，助力上海"世界著名旅游城市"建设，增强中国旅游品牌对世界的吸引力和影响力。

（二）开发张江科技园、邮轮制造的现代化工业旅游产品

《国家"十四五"旅游业发展规划》指出，充分发挥旅游市场优势，推进旅游与科技、教育、工业等领域相加相融、协同发展。2021年上半年，工信部、国家发改委、教育部等八部门联合发布的《推进工业文化发展实施方案（2021~2025年）》中进一步明确，支持各地打造各类工业旅游项目，创建一批工业旅游示范基地。目前，国内工业旅游项目主要围绕传统工业开展，如造纸业——中国造纸博物馆（黑龙江）、纺织业——上海纺织博物馆、酿酒业——茅台博物馆

（北京）等，在现代制造业与现代科技领域尚未探索出成熟的工业旅游产品。

浦东拥有许多国内领先的现代制造业，极具发展工业旅游的潜力和基础，如毗邻外高桥造船厂的高东镇，"十四五"期间以豪华邮轮产业为转型方向，集聚邮轮相关产业链，全力打造邮轮特色小镇。浦东工业旅游恰可以此为契机打造独具特色的"邮轮工业旅游"项目，建设一个集邮轮工业历史、生产设计流程、购物餐饮于一体的邮轮博物馆，打造全国独一无二的特色邮轮博物馆和文旅融合的精品工业旅游示范项目。博物馆可依托邮轮制造企业的老厂房设计，给游客提供真实的制造场景，对于物理上难以展示的制造工艺可通过现代化科学技术，利用数字赋能，采用全息投影、AR/VR技术进行呈现，带给游客逼真、安全的全方位沉浸式游玩体验。馆内还可设计"邮轮制造"体验区，游客可尝试用乐高积木（或者拼图）在工作人员指导下模拟邮轮制造，或者DIY自主设计，工作人员同步向旅客讲解邮轮制造的环节和流程，通过"动手做、做中学"提升游客的参与感、获得感和成就感。双减背景下博物馆还可与中小学开展旅游合作，寓学于游。学生们在快乐游玩中不仅学习了邮轮小知识，培养了科研兴趣，还激发了民族自豪感和民族自信心，得到更大的收获。此外，浦东新区还拥有国产大飞机C919的制造企业——中国商飞公司等高端装备制造企业，张江高科技园区聚集了生物医药、集成电路和软件产业等高新技术企业，这些都是浦东开发工业旅游精品项目和研学游精品项目的重要资源。

探索浦东新区高新科技企业、现代制造企业与旅游业和教育行业的融合模式，开发现代化工业旅游产品，打造寓教于乐的研学场景，激发中小学生的学习兴趣，增强中小学生的创新能力，提升其综合素质，可为全国范围内开展现代工业旅游提供可资借鉴的模式。

（三）元宇宙游戏赋能浦东文旅创新

当前旅游市场的消费主力是以"80后""90后""00后"为主的新兴文化消费群体，他们青睐沉浸式的文化旅游体验方式，渴望具有充分融入当地人文的体验性、娱乐性和知识性的多层次旅游体验，以元宇宙赋能文化旅游正可迎合当下市场的需求。而在元宇宙的诸多应用场景中，元宇宙游戏是最为成熟的。作为元宇宙概念率先落地的突破口以及互联网发展的最前沿应用，"发展元游戏"也是上海元宇宙新赛道方案的重要内容。2022年7月发布的《上海市培育"元宇宙"新赛道行动方案（2022～2025年）》明确提出，发展元游戏，着力培育一批品牌号召力强、具备国际竞争力的原创元游戏。

在游戏制作领域，上海无疑占据国内龙头地位，汇集了一大批业内顶尖的游戏制作公司。浦东新区应利用上海的这一优势，与游戏公司展开积极合作，尝试开发以浦东旅游为主要内容的元宇宙游戏或在元宇宙游戏中植入浦东旅游景点与地标性建筑，打破时空的限制让玩家与浦东旅游在平行宇宙"真实"相遇。在具体的游戏题材上，第一人称和角色扮演游戏较为适宜。因为游戏中的沉浸感主要包括三个层次：介入阶段，玩家投入时间、努力和注意力来增加沉浸感；专注阶段，玩家通过视觉效果、有趣的任务和情节与游戏增强情感联系；完全沉浸阶段，玩家融入游戏氛围，与环境产生共情。经过三个阶段的沉浸式互动，可有效增强玩家与浦东旅游的情感羁绊。在游戏内容的设计上，应以有效互动为主要着力方向，同样包括三个层面：其一玩家能够自由探索；其二允许玩家操作数字对象和元素，使其具有一定的能动性；其三允许玩家对数字内容进行构建或补充，对游戏的发展升级做出贡献。即玩家不仅是元宇宙游戏的参与者，同样是游戏内容建设的参与者，在植入浦东旅游元素的虚拟社区中与伙伴一同体验交流、共同成长、共同建设。他们可作为游客结伴游玩，共同完成景点打卡、寻找彩蛋等任务并获得一定奖励。这种沉浸式的线上体验旅游能够大幅提升浦东旅游的吸引力，在游戏中的愉快体验将使"线上玩家"对现实景区产生极大兴趣，从而实现向"线下游客"转化。

以元游戏赋能浦东新区景点旅游体验，探索元宇宙赋能浦东文旅的创新模式，能够有效打破疫情对旅游业发展的制约，增进互联网时代游客与浦东旅游的情感联系，推动浦东旅游业高质量发展，同时也有助于推动我国在元宇宙领域的积极布局，增强我国在元宇宙领域的国际影响力与竞争力。

参考文献

《中共中央国务院关于支持浦东新区高水平改革开放打造社会主义现代化建设引领区的意见》，2021 年 7 月 15 日。

《"十四五"旅游业发展规划》，2022 年 1 月 20 日。

《上海市"十四五"时期深化世界著名旅游城市建设规划》，2021 年 6 月。

《上海市数字经济发展"十四五"规划》，2021 年 7 月。

《上海市培育"元宇宙"新赛道行动方案（2022~2025 年）》，2022 年 7 月 8 日。

《上海国际旅游度假区发展"十四五"规划》，2021 年 9 月。

《浦东新区国民经济和社会发展第十四个五年规划和二〇三五年远景目标纲要》，2021 年 9 月 22 日。

《浦东新区统计月报》，2021 年 1 月至 2022 年 8 月。

B.5
大力发展数字文化产业，
抢抓经济发展的新机遇

王　畅[*]

摘　要： 数字文化产业是数字经济的重要组成部分和文化产业发展的重点领域，近年来国家和上海市、浦东新区层面不断加大对数字文化产业的政策引导和扶持力度。本报告从引领性的总体态势、基础性的发展条件、前瞻性的空间布局、优势性的体系构建等方面分析了浦东新区数字文化产业的发展现状，认为浦东的数字文化产业方兴未艾，但仍面临核心功能仍需培育、产业边界需要明确、融合体系仍待构建、标识典型仍需凝练的发展瓶颈。因此，浦东要以此为突破口，下好数字文化产业的先手棋，抢抓经济发展新赛道的战略新机遇。

关键词： 数字文化　文化产业　浦东新区

一　数字文化产业发展综述及政策支持

（一）数字文化产业的概念界定

首先，要对数字文化产业、文化创意产业等相关概念进行界定。

---
* 王畅，博士，中共上海市浦东新区委员会党校经济与社会学教研部讲师，主要研究方向数字人文。感谢中共浦东区委宣传部（区文体旅游局）文化产业处邹秀松副处长对本文的贡献。

数字文化产业属于文化产业范畴，不仅是文化领域的新兴业态，也可以在经济领域进行测算。中国文化产业概念的界定经历了三次修改，从国家统计局 2004 年、2012 年、2018 年三次《文化及相关产业分类》的修订中可见其随实践调整完善的过程。在官方口径中，"文化及相关产业是指为社会公众提供文化产品和文化相关产品的生产活动的集合"，"以文化为核心内容，为直接满足人们的精神需要而进行的创作、制造、传播、展示等文化产品（包括货物和服务）的生产活动。具体包括新闻信息服务、内容创作生产、创意设计服务、文化传播渠道、文化投资运营和文化娱乐休闲服务等活动。为实现文化产品的生产活动所需的文化辅助生产和中介服务、文化装备生产和文化消费终端生产（包括制造和销售）等活动。"在最新的版本中，文化及相关产业被分为新闻信息服务、内容创作生产等 9 个大类，在 9 大类之下还有 43 个中类和 146 个小类。

文化创意产业。这一概念在世界不同国家和地区的理解与应用并不相同，例如美国侧重"版权"，英国侧重"创意"，中、韩则侧重"文化"。文化创意产业可界定为以创意为核心、以文化为灵魂、以科技为支撑、以知识产权的开发和运用为主体的知识密集型、智慧主导型战略产业，用以区分传统的受赞助的艺术部门和通过知识产权的生产与开发而具有创造财富的巨大潜能的文化产业。①

文化创意产业是文化产业的转型升级，标志着文化产业由初级形态向科技赋能文化的升级换代，这既是经济结构调整的产物，也是创意在网络化、移动化、数字化转型中的作用越发凸显的实践。新业态不断催生，产业重心升级转移，产业边界不断交融，行业管理要求提

---

① 〔澳〕斯图亚特·坎宁安：《从文化产业到创意产业：理论、产业和政策的涵义》，苑洁译，载林拓等主编《世界文化产业发展前沿报告》，社会科学文献出版社，2004。

高，原有文化产业的概念"外壳"在不断被突破。[①]

数字文化产业。在"乌卡时代"（VUCA，Volatile、Uncertain、Complex、Ambiguous 的缩写，即易变不稳定、不确定、复杂和模糊），科技与文化的融合成为不可逆转的趋势，随着数字技术的快速发展，数字文化产业空前发展，表现出了强劲增长态势和广泛渗透性。它是文化产业发展的新兴重点，也是数字经济的有机组成。2017 年《文化部关于推动数字文化产业创新发展的指导意见》对数字文化产业的发展内涵与核心内容进行了界定："以文化创意内容为核心，依托数字技术进行创作、生产、传播和服务，呈现技术更迭快、生产数字化、传播网络化、消费个性化等特点，有利于培育新供给，促进新消费。"动漫、游戏、网络文化、数字文化装备、数字艺术展示及其他产业前沿领域都属于数字文化产业的范畴。2020 年后，数字经济蓬勃发展，文化产业和数字经济也迈向融合发展的新阶段，因此，数字文化产业发展被视为文化产业数字化战略的关键，其边界范围被进一步扩大。宏观来讲，数字文化产业是我国文化产业近十年来结构变迁和产业升级的产物，其新兴业态具有较为广泛的内涵，包括优秀文化资源数字化、文教体育等融合发展、平台经济、云演艺业态、云展览业态、沉浸式业态、数字文化装备业、新兴消费等。

数字文化产业的统计口径目前在全球并没有形成共识。事实上，数字文化产业的细分方向繁杂庞大，每个细分方向也都可能形成全新的产业生态系统。有学者认为数字文化产业的新业态主要有数字媒体产业、数字电竞产业、动漫及衍生品产业、数字营销产业、网络文学产业、虚拟现实产业、数字教育产业、数字出版产业、数字音乐产

---

① 金元浦：《数字和创意的融会　文化产业的前沿突进与高质量发展》，中国工人出版社，2021，第 60 页。

业、数字文旅产业、数字直播产业、沉浸式产业等。① 从文化及相关产业细分行业看，包括"互联网＋文化"新业态特征较为明显的 16 个行业小类：广播电视集成播控，互联网搜索服务，互联网其他信息服务，数字出版，其他文化艺术业，动漫、游戏数字内容服务，互联网游戏服务，多媒体、游戏动漫和数字出版软件开发，增值电信文化服务，其他文化数字内容服务，互联网广告服务，互联网文化娱乐平台，版权和文化软件服务，娱乐用智能无人飞行器制造，可穿戴智能文化设备制造，其他智能文化消费设备制造。② 上海市在对文化创意产业的支持政策中，则列明"影视、演艺、动漫游戏、网络文化、创意设计等产业为重点领域，出版、艺术品、文化装备制造等产业为骨干领域，文化旅游、文化体育等产业为延伸领域"。

（二）数字文化产业的政策支持

1. 国家层面

2016 年，数字创意产业首次被纳入国家战略性新兴产业发展规划，成为战略性新兴产业中唯一一个面向生活需求的产业。2017 年，文化部《关于推动数字文化产业创新发展的指导意见》从顶层设计层面对数字文化产业进行了引导和支持。十九届五中全会系统谋划了社会主义文化强国建设的具体举措。2018 年国务院制定了《完善促进消费体制机制实施方案（2018～2020 年）》，强调要拓展数字影音、动漫游戏、网络文学等数字文化内容。2019 年，科技部、中央宣传部、中央网信办、财政部、文化和旅游部、广播电视总局等六部门共同发布了《关于促进文化和科技深度融合的指导意见》，认为

---

① 张伟、吴晶琦：《数字文化产业新业态及其发展趋势》，《深圳大学学报》（人文社会科学版）2022 年第 1 期，第 62 页。
② 《国家统计局解读 2020 年全国规模以上文化及相关产业企业营业收入数据》，http：//www. gov. cn/xinwen/2021－02/01/content_ 5584026. htm。

"文化和科技深度融合仍面临许多新的挑战，科技对文化建设支撑作用的潜力还没有充分释放"，因此有必要采取更加具体而强有力的措施，"使文化和科技融合成为文化高质量发展的重要引擎"。2019 年国务院办公厅《关于进一步激发文化和旅游消费潜力的意见》指出了新一代沉浸式体验型文旅消费的趋势，要求文体旅与现代科技加速融合。2020 年，文化和旅游部研究制定了《文化和旅游部关于推动数字文化产业高质量发展的意见》，对新兴的数字文化产业做出顶层设计，向社会和行业发出支持数字文化产业高质量发展的明确信号。《中共中央关于制定国民经济和社会发展第十四个五年规划和二〇三五年远景目标的建议》明确提出实施文化产业数字化战略，加快发展新型文化企业、文化业态、文化消费模式。

2. 上海市层面

2017 年 12 月，上海市委、市政府印发《关于加快本市文化创意产业创新发展的若干意见》（"上海文创 50 条"），着力构建要素集聚、竞争有序的现代文化市场体系，夯实国际文化大都市的产业基础，使文化创意产业成为本市构建新型产业体系新的增长点、提升城市竞争力的重要抓手。2021 年，《中共上海市委关于厚植城市精神彰显城市品格全面提升上海城市软实力的意见》提出，上海要加快建设全球影视创制中心、国际重要艺术品交易中心、亚洲演艺之都、全球电竞之都、网络文化产业高地、创意设计产业高地。

数据资源在 2020 年被我国确立为新型要素后，其引领性、功能性、关键性地位在上海主动服务新发展格局战略链接中越发凸显，因此全面推进城市数字化转型成为上海数字文化产业发展的重要契机。2021 年《关于全面推进上海城市数字化转型的意见》中提出要推动生活数字化转型，提高城市生活品质。2022 年，上海市第十二次党代会提出"大力弘扬城市精神品格，深入推进国际文化大都市建设，做到信仰信念坚如磐石、舆论引导话语响亮、文化发展生机勃勃，建设物质文明和精神文明相协调的现代化"的目标，发布了数字经济、绿色低碳、元宇宙、智能终端四个新赛道行动方案，为数字文化产业提供了有力的上层设计和政策支撑。在发展数字经济方案中，"上海要围绕数字新产业、数据新要素、数字新基建、智能新终端等重点领域。到2025年，国际数字之都形成基本框架体系。展望2035年，上海的数字经济发展水平进入世界主要城市前列，成为具有世界影响力的国际数字之都"。元宇宙是数字经济的新领域，也是未来现实社会与虚拟世界交互的新平台。当前，上海作为全国"双千兆宽带第一城"，拥有海量的数据资源和丰富的应用场景。2022年7月8日，上海市政府发布了《上海市培育"元宇宙"新赛道行动方案（2022～2025年）》，提出将坚持虚实结合、以虚强实价值导向，发挥上海在5G、数据要素、应用场景、在线新经济等方面优势，推动元宇宙更好赋能经济、生活、治理数字化转型；要瞄准元宇宙前沿技术、交互终端、数字工具等关键方向，充分激发需求牵引作用，深度开放商业、教育、文娱、医疗、智能制造、协同办公等场景，发起设立百亿级元宇宙新赛道产业基金。

基于以上背景，在浦东新区经济发展新赛道的布局中，数字文化产业作为数字经济和文化产业的结合，将成为不容小觑的一个新的经济增长点。它内涵丰富，包括各类文化资源的数字化、内容产业的数字化、文化消费方式的数字化及配套的装备产业，因此研究浦东新区数字文化产业的发展，不论在理论构建层面还是在实践应用层面，都有着较强的现实意义。

二　浦东数字文化产业发展现状

（一）浦东数字文化产业引领性的总体态势

2021年，在疫情防控常态化下，上海市和浦东新区持续出台助企纾困政策措施，文化产业发展稳中有进，恢复基础得到巩固，呈现增速稳、韧性强的鲜明特点。2021 年，浦东文化及相关产业营业收入 1713.1 亿元，占上海市的 15.9%，较 2020 年增长 10%。其中互联网文娱经济最为突出，以网络文学、网络视听、网络游戏等新业态为代表的数字文化产业优势明显，2020 年营收占全市近 1/3。2021 年，全区规模以上数字文化企业 203 家，创造营业收入 780.93 亿元，同比增长 11.4%，占全区规模以上文化及相关产业营业收入的 45.6%。在细分小类中，从企业数量来看，应用软件开发超四成，除此之外的三大行业小类依次为互联网广告服务、互联网其他信息服务和互联网游戏服务，占总体比重超三成。东方明珠新媒体获评单体类国家文化和科技融合示范基地，全区示范基地数量达到 4 家，居全市之首。东方明珠数字影视制作基地落户临港，将依托 SMG、东方明珠新媒体在内容、科技、服务等领域的资源优势，叠加临港区位和政策优势，广泛携手合作伙伴，着力打造中国影视工业 4.0 时代影视基地新标杆，为上海文化品牌数字化发展提供助力。

数字技术催生文化产业新场景、新业态。新冠肺炎疫情冲击加快了娱乐休闲产业数字化转型，催生了一批"云端"全新业态，浦东新区紧紧抓住"在线""云端"新增长点，主动转化与开放数字资源，创新推出"云展览""云演出""云过节""云直播"等系列活动，丰富市民群众文化生活，为产业转型发展提供了强劲动能。沉浸式展览展出不断推陈出新。通过场景打造、内容创新等方式，沉浸式业态与多种传统行业实现深度融合。浦东的电竞产业发展核心功能区逐渐成型，和平精英超级杯、2020 英雄联盟全球总决赛（s10）、FSPL 街头篮球职业联赛、西甲电竞等电竞比赛相继在浦东举办。阿里巴巴与浦东新区签约，成立阿里灵犀互娱华东区总部；暴雪、完美世界、盛趣等多家游戏开发运营商积极推出新项目，引导电竞消费市场。此外，浦东的元宇宙加快布局，应用场景不断丰富。

（二）浦东数字文化产业基础性的发展条件

浦东正深入推进文化数字化战略，以政策制度引导产业高质量发展，以营商环境服务产业高质量发展。《浦东新区建设国际文化大都市核心承载区"十四五"规划》明确提出，打造数字文化产业引领区，加快占领在线新经济中的文化引领高地。顺应数字产业化、产业数字化发展趋势，推动音频、短视频、网络手游、网络文学等在线文娱产业以及云展览、云体验等在线展览展示产业快速发展。公共文化服务方面，依托文化云平台，浦东已经把公开征集的1100多个各类公共文化产品全部进行数字化，搭载自由浏览和点单程序并延伸到移动终端，覆盖全区每个角落。政策方面，浦东新区人民政府印发《浦东新区人工智能赋能经济数字化转型三年行动方案（2021~2023年）》，明确要求大力发展在线经济，通过数字化手段促进文化旅游产业创新融合升级。

浦东是全市唯一宣传、思想、文化、体育、旅游合署办公的区，浦东的数字文化产业归口管理单位为区委宣传部（区文体旅游局）。这一部局合署的特殊体制，为强化科创增效赋智、打造数字文化产业高峰提供了较为便利的政策软环境。

浦东新区按照中央总体部署，围绕国家战略和上海发展实际，以"上海文创50条"为牵引，落实区委"四高"战略和打造浦东文化高地的要求，全面贯彻新发展理念、落实高质量发展要求，围绕全球影视创制中心、艺术品交易中心、亚洲演艺之都、全球电竞之都"两中心两之都"建设目标，以服务推动长三角一体化更高质量发展和自贸试验区改革开放全面深化为契机，充分发挥"源头"和"码头"优势，在继续深化改革、改善服务环境、完善政策保障、壮大市场主体上不断发力，提升产业能级和核心竞争力，促进文化和科技深度融合，积极培育新型业态，转变文化发展方式，全力推进浦东新区文创产业发展实现新突破，以进一步增强城市文化软实力和国际影响力，切实提升人民群众的文化获得感、幸福感，为全面打响上海文化品牌、加快建设国际文化大都市提供坚实基础和有力保障。

从目标导向上看，浦东旨在到 2025 年围绕打造社会主义现代化建设引领区核心使命，加快建设具有世界影响力的社会主义国际文化大都市核心承载区，聚焦时尚休闲之都、高端赛事之都、公园文化之城三大特色，形成核心承载功能不断增强、公共服务体系日趋完善、产业规模能级持续提升、融合发展机制加快健全的发展新格局，显著提升带动长三角、服务全国、辐射亚太、影响全球的文化软实力。涉及数字文化产业的发展，浦东的目标是到 2025 年，基本建成具有核心竞争力和创新活力的产业高质量发展高地和率先上海、垂范全国的文体旅融合创新发展最佳实践区。浦东将推动文体旅重大功能性项目建设，集聚文体旅龙头企业、功能性机构和人才，建设文体旅产业园区、产业基地、产业平台，培育新兴业态，促进文体旅游消费，提升产业发展能级，构筑具有国际影响力的产业发展高地。到 2025 年末，浦东新区文化、体育、旅游产业营收力争超过 3000 亿元。同时，紧紧把握国家对文体旅融合发展的要求以及当前产业跨界融合、事业产业融合的趋势，按照"能融尽融"原则，加快建立健全文体旅融合发展体制机制，推动产业事业互相促进，推进文体旅空间、功能、产业、服务多维度有效融合升级，成为上海和国家文体旅融合发展先行者和最佳案例创造者。

（三）浦东数字文化产业前瞻性的空间布局

"十三五"期间，新区重点布局"两轴七核"作为文创产业集聚发展空间，各文创产业功能区发挥资源禀赋和比较优势，构建梯度有序的格局，实现错位发展，文创产业功能集群区、文化消费集聚区特色鲜明，文化产业高地和主阵地的地位进一步突出。"十四五"时期，浦东将以打造社会主义现代化建设引领区、做强"五个中心"核心区功能为目标，立足国际文化大都市核心功能打造，集聚文体旅资源，积极营造生活、生态、生产互融的文化氛围，激发城市文化创新活力，力争形成"一核一轴两带多圈"的发展新格局。"一核"是指花木国际文化功能核；"一轴"是指城市东西向文化发展轴；"两带"即黄浦江东岸多功能文化发展带、文化科技创新产业发展带；"多圈"是以"区镇联动"为动力的张江文化科技融合发展圈、外高桥文化贸易服务发展圈、金桥移动智造文化发展圈、迪士尼文化主题度假发展圈、祝桥门户枢纽文化发展圈、临港多维创新文化发展圈等六大文化发展圈。

从空间布局来看，目前浦东开发区产业集聚效应显著，新区 661 家规模以上文化企业中，共有 516 家坐落在六大开发区（不含临港）内，营收达到 1576.97 亿元，从业人员达到 6.55 万人，分别占新区总体的 92.1% 和 86%。其中，张江、陆家嘴、金桥片区发挥着引领作用，初步形成以张江为中心、陆家嘴为副中心、其他区域有序布局的态势。

表 1　上海市浦东新区文化及相关产业地理分布

	企业数（家）	从业人数（人）	营业收入（亿元）
总数	516	65499	1576.97
外高桥综合保税区	17	1050	36.91
金桥开发区	61	12431	383.24
张江高新区	163	21488	560.67
陆家嘴金融贸易区	224	16830	478.34
世博片区	43	3697	54.65
上海国际旅游度假区	8	10003	63.16

1. 张江片区

2021 年，张江文化产业从业人数 2.15 万，营业收入 560.67 亿。

张江文创园区是全国首家国家数字出版基地和全国文化产业示范园区，也是全国首批、全市唯一的国家级文化与科技融合示范园区。张江是浦东新区的数字内容服务企业集聚地，也是上海数字内容服务企业的集聚地。目前张江开发区文化产业已形成独特的企业集群，即互联网信息服务、数字内容服务和互联网文化娱乐平台等三大以信息服务为主要业务模式的数字文化产业集群。从业务模式来看，以互联网信息服务、互联网文化娱乐平台为主要业务模式的企业营业收入分别达到209.5亿元、72.53亿元；以数字内容服务为主要业务模式的文化企业共82家，占张江文化产业企业的50.3%，营业收入175.16亿元，占张江文化产业营业收入的三成。线下文化服务方面，张江科学城的文化配套项目也在建设中，由上海动漫博物馆改造的张江戏剧谷已成为张江科学城亮眼的文化地标。

2. 陆家嘴片区

2021年，陆家嘴文化产业从业人数1.68万，营业收入478.34亿元。陆家嘴的文化企业集聚度为全区最高，达224家。陆家嘴地区已逐渐发展出以文化传播渠道以及创意设计服务为主的文化企业优势。2021年，陆家嘴片区共有文化传播渠道企业79家，营业收入183.81亿元；创意设计服务企业48家，累计营收115.82亿元，两大类企业营收合计超陆家嘴文化产业营收的七成。上海中心观复博物馆、环球中心文化艺术空间、滨江艺仓陆续投入运营；百年祥生船厂改造成为融合艺术和商业的综合体"船厂1862"，民生码头8万吨筒仓"亚洲最大粮仓"变身成为当代艺术空间。

3. 金桥片区

依托中国移动、中国电信、央广央视等产业巨头，打造中国大视频产业集群，5G大视讯产业布局加快。2021年，金桥开发区企业数量达61家，从业人员为1.24万人，营收达383.24亿元，形成了以华为、诺基亚贝尔等核心技术企业和以移动视讯、中移动咪咕科技和中电信天翼视讯等核心功能企业为龙头的，以移动物联、数字内容为代表的国内信息网络文创产业集群。移动视讯产业业务齐全，规模快速扩大，上下游企业正在加快集聚。

4. 外高桥片区

作为全国自贸试验区文化领域的制度创新主阵地，这一国家对外文化贸易基地的功能实现跨越式提升，基地入驻企业 500 多家，引进了星空传媒、韩国 cj、索尼音乐、东方明珠、百家合、佳士得、时代出版、北方出版等众多行业龙头企业及其旗下运营公司。被称为"第一宝库"的自贸区文化艺术新地标、全球面积最大的艺术品保税综合服务体上海国际艺术品保税服务中心已经启用。该片区艺术品累计进出境货值在全国领先，成为浦东新区和全市文化"引进来"和"走出去"的重要桥梁。

5. 世博片区

黄浦江东岸的世博地区以打造世界级中央公共活动区"最美世界会客厅"为核心，全力打造"2+3+3"产业功能体系，即"两大主导经济"——文化演艺超级地标+总部经济新增长极，"三大服务产业"——引领性的商务服务业+高品质的生活服务业+国际化的专业服务业，"三大特色平台集成区"——国际贸易生态集成区+文商旅体展融合集成区+创新创意功能集成区。以演艺集聚业为例，该片区举办多场国内外高规格优秀演艺活动，将形成设施一流、规模大、国际性艺术演出集聚的演艺功能区域。以梅赛德斯-奔驰文化中心、世博展览中心等地标性演出、会展场馆为核心，世博地区集聚了一批国际国内顶尖娱乐艺术、演艺、艺术品展售项目，"展、演、节"要素集聚，年参与人次超过 1200 万人。

6. 上海国际旅游度假区片区

上海国际旅游度假区是以迪士尼乐园为核心的文旅地标，度假区南部的 Maxus 大通音乐谷投入使用，成为沪上首座环形草坪露天音乐剧场。上海国际旅游度假区同时布局发展国际影视产业，打造以"高科技影视拍摄制作、影视技能型人才教育培训、影视交流宣传发行"为主要特色的浦东国际影视产业园。影视产业基地融入世界级知名文旅目的地，是集文化、旅游、商贸于一体的综合性文创产业区域。[①]

7. 临港新片区

临港国家文化装备基地正加快实施文化产业链布局，推进文化装备平台建设，以临港地区为基地布局"一基地，一平台，多园区"，发挥枢纽和桥梁作用，集聚国内外文化领域高新技术企业。集聚展示国内外优秀产品，为上海集聚更多全球知名文化装备企业、提升文创能级发挥示范作用。中国航海博物馆、上海海昌海洋公园等一批项目设施成为临港文化新地标，建设中的东方明珠数字影视制作基地暨影视工业 4.0 示范实践区将以"科技+文化"双引擎为驱动，广泛应用云计算、AI 虚拟置景、VR/AR、大数据等智能技术利器，以数字化驱动、前后期融通、全链路贯通的创新流程体系，为电影工业 4.0 提供数字化解决方案。

（四）浦东数字文化产业优势性的体系构建

从产业布局上看，浦东旨在做强创新引擎，发挥产业高峰集聚效应，增强数字文化产业核心竞争力，打造具有世界影响力的数字文化产业引领区和高端文化消费集聚区，构建凸显浦东优势的现代文创产业体系。同时，浦东还旨在吸引国内外文化头部企业，培育一批有竞争力的创新型文创领军企业，营造充满活力的产业创新发展生态，推动重点文创产业领域倍增发展。

---

① 《上海市浦东新区文化创意产业发展白皮书（2018）》，内部参考资料。

1. 电竞游戏产业

浦东立足全球电竞之都核心功能区建设，重点引导和支持游戏内容研发、游戏版权交易、IP 转化等重点板块的企业、项目和平台集聚。加快康桥电竞产业园、外高桥森兰电竞产业园建设，形成集游戏研发、赛事、战队、场馆、服务配套于一体的电竞游戏产业链，年均举办国际国内重要电竞比赛 2 场以上。开发电竞直播平台、电竞装备、电竞经纪、电竞博物馆、电竞网剧等相关衍生业态，完善电竞专业人才培养和产业研究体系，做深中国游戏产业研究院功能，力争成为电竞游戏领域权威数据和导向的发源地。

2. 演艺产业

浦东以世博滨江为核心打造辐射长三角的演艺集聚区。加快上海大歌剧院、前滩 31 文化演艺中心建设，联动东方艺术中心、世博大舞台等大型载体，形成以五大剧场为核心的剧院群落。加速构建以专业剧院、大型演唱会、户外音乐节、旅游演出、娱乐驻场秀为主的五大演出板块。加快文化演艺市场开放，引进更多国际一流演艺经纪机构和演出主体，丰富驻场演出品牌。依托浦东文化场馆联盟，探索建立演艺产业信息系统，打造信息服务平台。

3. 影视产业

浦东加快国际旅游度假区影视基地、影视技术共享空间、浦东国际影视产业园建设，争取在上海推进全球影视创制中心建设中形成特色分工。依托上海国际旅游度假区影视产业发展专项资金，进一步集聚影视行业品牌公司，创制高品质电影，开发网剧、互动剧、短剧、迷你剧等全新类型产品；引进影视专业服务业，支持在度假区发展细分人群专业影院和创新放映方式的新型院线，培育度假区影视产业生态，培养影视后期制作专业技术人才、打造数字资产交易平台。推动金桥 5G 视讯产业聚集，推进影棚项目建设，打造微电影、视频和短视频孵化基地，加速产业升级。

4. 艺术品产业

深化落实社会文物管理综合改革试点，在推进新时代收藏文化培育、创新文物进出境管理服务等方面先行先试。打造上海国际文物艺术品交易中心，充分用好世界顶尖艺术品保税仓库及自贸试验区通关、文物贸易便利化优势，打造集聚国际国内资源要素的文物艺术品交易"一站式"服务平台。进一步发挥国内外知名美术馆、艺术拍卖机构等专业服务平台作用，进一步对接世界高端艺术资源。培育艺术大展、艺术论坛、艺术大赛，发展艺术品电子商务，鼓励社会主体开办艺术衍生品商店，争取形成一定量级的艺术品消费，培育一批较大规模的艺术品交易企业。

5. 数字内容产业

打造数字文化产业引领区，加快占领在线新经济中的文化引领高地。顺应数字产业化、产业数字化发展趋势，推动音频、短视频、网络手游、网络文学等在线文娱产业以及云展览、云体验等在线展览展示产业快速发展，其中网络文学产业年均增长速度保持10%。鼓励充分发挥浦东 IP 源头优势，形成长短视频、直播、游戏、影视、文学的形态联动。支持云游戏、竖屏短剧、虚拟偶像等新业态发展壮大，不断创造文化消费热点和增长点。营造新消费场景，推动美术馆、展览馆、剧场等实现线上线下文化内容双向互动。

6. 创意设计产业

发挥浦东工业设计、建筑设计、时尚设计、展馆设计、消费设计等创意设计细分领域优势，打造地标性建筑和品牌产品，并为各类文化空间赋能。支持知名设计企业走出上海、走向国际，鼓励发展在线研发设计产业。加快建立全球设计师人才库，放大公共文化空间创新大赛等创意设计活动效应，争取国际国内知名品牌、设计展会长期在浦东举办，助力上海打造世界一流"设计之都"。

7. 文化旅游产业

浦东正构筑"浦东旅游"战略品牌，聚焦重点区域做深产业功能，打造国际旅游度假区、临港新片区、浦江东岸3个千万级客流入口。浦东正不断丰富全域旅游产品供给，在黄浦江东岸开发更多首演、首秀、首展、首创的旅游新品，打造"必游""必看"的"世界会客厅"。落实乡村振兴战略，在美丽乡村示范村打造高品质乡村民宿集群等乡村旅游品牌。做深做足古镇文化，提升古镇旅游资源能级，支持新场古镇擦亮"红色文化旅游""文创小镇"品牌。依托滨江森林公园二期、合庆郊野公园等新建项目，推动发展生态旅游、休闲旅游、户外运动游的数字化新体验。

8. 文化体育产业

浦东发挥体育产业集聚区空间集聚、产业吸纳效应，在前滩、上海国际旅游度假区、临港分别打造体育总部集聚区、体育产业集聚区和全球知名国际体育时尚中心，夯实文体产业的功能、项目和要素载体，鼓励以街（镇）为单位，积极申报和创建区级体育产业集聚区。精心培育品牌赛事体系，同时引导培育一批以电子竞技为代表的新兴赛事，开发体育赛事的溢出效应。推动体育与文化、旅游、健康、科技等领域融合发展，培育体育创意、体育旅游、体育传媒、运动康复等新业态以及相关产业的新企业，鼓励周边相关赞助、中介、营销等产业链的全方位打造。

三 浦东数字文化产业发展的瓶颈与对策

（一）数字文化产业的核心功能仍需进一步培育

浦东新区文化及相关产业中，数字文化产业发展还处于相对弱势地位，统计数据显示，核心层内容创作生产、外围层文化消费终端生产为新区文化及相关产业两大主导产业，营收占比超 4 成，而核心层的新闻信息服务业以及创意设计服务业营收占比低于外围层文化消费终端生产，分别为 13% 和 15%，一定程度上暴露出新区文化产业结构的不协调，文化核心门类产业功能有待进一步挖掘。

就政府主体而言，浦东在打造国内领先的网络文化创意创新基地上大有作为。首先，应加强前沿领域技术研发和应用，构建创新驱动、人才驱动、价值驱动的网络文化创意产业生态。其次，未来，新区应充分利用"在线数字内容服务"这一长板，聚焦数字内容产业，在其细分领域精耕细作。针对优质原创内容、投资价值较高的网络视频、短视频和知识付费细分领域，浦东应抢占引领地位；对投资价值中等的网络游戏、动漫、在线教育、直播、网络文学细分领域，浦东应打造独特优势；对在线音乐、新闻资讯 App 和自媒体、网刊等，浦东应提前布局，承接头部企业的业务转移。此外，拓展基于移动互联网的书影联动 IP 孵化+全产业链延展，打造新兴领域网络文化品牌。最后，依托现有的金桥 5G 产业园支持 5G、元宇宙、大数据等新技术在文化创意领域的广泛运用，完善信息通信、软件服务等数字产业链，加快金融、物流、零售、旅游等生活性服务业和服务贸易数字化进程。

（二）数字文化产业的产业边界需要进一步明确

在文化产业核心层中，内容创作产业占整个新区的比重最高。但其细分行业里除了数字内容服务，其他服务企业包括出版服务、创作表演服务、广播影视节目等文化产业企业数量少、营收低，发展地位处于弱势。数字内容产业不仅自身细分领域众多，且辐射周边众多上下游产业，但是其因具有综合性、先导性、互动性特征，在数字文化产业中地位关键，被视为数字文化产业的"牛鼻子"。未来，新区一要紧盯网络直播、短视频、电子竞技等行业风口，形成覆盖内容生产、传播发行、渠道拓展、衍生品开发等业务的产业链条，巩固提升泛娱乐数字内容产业聚集发展态势。二要鼓励本土动漫企业发展，培育具有国际国内影响力的优质动漫品牌、动漫形象和动漫作品，推动以数字化生产、网络化传播为特征的动漫产业发展。三要完善电竞产业生态圈，打造成熟的游戏研发、制作、发行、赛事、俱乐部、直播等电竞产业链，打造电竞产业集群。四要建立政府引导、企业主导的线上线下重大泛娱乐文化活动举办机制，支持举办中国国际数码互动娱乐展览会、游戏节、英雄联盟城市赛等重大节会活动，打造具有全国影响的泛娱乐文化创新源和聚集地。

（三）数字文化产业的融合体系仍需进一步构建

浦东尝试将文化体育旅游全面融入数字经济发展，促进科技与文化深度融合。经过多年的发展，浦东旅游业已粗具规模，并成为浦东现代服务业的重要组成部分。21世纪，世博会的召开、迪士尼度假园区的建成开放，进一步提升了浦东旅游地的新形象。构建数字文化产业的融合体系，首先，需要明确的管理机构和管理权限提供相关产业发展的综合保障，浦东的行政体制改革探索在管理架构上无疑有利于应对这一融合趋势，但是，在具体的确权、赋权、监管层面，仍需要进一步探索适应新业态的上层建筑。其次，以项目为抓手，提升文旅融合的品牌效应及其展示度、美誉度。探索推进浦东文旅融合IP工程，用原创IP讲好中国故事，打造具有丰富文化内涵的文旅融合品牌。最后，积极推动细分领域内部的共享交流机制，为进一步跨界融合创造擦出火花的平台保障。

（四）数字文化产业的标识典型仍需进一步凝练

浦东拥有迪士尼乐园、世博文化等国际IP和本土文化资源，但国际高端文化资源和本土文化有效嫁接，并与创造性活动相结合的路径不够明晰，浦东数字文化缺乏具有标识度的企业或者 IP，这和其战略地位仍不匹配。

首先，应进一步引进、培育具有潜力的数字文化龙头企业，发展独角兽企业，形成创新生态圈。以张江为例，驻地产业主体形成梯次合理的企业圈层，根植于园区良好产业生态环境，形成以阅文集团、B 站、沪江、盛大游戏、喜马拉雅 FM、蜻蜓 FM、WiFi 万能钥匙为代表的龙头企业，以达观数据、众人科技、小蚁科技、七牛云、亮风台科技、小派科技、欢乐互娱、蝴蝶互动、优谈 TOP、精灵天下等为代表的"专、精、特"企业，并集合多家中小微企业形成极具潜力的圈层。企业集群版图扩大，生态链和价值链竞争力强，文化原创能力优势突出。

其次，以浦东元素为核心，打造具有独特内涵的浦东旅游形象视觉符号体系，精心设计浦东地标、浦东城市天际线、浦东徽标等标识和伴手礼，形成数字化的浦东形象对外推广标识。

最后，强化原创文创产品和首发效应。扩大优质文化产品供给，吸引全球、全国和上海优秀院团、影视公司等机构研发原创内容。发展 IP 授权产业，依托上海博物馆东馆、浦东美术馆等文博机构和非遗资源，开发一批 IP 文博产品、演艺文创产品。鼓励潮玩市场等新兴文化业态，支持企业开放 IP 矩阵、打造自有电商、举办大型潮玩展会等。

参考文献

《文化和旅游部关于推动数字文化产业高质量发展的意见》，2020 年 11 月 18 日。

《浦东新区文化创意产业发展白皮书 2022》，2022 年 10 月。

〔澳〕斯图亚特·坎宁安：《从文化产业到创意产业：理论、产业和政策的含义》，苑洁译，载林拓等主编《世界文化产业发展前沿报告》，社会科学文献出版社，2004。

金元浦：《数字和创意的融会 文化产业的前沿突进与高质量发展》，中国工人出版社，2021。

张伟、吴晶琦：《数字文化产业新业态及其发展趋势》，《深圳大学学报》（人文社会科学版）2022 年第 1 期。

B.6
浦东新区创业投资行业发展现状、问题和对策建议

周海成*

摘　要： 稳妥有序地发展创业投资，支持浦东新区做强创新引擎、打造自主创新新高地，是浦东新区打造社会主义现代化建设引领区的重要抓手。本文分析了浦东新区创业投资行业的发展现状、存在问题以及制约因素，提出了支持浦东新区创业投资行业健康发展的对策建议：探索有效的差异化监管体系，不断优化创业投资营商环境；创新国有创投机构体制机制，进一步提升实力和影响力；打造创业投资发展生态圈，畅通创业投资退出渠道；充分发挥创业投资协会在创投机构和政府之间的纽带作用。

关键词： 创业投资行业　营商环境　浦东新区

创业投资包含天使投资（Angel）、私募股权基金（PE）和风险投资（VC）等形式，是一种为企业提供股权融资和经营管理等增值服务的资本组织形式。创业投资以资本为纽带，助力技术、人才等创新要素与企业创业有机结合，具有创新发现、创新加速、创新产业化

---

* 周海成，中共上海市浦东新区委员会党校经济教研室讲师，主要研究方向为金融与外汇管理、资本市场。

的促进、创新风险分散和利益激励等功能，是最先"看见""读懂""挖掘"科技成果潜在价值的重要金融工具，是实现科技、产业、金融高水平循环的重要载体。可以说，创业投资是技术创新领域的方向盘、科技事业发展的助推器、未来经济增长点的培育器。纽约、伦敦等国际大都市，既是金融中心，也是科创中心；既是资金公募的中心，也是资金私募的中心。硅谷的成功经验，就是以斯坦福大学为平台的科技资源与以沙丘路为平台的创业投资体系完美结合，造就了"高科技产业发展的推进器"。创业投资的活跃度和成功率，代表了一个地区的创新能力和效率。因此，《中共中央国务院关于支持浦东新区高水平改革开放打造社会主义现代化建设引领区的意见》（下文简称"引领区意见"）中，多次提及支持创业投资发展的政策举措。当前，稳妥有序地发展创业投资，支持浦东新区做强创新引擎、打造自主创新新高地，是浦东新区打造社会主义现代化建设引领区的重要抓手。

一　浦东新区创业投资行业发展现状

（一）机构数量保持平稳，资本规模较快增长

2017~2020 年，浦东新区创业投资行业机构数量分别是 2828 家、2838 家、2805 家和 2878 家，总体保持平稳；注册资本分别是 2482.8 亿元、2512.61 亿元、3757.5 亿元和 4294.8 亿元，注册资本量有显著增长：显示浦东创投行业机构数量变化不大，但资本投入在持续增加。

（二）内资机构数量和规模占主导

2020 年浦东新区共有 2878 家创业投资机构，其中内资机构 2692

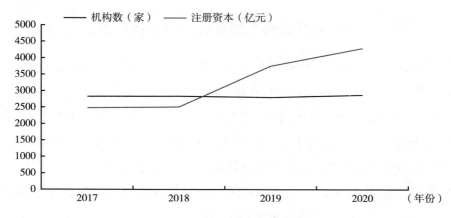

图1　2017～2020年浦东创投机构数量和注册资本额

资料来源：上海市浦东新区创业投资协会，2017～2020年《上海市浦东新区创业投资行业发展报告》。

家，占比93.5%；外资机构148家，占比5.1%；合资机构注册资本38家，占比1.3%。内资机构注册资本3966.7亿元，占比92.4%；外资机构注册资本301.6亿元，占比7%；合资机构注册资本26.5亿元，占比0.6%。从产权结构看，浦东的创业投资行业以内资为主。

（三）组织形式以公司制为主，股权性质以自然人控股为主

从企业组织形式来看，2020年浦东创业投资机构中，公司制机构2637家，占机构总数量的91.6%；公司制机构注册资本4125.8亿元，占总注册资本的96.1%。合伙制机构241家，占机构总数量的8.4%；合伙制机构注册资本169亿元，占总注册资本的3.9%。从企业股权性质来看，2020年浦东创业投资机构中，国有企业控股52家，占机构总数量的1.8%；民营企业控股346家，占机构总数量的12.0%；自然人控股2197家，占机构总数量的76.3%；外资控股162家，占机构总数量的5.6%。总体上浦东创业投资机构以公司制和自然人控股为主要类型。

（四）新募集基金金额大幅增长，以人民币基金为主

2020 年浦东创业投资机构新募基金数量和募集金额大幅增长，新募基金 256 个，较 2019 年增加 124 个，同比增长 93.9%；募集金额 1502.2 亿元，较 2019 年增加 763.1 亿元，同比增长 103.2%。新募基金金额创 2012 年以来的新高。从新募基金的币种结构上看，2020 年浦东人民币基金新募基金数 254 只，募集资本量 1409.1 亿元，占总资本量的 93.8%；美元基金新募基金数仅 2 只，募集资本量折合人民币 93.1 亿元，占总资本量的 6.2%。

（五）创业投资趋于活跃，投资热点集中于半导体和医疗健康

2020 年浦东新区创业投资已投资案例 683 起，同比增长 44.1%；投资金额 493.5 亿元，同比增长 108.9%；单个项目投资金额平均数约为 7200 万元，同比增长 44%，投资活动逐渐活跃，市场逐渐回暖。半导体、医疗健康是年度最大投资热点。2020 年浦东创投机构投资行业热点相对聚焦，主要关注半导体、医疗健康、IT、机械制造和互联网等领域，投资金额分别为 234.7 亿元、88.9 亿元、45.6 亿元、32.4 亿元和 23.9 亿元。浦东创投机构对半导体及电子设备行业的投资金额遥遥领先于其他行业，占全行业总投资金额的 47.57%。从投资案例数来看，居于前五位的行业分别为生物技术/医疗健康、半导体电子设备、IT、互联网、机械制造，投资案例数分别为 178 起、154 起、127 起、61 起、40 起。

二　设立科创板及试点注册制是浦东创业
投资行业发展的长期利好

2018 年 11 月 5 日，习近平总书记在进博会上宣布在上海证券交易所设立科创板设立并试点注册制改革。党中央、国务院以战略远见

引领科创板设立并试点注册制改革。之后包括证监会、上交所、上海市相关部门和金融从业者们的各参与方勇于担当，迅速贯彻落实。2019年7月22日，首批25家企业已经在科创板上市交易。设立科创板及试点注册制作为一项资本市场的重大改革，影响深远，对于浦东创业投资企业也是长期的利好。截至2022年7月22日科创板开市三周年之际，科创板全部上市公司437家，市值5.6万亿元，募集资金约6400亿元；其中浦东新区企业就有37家，市值1.06万亿元，募集资金1220亿元，分别占全国的8.5%、19%和19%。

（一）科创板的推出畅通了创业投资机构的获利退出通道

IPO退出是创业投资机构获利较高、最为青睐的退出方式之一。但是长期以来，由于核准制下的资本市场企业上市审核周期长、门槛高，创业投资项目通过IPO退出困难重重。2020年成为创业投资项目IPO爆发的一年，其重要的原因就是科创板的设立提供了大量退出机会，因此中后期项目尤其受到创业投资的资本青睐。从退出方式来看，2020年浦东创投机构IPO退出发生122笔交易，占总交易笔数的61%；并购退出发生29笔交易，占总交易笔数的14.5%；股权转让退出发生34笔交易，占总交易笔数的17%；回购退出发生14笔交易，占总交易笔数的7%；借壳退出发生1笔交易，占总交易笔数的0.5%。对比科创板推出之前的2018年，2020年的IPO退出项目笔数增加了50笔，占比提高了17个百分点，科创板改革对于拓宽创业投资退出通道、激励创业投资效应明显。以国有创业投资机构的代表浦东科创集团为例，截至2022年3月，其投资的企业中就有26家成功登陆科创板。

（二）科创板改革有效引导了浦东创投机构投资硬科技

近年来，浦东全力做强创新引擎，持续加快在集成电路、生物医药、人工智能等领域形成世界级产业集群，打造自主创新新高地。设立科创板并试点注册制，有效地激发了浦东创投企业发现硬科技、投资硬科技、支持科技创新的功能。

一是以 2020 年浦东新区的科创板上市公司为主体看，半导体及电子设备、生物技术/医疗健康、IT 行业的获投金额都大幅增长。其中，生物技术/医疗健康行业获投金额最多，为 113.5 亿元，占比 50.8%；半导体及电子设备行业获投金额 42.2 亿元，占比 18.9%；IT 行业获投金额 39.5 亿元，占比 17.7%。

二是以 2020 年浦东新区的创业投资机构为主体看，其重点支持以半导体为代表的新一代信息技术、节能环保、生物医药、高端装备、新材料以及新能源等高新技术产业和战略性新兴产业。其中对半导体及电子设备行业的投资金额为 36.91 亿元，占比 48.6%；对清洁技术行业的投资金额为 16.82 亿元，占比 22.1%；对 IT 行业的投资金额为 9.8 亿元，占比 12.9%；对生物技术/医疗健康行业的投资金额为 5.19 亿元，占比 6.8%。

因此，不论是从获投方还是从投资方的角度看，中国芯、创新药等浦东新区重点发展的硬核产业，都是创业投资和科创板重点支持的对象。

三 当前浦东创业投资行业发展存在的问题

（一）创业投资机构发展尚未形成规模，竞争力不强

浦东创业投资行业近年来虽有较快发展，但距离浦东打造社会主义现代化建设引领区、建设国际金融中心核心区的要求还有较大差距。浦东创投行业各方面指标与纽约、伦敦等国际金融中心相比有很大差距，即便从国内范围来看，浦东与北京海淀区、深圳等地相比也

颇有不及。如浦东新区 2020 年底创业投资机构数量为 2878 家，而北京中关村示范区总面积仅是浦东的 40%，却拥有创业投资机构超过 3400 家；在清科集团发布的 2021 年中国创业投资机构排名前十强中，浦东仅有 1 家启明创投排在第七位，北京和深则分别有 5 家和 2 家上榜，且包揽了榜单前三名。同时在投资成效上，2020 年上海全市独角兽企业只有 44 家，且没有一家估值超百亿美元的超级独角兽，而同期中关村示范区培育出独角兽企业约 90 家，包括超级独角兽企业 4 家，上海及浦东的投资培育成效远远落后于北京和深圳。

（二）国有创业投资体系建设亟待完善和提升

一是浦东国资创投资金总量偏小，为科创企业提供的股权融资规模明显不足，而且创投主体多、小而散，没有形成一家大体量、有品牌影响力的政府专业投资主体，所投产业项目之间缺乏共生生态与关联。如在 2020 年全国国资创投机构的排名中，上海仅有国和公司一家挤进前十强，勉强排在第九名，而北京在前十强中占了四席，广州占了二席。二是在国有创业投资基金发展方面，2019 年浦东新区国资委设立了浦东科创母基金，探索通过母基金参股子基金的方式推动浦东六大硬核产业发展，在发挥投资引领作用、聚焦科创领域投资和助推拟上市企业方面取得一定成绩。但受出资方式、管理模式和承担特定区域开发任务等因素影响，浦东科创母基金没能成为真正意义上的母基金，与成熟的市场化母基金相比，仍有较大差距。另外，目前浦东还没有一只创业投资政府引导基金。事实上 2006 年浦东曾在全国率先设立创业风险投资引导基金，以浦东科投作为运营主体，出资 11.15 亿元，参与设立 19 个新基金，引导向浦东科技企业投资共计 51 亿元。但是，该基金后来因各种原因停止了运作，投资的资产也按照规定划转给了其他的国有创投机构。

（三）创业投资行业活跃度总体不升反降

一是从投资金额和案例数看，2017~2020年，浦东创业投资项目金额从97.7亿美元降到71.5亿美元，下滑26.8%；投资案例数从772起降到683起，下滑11.5%。二是从获投金额看，与国内先进地区对比，以北京中关村示范区为例，2020年度该区内企业获得风险投资281亿美元，而同期浦东新区创业投资获投金额约为140.97亿美元，仅为中关村企业获投金额的一半。三是从投资阶段看，浦东创投机构投资阶段后移现象明显，急需的"投早投小投长期"的天使投资人较为匮乏，而接近上市阶段的Pre-Ipo轮占比逐年上升，2020年就比上年增长了183%。2020年浦东单个项目的投资金额平均为7221万元，表明所投项目大部分为较为成熟的大项目。而同期深圳创业投资单个项目投资额约为5500万元，仅为浦东的76%；另北京中关村示范区就有活跃天使投资人超过1万名，占到了全国的80%，天使投资案例和金额均占全国1/3以上。浦东没有一家机构进入2021年中国早期投资机构30强榜单，全上海仅一家位于嘉定的上海云畔投资管理有限公司排名榜单第四。

四 制约浦东创业投资行业发展的因素分析

（一）新设创投机构市场准入政策紧、流程慢

2017年以来，网贷和P2P等行业屡屡出现"以金融创新之名、行金融诈骗之实"的行为，互联网金融平台爆雷、跑路现象频现，给金融稳定带来隐患。在此背景下，相关部门对带有"投资""基金"等名称的机构实行了强监管政策，私募股权基金等创业投资公司也受到波及，其准入和发展受到了一系列限制，导致机构和基金

注册困难。但是不同省市甚至上海本市各区的管理机构对政策的理解和执行尺度不一，准入监管存在差异。2017 年浦东新区创投机构注册数量断崖式下跌至 2016 年的一半，之后几年创投机构注册量也一直未见明显增长。实践中有一些创投机构或基金转移到江苏、浙江、山东等外省甚至上海其他区注册再回过头投资浦东的科创企业，这对浦东创投行业壮大、被投科创企业发展都产生了不利影响。

（二）国有创投机构发展受到机制制约

一是功能定位不够清晰。浦东新区层面尚未建立创业投资发展规划，对国有直属企业开展创投业务的定位尚不明确，在很大程度上制约了创投业务发展。二是决策机制过于烦琐。流程烦琐、周期长，对资产评估、投资区域、投资行业限制较多等问题，成为国资创投在市场竞争中的一大劣势。三是考核机制缺乏科学性。目前考核评价体系缺乏容错机制，风险容忍度较低，甚至出现"风险投资要求无风险"的悖论。四是激励体系不到位。国内其他先进地区的创投机构，如 2021 年度清科中国创业投资机构 100 强的第二名深圳市创新投资集团有限公司，作为一家国有企业，鼓励基金管理人员个人对投资项目进行跟投。浦东国有创投目前的跟投、激励约束机制不完善，比如浦东国有投资基金的管理人员薪酬远不及市场化的投资机构，又不允许其对投资的项目实施跟投，这不利于调动管理人员的积极性，也难以吸引优秀投资人才。

（三）支持创业投资的政策环境有待进一步优化

一是缺乏对早期天使投资的激励引导政策。2016 年《上海市天使投资风险补偿管理暂行办法》规定的相关补偿办法与天使投资实际情况存在不适应，特别是"对投资亏损进行补偿"的想法虽初衷良好，但与天使投资人打造自身行业信誉、未来通过募资获得更大发展相背离，实际操作效果不佳，未能达到支持天使投资的良好初衷，且该暂行办法现已失效，需要修订和更新。2016年浦东新区出台《进一步加大财政支持力度加快建设具有全球影响力的科技创新中心的若干配套政策》，明确要通过扩大天使投资引导基金、对天使投资实施风险补偿等方式支持创投行业，但该政策一直未见落地。

二是支持创投行业发展的政策集成效应不明显。目前浦东相关政策举措的解读力度、宣传力度及企业获取政策举措内容的便捷度都不够，企业感受度比较差，影响了政策实施效果。

（四）"引领区意见"中支持创业投资政策的实际落地和运作效果有待加强

一是税收优惠方面。"引领区意见"提出"在浦东特定区域开展公司型创业投资企业所得税优惠政策试点，在试点期内，对符合条件的公司型创业投资企业按照企业年末个人股东持股比例免征企业所得税，鼓励长期投资，个人股东从该企业取得的股息红利按照规定缴纳个人所得税"。之后财政部、税务总局、国家发展改革委、证监会下发《关于上海市浦东新区特定区域公司型创业投资企业有关企业所得税试点政策的通知》，对浦东特定区域公司型创投企业所得税免征情形及额度、主体条件等进行了明确。但实践中发现，该鼓励政策的实施存在困难，政策优惠一系列前提条件使得浦东符合规定的受益机构寥寥无几。

二是基金份额转让方面仍然存在监管政策不明朗、基金份额流动通道不畅等问题。上海私募基金管理规模已达到3.6万亿元，国有权益投资基金份额规模达2825亿元，退出比例为13.05%，以上市转让退出为主，清算退出困难重重。"引领区意见"指出，要"在浦东依法依规开设私募股权和创业投资股权份额转让平台，推动私募股权和创业投资股权份额二级交易市场发展"。2021 年底，上海私募股权和创业投资份额转让平台开始试运行。截至 2022 年 9 月，平台共计上线 20 单，拟转让总份数 14.87 亿份；已成交 15 单，成交总份数 12.59 亿份，成交总金额 12.16 亿元。但一些新问题也随着交易各方诉求不一而逐步显现出来，如与市场监管部门尚未建立信息对接及共享机制，基金份额交易平台确保交易安全、提高交易效率与市场监管部门依法行政之间存在一定的不协调。国有私募基金份额进场交易的界定还不够清晰，如国有金融机构往往出于交易成本、交易效率、交易确定性等方面的考虑选择不进场。进场审批复杂、估值较为严格、交易周期冗长等使得交易结果具有不确定性，致使部分国有意向买家对于进场交易较为抵触，业务推动难度增加。平台交易与清算交收还缺乏效率，基金份额的登记机关在市场监管部门，但基金份额权属变更需要按市场监管部门的规定规范准备相应变更登记材料，准备的周期取决于其他有限合伙人的配合程度，往往导致不能同步办理变更登记及资金划转等。

（五）新型冠状肺炎疫情等外部因素对部分创投机构带来较大冲击

2020 年以来受到新冠肺炎疫情影响，部分中小创投机构受到冲击。从新冠肺炎疫情对浦东新区创投机构日常经营活动专项调研情况来看，有 44.1% 的创业投资企业反映很多日常出差、项目尽职调查等需要与人直接接触的工作遇到困难；有 23.4% 的企业反映已投项目的运行停滞或增长放缓、退出时间延长；有 14.3% 的企业反映无法提供面对面的增值服务；还有 13% 的企业反映不能直接面对投资人，影响新资金募集。一些中小创业投资机构"募投管退"等业务环节都不同程度陷入困境。

五 推动浦东创业投资发展的对策与建议

浦东创业投资发展相对滞后，应加快构建有利于创业投资发展的制度环境、市场环境和生态环境，推动产业链、创新链和资本链三链融合，提升浦东科创引领力。

（一）探索有效的差异化监管体系，不断完善创业投资营商环境

2017年，国务院法制办发布《私募投资基金管理暂行条例（征求意见稿）》，其中第43条规定创业投资基金应由中国证监会实施差异化监督管理。2021年7月6日，中央办公厅、国务院办公厅印发《关于依法从严打击证券违法活动的意见》，该意见第18条重提对创业投资企业和创业投资管理企业实行差异化监管。

一是在浦东引领区建设中积极探索有效的差异化监管体系，既要考虑保护市场投资者，也要考虑保障市场的稳健发展，创新创业投资行业全链条监管体系。应看到私募股权等创投行业与P2P等金融乱象在参与人数、投资者门槛、部门备案资料要求等方面都有明显的区别，建议严监管的政策执行上要避免"一刀切"的现象，严格鉴别市场准入的主体，防止"倒洗澡水的同时把婴儿也倒掉"。完善监管备案流程，对于在行业有一定声誉和较长投资经验的投资人发起设立的私募股权等创投基金，在注册准入上应提高注册便利化水平，简化流程，以支持浦东的创投行业健康发展。建议学习江苏、山东等省市的经验，在张江等地设立创业投资"基金小镇"，提升和整合创业投资的各项财政扶持，形成创业投资企业的集聚效应。要加大创投人才的培育和集聚力度，将头部创投机构的高管、核心人才纳入浦东的高层次人才范围，给予安居、子女就学、医疗健康等相应的优惠待遇。

二是充分运用浦东立法授权，探索制定促进创业投资持续健康发展的规范性文件。2016 年国务院发布《关于促进创业投资持续健康发展的若干意见》，对行业健康快速发展产生重大促进作用，是中国创业投资发展历程中的里程碑事件。截至目前，国内仅深圳制定了地方性法规《深圳经济特区创业投资条例》（2003 年制定，2019 年修订），河南省则于 2021 年 12 月 31 日颁布创投领域首部省级政府规章《河南省促进创业投资发展办法》（2022 年 3 月 1 日生效）。建议在现有《浦东新区"十四五"期间促进金融业发展财政扶持办法》的基础上增加相关条款，针对创业投资基金给予财政扶持，鼓励创投企业落户浦东。修订完善天使投资奖励办法，为了防范道德风险，应将对天使投资的鼓励措施由"亏损补偿"改为按投资额进行比例奖励；即创业投资机构对浦东六大硬核产业等高科技行业的投资，达到一定规模和年限的可以实施一定比例的奖励。这样在政策导向上，既鼓励创业投资机构将资金投入浦东的高科技行业，又防止政府资金鼓励投资人盲目投资产生道德风险。

三是支持浦东的 CVC（Corporate VC，产业资本投资机构）投入上下游产业链，助力深耕产业版图。世界知名的创新型企业大多设有风险投资机构，投资于对公司未来发展可能很重要或能有较高投资回报的初创企业。比如谷歌公司的风险投资部门就投资了 300 多家公司，其战略就是投资相关领域中有潜力、有雄心的公司，特别关注机器学习和生命科学。腾讯公司则投资了约 900 家企业。建议借鉴深圳福田区等支持 CVC 的做法，对当年度实际投资非上市企业一定金额以上的 CVC，对投资种子期、初创期科技企业的 CVC，分别给予年度资金支持。通过发挥浦东的大型高科技公司、国有企业设立的 CVC 的功能，培育孵化上下游更多的创新企业，打造更有活力的创新产业链。

四是引导创业投资机构"投早投小投科技"。应学习借鉴中关村等先进地区的做法。比如根据 2020 年 12 月财政部等四部门发布的《关于中关村国家自主创新示范区试行公司型创业投资企业有关企业所得税试点政策的通知》，实行投资期限越长缴纳企业所得税越少的反向挂钩的征税制度。

五是研究出台具有实操性的支持举措，使创业投资机构投资项目产业化落地等环节更加便利化。建议借鉴合肥产投集团等先进地区的经验，由国有创投通过直接投资或参与组建各类投资基金，带动社会资本和创投机构服务于浦东的招商引资，实现投资引领先进产业的培育。

（二）创新国有创投机构体制机制，进一步提升实力和影响力

一是加强顶层设计，探索混合所有制改革的浦东样本。进一步明确设立国资创投的方向、目标、原则，坚持国资创投为浦东产业发展和科技创新服务的总方向；进一步探索浦东国资创投混改模式，保障国有创业投资机构稳定长远发展。从清科 VC/PE 投资机构排行榜来看，排名靠前的国有投资机构，无一例外都实现了混改。如 2014 年江苏高投通过推进混合所有制改革，搭建了"本部+毅达资本"协同发展架构，既构建了市场化运管机制，又能确保国有资本战略投资方向。仅仅几年时间，江苏毅达已经跃居 2020 年中国创投机构第六，实现了高质量发展，为上海及浦东国资创投改革提供了思路和借鉴。

二是优化国有创投机构绩效考核机制，回归政府引导基金的政策性本原。政府投资引导的核心功能是资产配置能力。如果政府也都集中于产业后端，这种能力其实是可以交给市场的；而产业创新前期或早期常常是市场失灵时期，这时迫切需要也最能体现政府对市场资源的导向和配置。国有创投引导基金的本质属性是引导和扶持，是"基金的基金"，而不是简单的投资获利。因而在绩效考核方面要拉长回报率考核时限，加大吸引社会资本规模、改善科创企业发展状况

等考核权重。要建立国有创投引导基金份额回购与让利机制。要以国有创业投资资本整体核算的经营业绩为基础，不以单个投资项目绩效作为考核评价依据。同时有效区分创业投资中正常亏损与失职渎职的差别，以更加符合创投行业的特征规律。

三是探索实施管理层跟投机制，实现国有投资基金保值增值与管理人员薪酬的正向激励。要借鉴上海市国资委出台的《本市推进国有创业投资企业市场化运作措施实施细则》的做法，及市科创投跟投试点实践经验，以及深圳等其他地区的改革经验，出台浦东新区国资创投市场化运作管理办法，并选取少数几个已在区发改委备案的创投企业开展跟投试点。

（三）着力打造创业投资发展生态圈，畅通创业投资退出渠道

创业投资必须有完善的退出通道。在美国，二级市场、大公司并购是创业投资退出的最主要渠道。一般来说，二级市场交易和公司并购活动越活跃，一级市场的创业投资退出渠道越通畅，创业投资的发展就会越好。上交所科创板的推出，为硬科技企业的创业投资退出拓宽了 IPO 通道。但科创板服务的还是少部分较为成熟的硬科技企业。发达国家的经验显示，来自行业里的公司并购、股权转让、份额转让等对于创业投资来说是同样重要的退出方式。

一是加快落实"引领区意见"，推动私募股权和创业投资股权份额二级交易市场发展。进一步畅通基金份额流动机制，为非流动性资产恢复资本融通功能，将前期已经投资的基金置换出来，投向更先进的技术产业，实现科技、产业和金融高水平循环。在促进交易需求方面，积极引导本市各类私募股权和创业投资份额在份额转让平台规范转让，国资方面需研究更加灵活的政策以满足实践多样性；争取中央相关部门的支持，协调市金融局、浦东新区政府加快出台平台建设及S基金配套支持政策，推动平台与市场监管部门形成联动机制，提高

份额变更登记效率；推进上海股交中心与行业主管部门、金融机构、各类股权投资协会、金融产业园或金融服务平台、各区政府及基金小镇的联系，拓展基金份额卖方资源；要利用大数据技术以及金融科技手段提高份额估值系统的准确性，并培育、发展和集聚估值服务机构，建立规范、有效的询价机制；对上海股交中心在信息系统建设、网络建设、人才招募、市场开发推广、技术采购等方面的投入给予专项财政支持。在生态系统建设方面，引导市场化母基金以及银行理财、保险、资管、信托等各类资管机构参与平台建设、交流合作，着力增加金融机构投资者，大力拓展私募基金份额买方资源。引导发展和培育能够提供私募基金份额匹配交易、尽职调查、估值定价、三方存管、见证服务、工商过户等服务的专业机构，为私募基金份额交易提供专业的配套服务。在行业与市场融合方面，推动市、区国有私募基金和政府引导基金投后企业、专精特新等优质企业进入上海股交中心孵化、培育、规范、发展。鼓励上海股交中心积极探索为私募基金投后管理、投后服务提供服务体系，缓解私募基金行业普遍存在的痛点、难点问题。在创新研究方面，支持上海股交中心在安全、规范运行的前提下进行私募基金份额产品及服务模式创新，更好地为私募基金份额转让业务主体服务。

二是发挥长三角资本市场服务基地等平台的功能，提升对创投机构的服务和支持水平。要持续加强长三角资本市场服务基地功能建设，着力促进科创资源和资本市场两大要素的结合；形成完善的投资生态圈，拓展创投企业多元化成熟的退出渠道。要通过创投协会等组织，加强创业投资行业与交易所、券商、投行、基金公司、会计师事务所、律师事务所、产业园区、孵化器、上市公司、大企业的联系，为公司并购、资本运作提供便利。

三是推进陆家嘴金融城和张江科学城"双城辉映"，引导更多金融资源支持科技创新。陆家嘴金融城聚集了众多国际知名的资产管理公司，全球十大资产管理公司有 9 家已落户陆家嘴，浦东相关部门要靠前服务，推动外资资管机构进一步拓展业务和创新产品，比如鼓励其利用 QFLP 基金等金融产品，有效吸引境外天使投资、风险投资等长线资金，投资和培育浦东特别是张江的新兴科创企业，利用优质科创企业与创投基金的相互集聚效应，实现项目和资金彼此靠拢、相互支持的良性循环。要积极搭建信息共享平台。创业投资机构需要从众多潜在对象中发掘最有价值的项目，科创企业则需要以未来科技创新和产业前景来吸引和选择创业投资。同时，每一个具体的创投机构根据自己的规模、管理人的专业资质、从业经验等，都有相对明确的投资方向和条件，科创企业基于保护自己商业秘密的考虑对于大规模的公开路演推介有抵触情绪。当前的做法是创业投资机构主要依靠朋友、律师事务所或会计师事务所推荐与科创企业进行沟通，信息面比较窄、效率比较低。为了减少信息搜集成本，建议相关政府部门搭建线上和线下的各类信息共享平台，做到"每季有论坛、月月有路演"，更好地匹配资金的供需双方，提高陆家嘴金融城和张江科学城的资源对接效率。

（四）充分发挥创业投资协会在创投机构和政府之间的纽带作用

政府相关部门应支持浦东创业投资协会的工作，强化创投行业协会的地位与功能。行业协会也要与政府主管部门加强沟通，既将行业发展动态热点、企业的诉求及时汇报，又争取从政府部门获得高新技术企业的名单、信用状况等信息，从而支持协会会员更好地开展创投工作。协会要加强行业自律管理，减轻监管部门的工作量并提高外部监管效率，形成他律与自律监管相结合的模式。对违反自律规则的机构进行惩戒处分，对遵守行业规则的机构进行激励表扬，确保浦东地区创业投资机构守住诚信守法的底线，保护投资人的合法权益，推动创投行业的信用化发展。

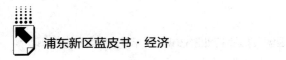

参考文献

《中共中央国务院关于支持浦东新区高水平改革开放打造社会主义现代化建设引领区的意见》，2021 年 7 月 15 日。

《浦东新区创业投资行业 2020 年发展报告》，2021 年 10 月。

B.7
浦东新区引领乡村产业振兴的
实践与思考

徐　凌*

摘　要： 推进乡村振兴是新时代我国一项重大战略部署，乡村振兴的基础和关键在于产业振兴。近年来，浦东新区大力实施乡村振兴战略，以产业振兴带动乡村全面振兴，着力优化乡村产业布局、深化农村综合改革、发展都市现代农业，在政策机制配套、产业发展基础、新型经营主体等方面取得明显成效。同时，与引领区建设的目标要求相比，也面临着不少困难挑战，需要进一步提升乡村产业发展能级、加快农村集体经济发展、健全新型农业经营体系、完善综合服务保障功能，推动浦东新区乡村振兴不断取得新成效。

关键词： 乡村振兴　现代农业　产业振兴　高质量发展

重农固本，治国之要。党的二十大报告提出了全面推进乡村振兴的战略目标，并做出农业农村优先发展的决策部署。浦东作为社会主义现代化建设引领区，按照乡村振兴战略的总要求，以乡村产业振兴为重点抓手，不断推进乡村全面振兴，取得了明显成效。

* 徐凌，中共上海市浦东新区委员会党校副教授，研究方向为当代中国政府与政治、产业经济理论与政策。

一　浦东新区乡村产业发展的现状及挑战

（一）基本现状

1. 总体情况

浦东作为社会主义现代化建设引领区、上海建设卓越全球城市的核心区，既有繁华的中心城区，也有广袤的农村地区。浦东行政村占全市的1/5、农业户籍人口占全市的1/6、农业生产总值占全市的1/6。2021年，浦东新区实现农业生产总值17.9亿元，占全区GDP比重为0.1%；农业总产值41.5亿元，位居全市第二。耕地保护责任面积25.5万亩，其中永久基本农田19.3万亩、家庭承包经营面积23.2万亩。农村集体总资产超过940亿元，其中镇级集体资产约占80%①。长期以来，浦东注重将推动农业农村现代化作为社会主义现代化国际大都市建设的重要组成部分，把握特点、聚焦重点，全面提升乡村振兴水平。

2. 产业现状

一是在农业产业化发展方面形成优势。浦东新区拥有区级以上农业龙头企业41家，其中市级以上17家（含国家级6家）。上海孙桥现代农业联合发展有限公司清美集团上榜"2020年全国500强农业产业化龙头企业"。

二是在新型经营主体方面形成体系。新区拥有区级以上达标合作社200家，其中市级以上示范合作社37家（含国家级17家）；家庭农场541家，其中市级示范家庭农场9家。红刚青扁豆生产专业合作社、桃咏桃业专业合作社、运杰蛋品专业合作社、新风蜜露果蔬专业

---

① 数据来源于浦东新区政务网站和《浦东新区统计月报》。

合作社、桂峰果蔬专业合作社上榜"2020 全国农民专业合作社 300 强"。众多新型农业经营主体在多年培育支持下，已经发展成为浦东农业农村现代化建设的重要力量。

三是在农业品牌培育方面形成示范。新区 2016 年入选"第一批国家农产品质量安全县（市）"，2017 年浦东南汇凭借水蜜桃成为首批"中国特色农产品优势区"，2021 年获准创建"国家地理标志产品保护示范区"，宣桥镇成为全国"一村一品"示范镇，泥城镇马厂村等 5 个村成为全国"一村一品"示范村。

四是在集体经济组织方面形成规模。新区成立 24 个镇经济联合社（所属镇级集体全资企业 418 家）、359 个村经济合作社。纳入统计的农业企业 42 家、农民专业合作社 507 家，年收入平均为 1604 万元。年收入 500 万元以下的有 275 家，占 50%；年收入 5000 万元以上的达到 19 家；年收入 5 亿元以上的有 1 家①。

五是在特色瓜果种植方面形成特色。已经形成 8424 西瓜、南汇水蜜桃、彭镇青扁豆、三林崩瓜 4 个区域公用品牌，其中"南汇水蜜桃"入选"中国百强农产品区域公用品牌"。南汇水蜜桃、8424 西瓜、翠冠梨、甜瓜入选"2017 年度全国名特优新农产品名录"。"南汇水蜜桃"品牌估值 12.49 亿元，"南汇 8424 西瓜"品牌估值 3.25 亿元。

（二）困难挑战

1. 农村集体经济质量效益不高

一是部分基层干部对农村集体经济转型发展的紧迫性重要性认识不足。随着农村基层组织职能转变和实施乡村振兴战略工作重心调整，政府对基层农村干部的考核侧重于农村社会治理，村集体经济组

---

① 数据来源于浦东新区政务网站和《浦东新区统计月报》。

织运行管理人员普遍由村两委工作人员兼职，对后续促进农村集体经济转型发展的重视程度不够、前瞻性研究不深、运营管理能力不足。二是农村集体经济区域发展不均衡。根据 2020 年农村集体经济统计，村均集体经济组织（村经济合作社和村企业）经营性资产为 3142 万元，其中，城镇化地区村均 3843 万元、纯农地区村均 1077 万元；集体经济组织自有总收入村均 328 万元，其中城镇化地区村均 390 万元、纯农地区村均 143 万元①。三是农村集体经济普遍存在主体意识缺位、内生动力不足问题。村级集体建设用地指标统筹后，集体经济发展一定程度受限。区级在土地减量化时给予补偿资金，但补偿资金勉强平衡减量化工作成本，部分村级集体缺乏后续稳定的收入来源。

2. 农业经营主体带动能力不强

一是龙头企业作用发挥不明显。新区龙头企业发展十分迅猛，但是还不够大、不够强，对农民增收、农村发展带动不足。总体上，联合体的带动作用还需进一步增强，浦农集团、供销联社、浦商集团等国有主体的地位还需进一步显现。二是农产品商品化水平低。经营主体的经营范围主要集中在初级农产品，粮食销售以原谷销售到储备粮仓为主，种植品种也以杂交水稻为主，蔬菜销售以菜贩田头收购为主，缺少预冷、包装等环节，标准化、商品化水平低，附加值低，总体盈利处于低端水平。三是土地经营规模不够经济。土地零星化、碎片化现象明显，机械化、标准化作业难度大，加之近年来劳动力成本上涨，原有生产管理模式下生产率提高空间有限。

3. 特色优势产业发展后劲不足

一是特色产业整体设施化水平较低。受天气因素影响较大，产品品质不够稳定。比如，南汇水蜜桃受台风、低温、短期大量降水等天气影响较大，不同年度的果品品质一致性较差，对区域品牌容易产生

---

① 数据来源于浦东新区政务网站和《浦东新区统计月报》。

负面影响。二是品种选育与市场需求之间脱节。比如南汇水蜜桃集中上市期在 7 月底 8 月初，集中上市时价格竞争激烈，非盛果期价格好时总体产量又跟不上，供需之间矛盾没有通过品种优化化解。三是品牌推广扶持政策与新时代要求脱节。原有的品牌扶持政策主要集中在包装箱等"看得见"的内容，形象设计、营销推广等"看不见"的内容较难纳入，对品牌设计方面重视不够，对市场细分、新兴消费群体接受度研究不深。四是特色产业发展存在瓶颈。如特色产品（南汇水蜜桃、南汇 8424 西瓜、彭镇青扁豆等）种植面积正在逐年下降，农业品牌影响力有待进一步提高。

二 浦东新区推进乡村产业振兴的举措及成效

（一）工作举措

1. 坚持夯实基础，不断优化乡村产业布局

一是以保障粮食安全为主线，优化粮食生产布局。稳定粮食生产规模，确保粮食种植面积和生产能力，建设和维护好设施粮田，提高杂交水稻种子应用面积和稻麦的良种覆盖率。南汇新城、老港、书院等粮食产区 10 个重点镇水稻种植面积皆在 5000 亩以上，川沙、宣桥等 7 个调控镇皆保留一定的永久性基本农田和水稻种植面积。加大对设施良田、农田水利设施、粮食机械化项目的支持力度，打造一批产加销一体化的粮食生产企业。

二是以保障"菜篮子"为主线，优化蔬菜生产布局。确保常年蔬菜面积，维护好财政性设施菜地，建设好绿叶菜核心基地，逐年提高蔬菜机械化装备水平。曹路、航头、川沙、祝桥、新场等 5 个蔬菜主要生产区域的常年种植面积保持在 5000 亩以上，书院、宣桥等 12 个控制生产区域常年种植面积保持在 1000 亩以上。以蔬菜生产能级

提升与标准园创建为抓手，推进蔬菜生产规模化、装备化、标准化，提升适度规模经营机制活力，提升生态、环保水平，提升营销能力，提升质量安全监管水平。

三是以产业化为主线，优化林果生产布局。加强区域特色优质瓜果生产。保持"南汇8424西瓜"和"南汇水蜜桃"的品牌，建设好高效益的经济果林和甜瓜生产基地，发展花卉和其他高效经济作物，有计划进行老果园标准化生产基地建设。鼓励有条件的果业合作联社以品牌化促进产业化，示范推广林果种植的设施化，推动跨镇种植经营，扩大种植面积和销售规模。

四是以提质增效为主线，优化畜牧业生产布局。按照减量化要求进行合理布局，实施畜禽养殖与环境承载和环境保护相适应的减量化和标准化，调整全区养殖规模和布局，推进"浦东白猪""浦东鸡"等地方特色品种保护和开发利用，提高畜禽养殖生态化、标准化和科技化。

2. 坚持绿色高效，大力发展都市现代农业

一是实施品牌、品质、品种"三品"战略。完善粮食作物良种基地建设，全区杂交水稻占种植总面积60%以上，稻麦和畜牧水产的良种覆盖率达到100%，全区粮食生产优质种子免费提供，建设4万亩最低保有量优质蔬菜生产的核心基地。培育1~2家"育繁推"一体化育种企业，推动种源产业集聚集群发展。大力推进南汇瓜果、祥欣种猪、食用菌良种、鲜花港花种花苗等优势特色产品的产业化。稳定并扩大新区水蜜桃种植面积，扩大到能够满足市场需求为止。以品种优化为保障，以良种全覆盖为依托，引导规模生产经营主体在设施园艺、畜禽水产养殖、农产品产销衔接等方面探索信息技术应用模式及推进路径。

二是保障主要地产优质农产品供给。深化"三区"建设，做好水稻市场化供种改革，确保水稻生产安全。优化水稻品种结构，大力推广水稻早中熟品种，实现由卖稻谷到卖大米的转变。优化蔬菜生产布局，提升绿色生产保障能力。加强"浦东鸡""浦东白猪"等浦东畜禽品种及品牌的保护和开发，积极探索种源在浦东、生产过程和市场在外地的"总部在内，两头在外"畜禽产品生产经营模式。加大渔业资源保护力度，取缔"三无"船舶及非法捕捞水产品行为，促进水产养殖业绿色健康发展。以"重点区域、重点作物、重点产品"为抓手，以规模化地产农产品生产基地为主，加大绿色食品认证力度，进一步规范绿色食品认证产品生产管理及其标志、标识的使用。

三是提升农产品质量安全监管能力。全面实施农产品安全优质放心基地创建活动，以家庭农场等农业生产主体为主要对象，依托规模化生产基地等开展创建活动，采取区镇联动、分批推进的方式，精心培育农产品安全优质放心基地，打造浦东新区地产农产品放心区。巩固完善全国首批农产品质量安全信用体系试点区工作，以农用地信息系统、农产品质量追溯系统信息共享为基础，以农业生产主体为重点，开展诚信管理体系评价。强化地产农产品安全监管追溯体系建设，实施地产农产品质量安全体验活动，增强市民对浦东地产农产品质量安全信心。

四是推行绿色农业生产方式。进一步优化作物茬口布局，逐步取消麦子种植，加大绿肥种植和冬季深耕晒垡力度，建立水稻绿色生产示范基地，巩固已建成的绿色防控示范区。加强重大动物疫病防控力度，巩固规模畜禽养殖场退养成果，抓紧特种畜禽不规范养殖的治理。加强农药行业管理，减少化学农药使用量。积极推进农业废弃物处置利用试点工作，完成蔬菜基地农业废弃物资源利用设备的配套，建立完善废旧农膜回收处置体系。

3. 坚持蹄疾步稳，持续深化农村综合改革

一是稳步推进农村土地制度改革。开展农村土地承包经营权有序流转，在坚持农村土地集体所有的前提下，促进形成农村承包土地所

有权、承包权、经营权三权分置，按照依法自愿原则，引导农村土地承包经营权向新型经营主体有序流转，发展适度规模经营，提高农业效益。加强农村土地承包经营权流转信息化管理，健全"农村土地承包经营信息管理系统"平台，及时将农村土地流转合同等基础信息录入平台，实时监测流转动态，提高农村土地流转的信息化管理水平。推进农地股份化试点，建立土地股份合作社，保障和提高农民财产收益。

二是深化农村集体产权制度改革。新区已基本完成镇、村两级农村集体产权制度改革工作，针对改制后的农村集体经济组织，厘清所属农村集体企业的投资关系，特别是结合农村集体企业功能定位和发展实际，组织开展对农村集体企业的优化重组，将资源向优势企业聚集，更好参与乡村振兴。同时，按照《上海市农村集体资产监督管理条例》和农村集体经济组织章程规定，指导有条件的农村集体经济组织依法开展收益分配。

三是优化农村集体资产监管机制。分类建立农村集体"三资"监管机制，规范村级组织收支范围、收支流程和监管要求，鼓励和引导承包农户将土地委托给镇级公司，在合理整合、规划布局后，用于统一经营或流转至新型农业经营主体。同时，全面推进农村土地承包经营权流转公开交易市场建设，推进农村土地流转履约保证保险。

（二）主要成效

1. 农村综合改革不断深入

新区发挥先行先试制度优势，积极推进农村综合改革。农村承包土地经营权确权登记工作基本完成，农村承包土地经营权流转率超过80%。将农村集体资产从集体共有改变为集体经济组织成员按份共有，建立村社区经济（股份）合作社，实行村委会与社区经济（股份）合作社治理分开、分账管理，为增加农民集体经济财产性收入提供制度性保障。率先开展农业财政补贴资金的整合工作，着力提高农业投资的社会资本参与度，形成"财政资金引导、社会多元参与、经营主体负责"的农业投资模式。这些改革举措，为浦东进一步推进乡村振兴奠定了坚实基础。

2. 政策保障机制不断完善

近年来，新区围绕服务乡村振兴战略，先后制订出台了 30 多项政策举措。比如制订《浦东新区乡村振兴战略规划（2018～2022年）》和《浦东新区乡村振兴战略实施方案（2018～2022年）》，全力做实做好乡村振兴这篇大文章；制订《浦东新区构建新型农业经营体系行动计划（2019~2022年）》，确定了构建新型农业经营体系工作目标；出台《关于加强村级组织运行基本经费保障的指导意见》，进一步加强村级组织运行基本经费保障。开展"都市现代绿色农业发展行动""城乡路网体系建设行动"等，并在农村综合帮扶、集体资产监督管理、农产品营销体系建设、涉农企业贷款贴息等方面出台具体细则，为新区乡村振兴战略实施提供了较为完备的制度保障。

3. 产业发展基础不断夯实

近年来，浦东都市型现代农业不断发展，全区 40% 粮田实现由家庭农场经营，粮食生产全程机械化率达 90%，南汇凭借水蜜桃列入中国优势农产品产业区，"南汇水蜜桃"成为上海唯一有商标注册和地理标志认证的农产品区域公共品牌。都市现代农业体制机制逐步完善，建立区（农发集团）、镇（农投公司）两级现代农业发展载体，全区农业资源实现有效统筹。

4. 新型经营主体不断壮大

着力培育专业化的农业经营主体，探索"一村一企一联合体"的带动发展模式，涌现出清美集团等带动能力强、在乡村产业方面作用突出的联合体。发展国家级、市级龙头企业 19 家，区级达标以上合作社 200 多家，带动农户 12 万户，探索出"农民合作社+家庭农场"等新型农业经营主体联合发展模式。

5. 基本实现农业现代化

优化"5+6+1"载体布局，形成东滩、孙桥（老港）、曹路、祝桥、滨海 5 大现代农业示范基地，川沙、周浦、新场、大团、老港、泥城 6 个"一镇一园"现代农业示范园，以及川沙新浜农业科技示范园。形成祥欣种猪、清美豆制品、8424 西瓜、南汇水蜜桃、南汇翠冠梨、多利有机蔬菜、红刚青扁豆、大地花卉种苗、平棋葡萄、种都蔬菜种子、弘辉粮种、盈辉食用菌等特色农产品品牌。

三 浦东新区打造乡村产业振兴引领区的对策思考

现代农业的价值既要体现一定的经济效益，又要体现改善优化城乡生态环境的绿色生态屏障功能、助力农村稳定的社会功能。浦东农业的功能定位是都市现代农业，以乡村产业振兴带动乡村全面振兴，积极发挥乡村的经济价值、生态价值、美学价值，更好展现社会主义现代化引领区的时代风采。

（一）提升乡村产业发展能级

1. 扩大浦东特色产业优势

对标国际先进水平，优化产业组织形式，提升生产设施装备水平，切实强化特色农产品产业优势，着力打造国家级现代农业产业园。培育具有区域优势特色和市场竞争力的农产品区域公用品牌、企业品牌和产品品牌，加大品牌宣传力度，以品牌附加值提升绿色认证农产品的市场竞争力和价格优势，提升绿色食品认证的内生动力。

2. 强化现代农业科技支撑

聚焦孙桥现代农业科创中心建设，充分发挥孙桥农业科技创新中心的引领功能，提高孙桥科技农业研发实力和应用水平，辐射带动浦东农村经济围绕现代农业科技开展创新创业。依托现代科技赋能手段，大力发展特色种养业、农产品加工业，支持生产性服务业，健全生活性服务业，延长农业产业链，增加农业附加值，实现一二三产业融合发展。

3. 推进特色农产品优势区建设

着力稳定南汇 8424 西瓜种植面积，在稻瓜轮作区域试点推广标准化、装配式可移动设施，加强田园环境管理。建设西瓜集中分拣中心，实现南汇 8424 西瓜分级分等销售。在面积稳定、规模提升、品质提高基础上，讲好浦东特色农产品"品牌故事"，开展一系列特色品牌提升行动，赋予特色农产品更多内涵、更高价值。

4. 积极承接自贸试验区的外溢效应

依托自贸试验区平台，积极参与国际市场农产品竞争，充分利用国际金融、科技、人才、信息等资源，加快推进浦东农业的国际化、市场化、产业化。促进浦东平台农业和总部农业的发展，集聚一批具有国际水准的农业项目，努力把浦东打造成为我国农业与国际农业对接的市场枢纽，与资本、科技、信息等要素对接的重要平台。结合自贸区临港新片区建设，积极对接特殊支持政策和产业发展需求，延伸相关产业链和服务链，向价值链中高端迈进。

（二）加快农村集体经济发展

1. 整合资源、分类指导，加大投入支持鼓励多元发展

坚持因地制宜，依据各镇、村的规划定位、区位特点、资源禀赋等实行分类指导，不断完善镇域总体规划、空间规划、产业规划和功能规划等，对集建区内和集建区外，规划保留保护村和撤并村，对城

郊结合地区和远郊地区实行差别化政策，探索不同的发展模式。进一步建立完善财政引导、多元投入的积极经济发展扶持机制，支持和鼓励农村集体经济发展。整合农村集体资金，由区属国企搭建平台、对接优质项目，拓宽农村集体资金的保值增值渠道，共享浦东区域发展和改革开放成果。

2. 进一步加强农村集体经济监督管理

建立农村集体企业"一主体一监管界面"的应用监管场景，将农村集体企业的会计核算账套全面纳入上海市农村集体"三资"监管平台，建立健全农村集体企业规范运行与健康发展的全要素监管信息库，对农村集体企业重大经营行为、重大资产处置等，建立风险预警、问题处置闭环的监管机制。

3. 农村集体经济转型发展

研究促进农村集体经济健康发展新路径。通过管好资产出效益，重点是对房屋资产，以公开、公正的方式择优选择经营者，建立规范的租赁交易市场，促进农村集体房屋资产租赁收益增值。通过资金理财出效益，针对基层反映的集体资金闲置问题，组织开展资金存放管理试点，并稳妥推进。通过投资物业出效益，组织各镇结合资金存量实际，研究购置保障性住房商业配套设施，拓宽资金的投资渠道，促进农村集体经济组织转型发展。

（三）健全新型农业经营体系

1. 加大培育支持力度

鼓励支持新型职业农民创新创业，重点培育支持一批农业龙头企业、农民合作社和家庭农场，开展适度规模经营，不断提高产出价值。引导农业创业者和务农者通过教育培训考核认定获得证书，持证者优先享受各类扶持政策，重点加强对新生代农民培训，提高现代农业的生产经营能力。

2. 优化分工协作机制

在农业生产领域实现分工协作、抱团发展。完善镇农投公司、农业企业、农民合作社等着重负责农业生产资料和农产品流通领域及田间生产的服务领域，家庭农场负责直接田间作业环节的"两头统，中间分"联合发展机制，提高农业生产组织化率，带动本地种养业的农产品生产销售。

3. 强化示范带动作用

以市、区级示范家庭农场为引领，规范发展家庭农场。规范农民合作社建设，规范农民合作社财务行为和财务资料。积极培育申报示范合作社、农业产业化龙头企业，充分发挥龙头企业带动作用，鼓励龙头企业加强对周边农户、合作社的紧密合作。做好浦东地产农产品营销拓展工作，举办浦东新区第十一届农产品博览会，组织好国内外农业会展参展工作。进一步提升农业社会化服务平台对农业生产的全程服务水平，强化农业社会化服务保障能力。

（四）完善综合服务保障功能

1. 加强农村土地资源规划管理

加快乡村土地利用规划编制，推进乡村规划师制度，优化乡村布局形态。在控制农村建设用地总量、不占用永久基本农田前提下，细化做实郊野单元规划，简化审批流程。激活郊区撤制镇（社区）土地资源，在规划空间、土地指标、建设资金等方面，盘活郊区撤制镇存量资源。把撤制镇（社区）纳入城镇规划总体布局，建立利用撤制镇做好农民房平移集中的工作机制。加强农村建房管理，注重农村居住空间的乡村特质，推动农村风貌整治提升，凸显乡村经济价值、生态价值、美学价值的统一。建议市相关部门以浦东中部乡村振兴示范带建设为基础，开展土地政策综合改革试点。

2. 完善财政支农政策机制

完善财政支农政策机制，建立涉农专项资金统筹利用机制，优化补助资金发放模式，完善资金监管方式。发挥国企独特优势，对企业参与乡村建设的相关投资在利润考核中按照一定比例予以认可，建议全市研究出台对国企参与乡村振兴的差别化绩效考核机制。完善多元合作开发模式，探索实行股份公司、专业合作社等新型经营管理模式，吸引社会资本参与乡村振兴项目建设。运用财政贴息、担保、补助等方法，用较少的财政资金调动大量金融资本、个人资本和其他社会资本投入农业，提高财政资金功效。

3. 优化涉农金融服务功能

支持农村集体经济发展壮大，允许企业通过破产、拍卖等形式进行改制重组，推进集体资产保值增值，特别是利用土地交通等资源投资入股，形成集体资产股份享受分红收益。引导金融机构全面开展对农村集体经济组织的授信评级，根据授信等级提供信贷服务，并给予优惠和扶持。提高农业补贴政策效能，探索对农村金融机构实施差别利率和政府补贴计划，优惠利率与市场利率之差，由政府予以补贴。推进财物直补+政府贴息小额贷款+绩效考核"以奖代补"等混合补贴模式，提高农民增收政策的含金量和配套性，重点支持"三品"农业企业和"三高"农业企业成长，发展特色经济，并把补贴政策与吸收就业相结合，提高政策的综合效益。

参考文献

马佳、王雨蓉等：《盘活农村集体建设用地助推乡村振兴》，《上海农村经济》2022年第6期。

潘镜平：《浦东新区智慧农业发展研究》，《上海农村经济》2020年第10期。

张静怡、马佳、杨怀宇：《国家现代农业示范区新型农业经营主体培育问题研

究——以上海市浦东新区为例》，《中国农学通讯》2020 年第 9 期

　　鲍立：《浦东：助推乡村振兴奏响新乐章》，《上海人大月刊》2020 年第 2 期。

　　何建木：《关于浦东新区加快发展绿色农业的若干思考和建议》，《上海农村经济》2018 年第 6 期

　　苏锦山：《争创新优势勇当新标杆以更高水平推进乡村振兴战略》，《上海农村经济》2018 年第 4 期。

专题篇
Special Topics

B.8
推进社会主义现代化引领区建设，
提升全球资源配置能力*

徐全勇　张雯琪　王　畅**

摘　要： 浦东社会主义现代化引领区建设实践有效提升了浦东国际
金融、航运、贸易、科技、消费中心的全球资源配置力与
影响力，但是浦东城市全球资源配置力、影响力还存在全
球高端要素集聚与辐射能力不够强、全球价值链的构建与
管控能力不够大、自主创新的策源引领力不够显著、全球
资源配置的规则与治理主动权尚未掌握等问题。下一步要

＊　本文系国家社会科学基金青年项目"'互联网加人文交流'助推'一带一路'民
心相通研究"（项目编号：20CGJ004）和上海市哲社课题"马克思主义视域下人
类命运共同体研究"（项目编号：2021ZZX003）的阶段性成果。
＊＊　徐全勇，博士，中共上海市浦东新区委员会党校经济与社会教研部副主任，副教
授，主要研究方向为政治经济学；张雯琪，博士，中共上海市浦东新区委员会党
校经济与社会教研部讲师，主要研究方向为社会发展理论；王畅，博士，中共上
海市浦东新区委员会党校经济与社会教研部讲师，主要研究方向为国家战略。

积极创新思路打造国内外双循环的战略链接，实施对内对外最高水平开放，提升全球价值链的管控力，构筑全球价值链创新链优势，提升自主创新的全球引领力，推进系统集成改革，提升"浦东治理"全球影响力。

关键词： 社会主义现代化引领区　资源全球配置力　资源全球影响力　浦东

2020 年 11 月，习近平总书记在浦东开发开放 30 周年庆祝大会上做了重要讲话，从我国建设社会主义现代化强国战略上高屋建瓴地提出了浦东要构建"社会主义现代化建设引领区"的新论断，并指明了现代化引领区建设的内涵与目标。随后，中共中央国务院发布了《关于支持浦东新区高水平改革开放打造社会主义现代化建设引领区的意见》（简称《引领区意见》）上海市委、市政府根据习近平总书记讲话与中央文件精神制定了《上海市推进浦东新区高水平开放打造社会主义现代化建设引领区行动方案》，浦东新区区委、区政府进一步出台了《浦东新区推进高水平改革开放打造社会主义现代化建设引领区实施方案》，科学谋划、精细布局了现代化引领区建设的工作方案，提出了 450 项具体任务，经过 1 年多的实施，其中 370 项任务已经基本完成，有效提升了浦东全球资源配置力与影响力。

一　浦东社会主义现代化引领区建设加速提升全球资源配置力影响力

（一）金融核心区的全球节点地位与资源集散力进一步提升

2022 年上半年上海发生了较大规模疫情，许多行业处于停工状态，但是浦东城市核心功能的关键领域（股票、期货、航运等）仍然继续运行，金融领域改革开放依然按照既定计划逐步推进，浦东金融核心区全球资源配置力影响力持续提升。

一是全球性的金融交易平台建设稳步推进。浦东已经成为全球各类金融交易市场、交易品种最为集中的区域之一，为了进一步提高浦东的金融全球配置能力，浦东新区政府按照社会主义现代化引领区的战略部署，加快重大金融交易平台建设，国际资产交易平台、大型商品仓单注册登记中心、大型场内贵金属储备库等都在抓紧建设与运行中。由此，浦东金融业发展相对高速，2022 年 1~6 月，浦东金融业完成增加值 2443 多亿元，同比增长 6.2%，大大高于其他行业，金融业占浦东 GDP 比重上升到 34.5%，其中融资租赁行业发展速度最快，上半年浦东租赁与商务服务业的增长率为 27.9%。1~8 月，浦东证券市场成交额同比增长 13.2%，期货市场成交额同比减少 26.6%，金融期货成交额同比增长 2.4%。在全球疫情依然严峻、国际大宗商品价格波动较大的背景下，浦东金融中心的全球影响力持续稳步增强。上海交易所大宗商品仓单注册登记中心青岛项目试点正式启动，我国期现融合发展迈出了坚实步伐，大宗商品的全球价格影响力显著提升。

二是金融创新持续推进。2022 年 7 月，浦东社会主义现代化引领区第一个产业发展基金正式设立，该基金建立了产业发展与技术产业化的"募、投、管、退"等闭环投融资体系，初步形成了"科技—产业—金融"的高水平高质量资金循环，将有力推动浦东以及长三角世界级产业集群发展。全球金融机构集聚浦东的态势持续发展，到 8 月底金融机构数达到 1163 家，同比增长 3%。一大批形式多样、职能错位的私募股权项目、创业投资项目和 S 基金项目相继落地，提高了浦东技术创新的融资便利程度。中国农业银行总行等国家级银行也积极参与浦东引领区重大项目建设和重点产业发展，引领区的金融基础设施建设水平与金融治理能力不断提升。

三是金融开放稳步前行。离岸金融与离岸贸易规则体系正在制定，金融开放的力度稳步加大。国家外汇管理局与上海市有关部门积极在浦东开展高水平跨境贸易投资试点，其中非金融企业外债便利化试点、私募股权投资基金跨境投资等 9 项资本项目已经实施。

（二）航运贸易核心区的全球功能稳步提升

上海港的集装箱吞吐量已连续 12 年稳居世界第一，在航运贸易总量位居世界前列的基础上进一步提升航运全球影响力与集散力成为浦东现代化引领区建设的重要目标之一。

一是积极探索建立与浦东国际航运服务有关的标准体系，提升浦东航运的国际影响力。制定与实施全国首个《船舶供应服务物料产品分类与编码》，首批覆盖港口航运的四大船供物料产品领域标准，并探索航运大数据标准体系与分类分级治理，提升浦东航运的全球话语权。

二是初步建成"大宗商品国际贸易生态集成区"。浦东新区政府颁布了《关于支持世博地区大宗商品国际贸易生态集成区建设若干措施》，旨在围绕若干大宗商品全球供应链，大力引进相关国内外企业与机构，建设全球大宗商品交易集群。积极开展大宗商品的人民币计价与结算，并探索大宗商品供应链治理创新，提升浦东在全球大宗商品领域的市场影响力与定价权。目前，有色金属国际贸易人民币跨境结算中心和定价中心初步形成，将扭转我国作为全球许多大宗商品的最大购买者但话语权不足的局面。

三是航运贸易创新扎实推进。国际航运改革开放步伐持续推进，船舶登记制度改革已经启动，洋山港海事局颁发了中国洋山港籍国籍证书电子证照，以及所有权登记证书等一系列证书。

（三）科技中心核心区的全球影响力初步显现

自上海提出建设具有全球影响力的科创中心以来，浦东作为全球科技创新中心的核心区充分发挥"双自联动"等优势，在科技重大基础设施建设、技术研发投入、科技体制改革与科技产业发展等方面取得了重大进步。浦东社会主义现代化建设引领区国家战略实施以来，浦东科技创新核心区的地位与作用更加突出，科技创新的全球引领作用初步显现。

一是具有全球影响力的重大科技基础设施集群初步建成，应用效果初步显现。目前张江科学城已经布局上海光源、软 X 射线等 10 个世界一流的国家级重大研究基础设施，大部分设施已经建成，并加速投入应用，少数设施如硬 X 射线自由电子激光装置等建设步伐提速，与重大科研设施关联的其他类型科研设施与机构也相继布局，张江科学城已初步形成有机联系与功能协调的世界级科研集群。例如，张江科学城建成了世界一流、综合能力最强的光子科研设施集群，将引领全球光子领域科学研究与技术开发，成为上海全球科技创新中心建设的基石。

二是积极引导企业提升技术研发总部的全球地位。浦东经过 30 多年的发展，一些高新技术企业经历了由小到大的过程，为充分利用浦东科技中心核心功能区整体创新资源，提升企业研发中心的全球地位，政府出台了一系列相关政策，助推浦东企业提升研发总部的全球地位。例如，华勤技术研发公司是一家从事半导体研发的公司，成立 10 多年来其研发成果令人瞩目，在浦东科技创新系列政策引导下，其研发总部扩建工程即使今年疫情期间也未停止建设，总部建成后可容纳 5000 名研发人员，大大提升对国内外人工智能产业人才与创新资源的吸引力，具有全球竞争力的企业技术创新平台即将形成。

三是科创板的制度与功能不断完善，进一步疏通了科技创新企业融资渠道。设立科创板是党中央为了加快全球科技创新高地建设的重大决策，三年来，科创板的制度不断完善，有效引导科技创新资源加速向各个行业领域的领军企业、专精特新企业集聚，金融与科技、产业之间的良性循环初步建立。到目前为止，已有 400 多家具有硬核技术的"隐形冠军"登陆科创板，其中浦东的企业就有 37 家，有力推动了浦东六大"硬核产业"加速发展。

（四）全球消费中心核心区初露光芒

"国际消费中心核心区"是继金融、贸易、航运、科技核心区之后浦东承担的又一项国家战略重任。在《中共中央国务院关于支持浦东新区高水平改革开放打造社会主义现代化建设引领区的意见》中，首次提出浦东现代化引领区要建设国际消费中心核心区，要成为"扩大国内需求的典范引领"。一年多来，全球消费中心核心区初露光芒。

一是浦东商业设施不断扩容与提质。浦东商业基础设施不断扩容，商业业态不断完善，浦东商业开发面积已经达到 1100 多万平方米，世界零售业百强企业 1/3 以上在浦东开店经营，浦东从 32 年前的农田崛起为上海国际零售商集聚度最高的城区。

二是"首店经济"强劲发展。大量的全球企业与商家纷纷在浦东开设首店，浦东已成为时尚消费、引领消费的全球高地。例如，上海国金中心商场成为全球小众高端美妆香氛的"全国首店"集中地，国际知名美妆香氛品牌 HR 赫莲娜、ELEMIS 艾丽美、THEGINAZA 御银座等云集该商场，市场人气旺盛。根据浦东商务委数据，仅仅 2021 年浦东就引进 156 家首店，"首店经济"成为浦东商业经济的亮点。

三是全球总部型平台型商贸企业发展迅速[①]。随着 RCEP 落地生

---

① 总部型商贸企业是指境内外机构在浦东新区设立的，具有销售、物流、资金管理、人事管理、投资咨询、研发和技术支持等综合功能的独立法人企业。平台型商贸企业是指通过电子商务平台（自有或者第三方电子商务平台）接受订单，面向消费者或者企业从事 B2B、B2C 和 B2G 批发零售业务的独立法人企业。作者根据浦东新区有关文件注。

效和"一带一路"建设的推进,作为对外开放的桥头堡,浦东总部型平台型商贸企业发展势头强劲。但是总部型平台型企业在开展全球交易遇到退换货问题时,操作环节较多、操作规范缺乏,由此带来退税流程复杂、操作成本高等问题。浦东新区针对不同类型的商业贸易企业进行了改革创新,促进了总部型平台型商贸企业迅速发展。2021年,总部型平台型商贸企业实现销售额39025亿元,占商销总额的69.1%,同比增长24.1%。总部型商贸企业实现销售额38006亿元,同比增长24.1%,其中排名前20的企业销售额占比超50%。2022年上半年总部型平台型商贸企业依然保持较高增速,浦东全球贸易消费功能不断增强。

(五)功能性全球组织机构的短板开始补齐

助推浦东全球功能发挥的国际组织功能区初步建成。浦东开发开放是在一片农田上开始的,张江高技术园区、陆家嘴金融贸易区等产业功能区首先得到快速发展。随着这些产业园区经济总量的迅速扩大,提升浦东城市国际国内辐射功能成为城市发展的目标,但是缺乏有国际影响力的国际组织与机构成为影响城市全球功能发挥的瓶颈之一。2021年7月,浦东前滩国际经济组织集聚区正式建立,在引领区政策的支持下,相关部门出台了《世博地区支持国际经济组织集聚发展扶持办法》等一系列支持国际经济组织落地与发展的政策,在房租补贴、资金奖励、政务服务与人才服务等多方面进行扶持。前滩国际经济组织集聚区迅速吸引了大批国际组织与机构集聚,目前已有13家国际组织进驻园区,例如联合国国际商会、世界核电运营者协会等。这些国际组织的落户与运行将有力提升我国相关企业的全球资源配置能力与话语权,例如,国际检验检测认证理事会落户浦东后,将推动浦东乃至长三角企业的认证标准以及检测结果的国际互认,并减少贸易壁垒、降低检测认证成本,更好地推动企业产品、服务走向世界。

（六）科技产业的"新赛道"不断拓宽

经过多年的培育与发展，浦东集成电路、生物医药与人工智能三大产业集群的整体优势已经形成，技术创新的国际影响力不断提升。浦东是全球集成电路产业链最为完善的地区之一，设计、制造、封装测试、设备材料等各个环节都集聚了国内外知名企业与机构，集成电路相关的企业与机构总数超过 500 家，其生产能力与综合技术水平的全球影响力不断提高。浦东生物医药产业集群发展十分迅速，张江地区集聚了 1600 家生物医药企业与机构，我国每三种创新药中就有一种来自张江科学城。张江科学城已经成为国内研发机构最为集中、创新实力最强的生物医药技术高地。人工智能产业集群加速发展，浦东新区政府颁布《浦东新区人工智能赋能经济数字化转型三年行动方案（2021~2023 年）》，从基础研究、硬件研发到数据处理、行业运用与场景试验的全链条人工智能产业高地已经形成，浦东成为全球顶尖人工智能公司的集聚地。"元宇宙"产业新赛道正在崛起，张江（元宇宙）数链产业基地是上海两个"元宇宙"特色产业园区之一。该产业园以"元宇宙"为核心，包含"元宇宙"链接、交互、计算、工具、生态五大环节。"张江数链"将形成完整的产业生态。

二 浦东全球资源影响力存在的问题

（一）高端要素的全球集聚力与辐射力还不大

一是全球金融资本配置能力还不够强。浦东已经成为全球金融要素市场最为齐全、最为密集的地区之一，截至 2022 年 8 月，浦东集聚了 1163 家金融机构，拥有股票、期货、债券、保险、信托、外汇等 13 家金融要素市场，但是浦东资本市场的全球配置功能还不够强。

上海证券市场 2021 年港股通买入金额达 19159 亿元，卖出金额为 18233 亿元①，两者之和只占上海证券市场总成交金额的 0.50%。期货交易市场方面，现货黄金、原油期货等期货近年发展较快，2021 年两者的交易规模均已位居全球前三；"上海金""上海油""上海铜"等大宗商品价格初显国际影响力，但是其作为全球大宗商品交易的价格发现与套期保值功能还不强。

二是全球航运资源配置能力不够高。2021 年，上海港集装箱吞吐量为 4703.3 万标箱，已连续 12 年保持世界第一，但是水水中转比例为 49.6%，其中国际中转比例为 13%。特别是航运金融、航运服务发展相对滞后，航运高端资源的全球配置能力还不高。2018 年上海机场在"全球最大航空枢纽连接度指数"排名中居第 24 位，国际航点占比为 45%，而伦敦希斯罗机场国际航点占比为 70.4%，两者差距较为明显。浦东机场的旅客中转率为 12%，与国际枢纽机场平均 25% 的中转比例有较大差距，与纽约机场的 30% 以及伦敦希思罗机场的 38% 中转比例相距甚远。

三是全球人力资源配置能力不显著。上海当前入境游客占旅游总人数比例约为 10%，而纽约和伦敦等城市这一数据均在 30% 以上。Wikipedia 城市统计显示，上海的外国出生人口占比仅为 0.83%，远低于伦敦、纽约、香港和新加坡 30% 左右的水平。政策方面，浦东在集聚全球人才机制创新上虽然走在全国前列，但是与国际领先城市相比整体上优势不明显。

四是全球数字资源配置的机遇还需要抢抓。近年来，浦东的数字经济、数字产业和数字治理发展已进入快车道。《2020 联合国电子政务调查报告》将上海"一网通办"经验作为经典案例写入报告，在联合国全球城市电子政务评估排名中，上海位列第九，首次跻身前

---

① 资料来源：上海证券交易所门户网，www.sse.com.cn。

十。限于全球数据资源开放程度的有限性，数字资源全球配置缺乏全面的可比性，只能够在数字通达度、网络限制和数字经济效益等方面进行粗略的比较。2020年联合国城市政府线上服务的调查显示，上海城市网络线上服务得分为0.775分，在86个城市中排名第9，但与纽约、巴黎等城市相比仍有不小差距。需要强调的是，数字经济、智能经济是当下国际顶级城市竞相争夺的技术高地，也是浦东实现跨越式发展的历史机遇。

（二）全球价值链生产链的构建与管控能力还不足

一是全球价值链的构建与引领力不强。浦东在全球价值链管控领域总体处于全球第二梯队，全球高端环节管控和价值链的引领能力仍显不足。2021年全球主要城市世界500强企业数量排名依次为北京60家、东京39家、纽约17家、伦敦15家、上海9家（位居第7，其中浦东6家）。2022年8月，浦东认定的跨国公司达到407家，浦东已成为跨国公司投资的热土，但是绝大多数是跨国公司的地区总部或分部，对全球价值链的构建与管控能力还不够强。另外，全球价值链的增值能力也不够强，主要表现为金融服务、会计服务、法律服务的发展水平还落后于纽约与伦敦。

二是全球价值链的外部资源吸引能力较强，但辐射能力不足。世界城市指数（GaWC）显示，上海先进服务业和制造业的"点出度"全球排名第七，逊色于"点入度"，"点出度"仅相当于伦敦的44.9%、纽约的61.8%，说明浦东在全球经济网络中的资源吸引力较强大，但辐射力不足。究其原因，浦东前期城市发展处于资源与要素集聚阶段，所以对资源的吸引力较强，而城市资源的辐射与扩散力不足。

三是当前少数国家采取"逆全球化"的竞争干预政策对浦东价值链升级影响已经显现，而且这种趋势大概率会持续下去。当前，美国等少数国家采取了"逆全球化"的做法，对同我国进行经济、技术贸易与合作采取了打压或者抑制的政策，且大概率这种趋势会持续下去。特别是芯片断供对浦东生产链的影响已经显现，浦东电子信息产业产值近年来已经出现连续较大波动。在全球供应链的"两链""三格局"总体态势难以发生决定性变化的情况下，提升自主创新能力与强化国内创新链成为浦东现代化的必由之路。

（三）自主创新"策源地"的影响力还不够大

近年来，上海与浦东在全球高水平科技创新中的贡献度稳步提高，已达到国际大都市的上等水平。根据上海科学技术情报研究所发布的《全球科技创新中心评估报告2022》，上海科技创新能力已位居全球第八，在国内城市全球创新网络中的地位仅次于北京，位居国内第二，但是上海在创新质量、创新主体数量、创新趋势等分项指标上还存在短板，特别是原始性创新数量不多，未能从根本上解决我国技术创新的"卡脖子"问题。浦东自主创新的引领力还有待增强，2021年浦东授权专利数为37543件，不到东京科技集群的1/12、纽约科技集群的1/3。

（四）全球资源配置的规则与治理主动权尚未掌握

全球资源配置规则可分为三个层面：国家参与多边国际组织建立的规则、企业参与国际行业组织建立的规则、全球垄断或者寡头企业利用自身的主导地位制定的规则。浦东在上述三个方面都不具备主动权。首先，全球投资贸易规则是二战后在发达国家主导下构建的有利于资本流动的规则，其歧视性是公认的，但短期内又难以改变。其次，浦东国际组织常驻机构较少，在全球性事务业务中影响力力较低。目前浦东只拥有一家国家层面的国际组织总部（金砖国家发展银行），以及为数不少的企业层面与行业组织层面的国际组织，但是与纽约（3115家）、伦敦（1361家）、巴黎（407家）相比，国际机构数量较少、层级不高。近年来，引进和培育国际组织与机构工作已经受到浦东新区政府的高度重视，其正在实施引进国际组织计划，但国际机构的数量与层级都亟待提高，国际话语权与规则治理能力急需增强。

三　思路与对策建议

（一）要创新思路积极打造"国内外战略链接"，在"双循环"中提升浦东核心区国家战略功能与全球影响力

面对百年未有之大变局，随着我国日益走向国际舞台的中央，以及构建人类命运共同体的实践不断深入，浦东面临新的发展机遇与新的目标任务，必须有新的思路与举措，落实浦东打造"国内外战略链接"的战略。

一要推进更高水平对内对外双向开放，促进对内对外开放良性互动。要转变对外开放的思路，对内开放要发挥浦东引领长三角经济高质量发展和提高城市群整体竞争力的作用；对外开放要发挥浦东带动我国参与国际经济大循环和全球经济治理的作用，做大做强战略链接功能，促进对内对外开放的良性互动。

二是紧紧抓住我国深度融入经济全球化与人民币国际化的机遇，丰富金融航运贸易中心的新内涵。随着我国对外开放不断走向深入，人民币国际化的步伐加快，要大力打通人民币国际化的双向通道，大力发展金融贸易航运高端产业，提升金融航运贸易中心功能与地位，建设人民币资产的全球配置中心。

三是抢抓新一轮技术革命的新机遇，加快提升经济科技的数字化、智能化水平，促进浦东国际竞争力弯道超车。习近平总书记说

"要牵住数字关键核心自主创新这个'牛鼻子'"①，浦东要抢抓数字技术、智能技术的机遇，大力发展数字货币、数字航运、数据贸易，促进传统经济数字化智能化改造，实现核心功能的跨越式发展。

四是强基筑链，实现自主创新的突破与创新链条的跃迁。在全球经济社会的大变局中，面对疫情与少数国家打压的严峻形势，要立足国内强大的经济实力，加强关键核心技术的研发与突破，构筑强大的国内价值链、创新链，提升国内价值链水平与浦东在价值链节点中的地位，提升浦东构建全球价值链的能力与节点地位。

（二）要以"啃最硬骨头"精神实施对内对外高水平开放，疏通全球高端资源配置的通道

一是着力构建金融高水平开放的规则与制度。围绕人民币可自由使用与资本项目可兑换的目标，充分利用自贸区金融开放的基础与经验，主动配合国家管理部门，积极推进离岸金融开放，发展人民币离岸交易、跨境贸易结算和海外投融资业务等，拓宽离岸与在岸金融双向通道。抓紧股票、债券、保险、期货等多层次资本市场制度完善、功能提升与产品丰富，提升"上海价格"的全球影响力，建设人民币全球资产配置中心。

二是加快航运高端服务业的开放与发展步伐。加快国际船舶管理服务创新改革，大力推进航运金融服务、海事服务与法律仲裁等航运高端服务业发展，支持航运交易所提升"上海航运指数"的影响力，创新开展业务订舱、船舶交易等业务。

三是建立全球高端人才"直通车"制度。加快落实海外"高精尖缺"人才审核权限下放，进一步提升人才出入境、居留、资格证书认可、创新创业等便捷程度。

---

① 《习近平谈治国理政》第四卷，外文出版社，2022，第206页。

四是抢抓数字经济、智能经济的先机。加快推进数据交易所与国际数据港的建设，积极推进数据有效流动与有效管理，超前建设新型基础设施，加快推进数字技术、智能技术的推广与运用，大力发展数字金融、数字航运、数字贸易，加快制定数字经济、智能经济的"浦东标准"，积极参与、引领国家与国际标准建设。

五是对内开放要有更大的力度。充分利用浦东金融优势、创新基础优势与开放优势，积极引进国企民企总部与分部（可以关注北京非首都功能疏解机遇），吸引国内"专精特新"企业落户；针对企业的国际业务比重，精准制定实施支持鼓励政策，促进我国跨国公司构建全球生产经营网络。

（三）要挑最重担子构筑浦东价值链、创新链的全球优势，提升浦东自主创新的全球引领力

一是必须突破一批关键核心技术与"卡脖子"技术。推动以张江科学城为主阵地的重大科研装置建设，积极探索重大科技基础设施的运行机制，促进专业研发集群发展，突破一批关键的"卡脖子"技术。围绕关键技术的价值链、创新链与生产链，落实《引领区意见》中提出的企业所得税、个人所得税等相关优惠政策，吸引国内外企业的集聚与发展，加快打造集成电路、生物医药、人工智能世界级产业集群。

二是主动筑强长三角优势产业链。主动融入长三角战略，加快建设浦东与长三角连接的立体交通运输体系，提升全球航运中心体系硬件水平。主动推进长三角自贸试验区联盟建设，推动集成电路、生物医药制造等有关政策与长三角地区对接融合，促进浦东产业链条与长三角有关产业的融合与重构，提升产业链的国际竞争力与创造力。

三是区域整体创新体系要显现国际竞争力。加快科技创新体制改

革步伐，拓宽基础研究、应用研究和产业化双向链接的快车道，创新研发机构的管理模式，加快落实《引领区意见》中有关创新激励的机制政策。着力完善全过程的创新孵化体系、全链条的科技公共服务体系、全覆盖的科技投融资体系、全方位的知识产权体系，加大孵化器、加速器建设的力度，促进浦东区域创新体系显现国际竞争力。

四是推动国有资本在自主创新中发挥更大的作用。推动国有资本加大创新创业投资的力度，做大做强"引领区基金"，探索国有资本直接投资科技产业的方式途径，发挥浦东国有资本在自主创新中的作用。

（四）要以打最强"王牌"的勇气加大系统集成改革力度，让浦东治理体系吸引全球注意力

一是加快系统集成改革的步伐。对标《全面与进步跨太平洋伙伴关系协定》等国际高标准经贸标准，积极推进制度型开放。在投资准入、新型国际贸易、高端服务、数据跨境流动、国际商事争端解决等方面实施更深更大的压力测试，为全国探索经验，为增强浦东全球资源配置能力提供更加开放便捷的制度环境。

二是加强政策系统集成创新促进价值链的高端产业发展。利用浦东全方位开放、多方面政策的优势，综合运用国家和上海市有关政策，发挥浦东的优势，加强政策的系统集成创新与微观设计，分别制定实施促进大企业开放式创新中心、全球运营商计划、全球资产管理中心、跨国公司总部等高端产业发展的政策体系，促进价值链核心环节发展。

三是大力引进和支持国际功能性社会组织发展与开展活动。推进国际经济组织集聚计划（GOC），吸引培育与浦东经济功能相适应的国际商会、行业协会、同业公会等国际经济组织，打造国际经济组织发展与开展国际活动的专业集聚区。

四是提升浦东区域治理体系的国际影响力。持续深入推进"一网统管"，拓展管治范围和领域，增加政府服务内容，增强治理功能，率先构建与最开放区域相适应的高水平治理体系，使国际资本、人才、技术、信息能够感受浦东治理的吸引力，显现"中国治理"的优越性。

五是人民城市建设要彰显国际形象。适应人的全面发展的需求，以人民城市理念为引领，对标国际一流宜居城市，积极落实中央和上海市相关政策举措，全面协调推进浦东城市建设、经济建设、社会建设、生态建设、文化建设，使美丽浦东的国际吸引力更加显现。

参考文献

上海社会科学院 2021 上海重点产业国际竞争力研究课题组：《构筑新开放优势，在新发展格局中提升产业国际竞争力》，《上海经济》2021 年第 6 期。

徐珺等：《上海建设具有世界影响力的现代化　国际大都市的经济功能及其提升路径》，《科学发展》2021 年第 12 期。

〔美〕丝奇雅·沙森：《全球城市：纽约、伦敦、东京》，周振华等译，上海社会科学院出版社，2011。

《2020 年的城市投资监测报告》，2020。

《中共浦东新区委员会关于制定浦东新区国民经济和社会发展第十四个五年规划和二〇三五年远景目标的建议》，2020 年 12 月 16 日。

B.9
浦东新区总部经济发展
现状、问题与建议

文　雯*

摘　要： 发展更高能级的总部经济是"十四五"时期浦东新区总部经济建设的重要目标，该目标将浦东新区发展更高能级总部经济分解为增能和扩量两个主要任务。本文通过考察浦东新区总部经济的发展现状，总结总部经济的发展模式与路径，明确当前浦东新区向更高能级总部经济迈进的基础和起点。通过对浦东新区总部经济竞争力的多维度比较，进一步总结出浦东新区总部经济发展的优势与短板，以此提出构筑更具韧性和稳定性的总部经济发展环境、增强本土企业总部的集聚力和引领力、培育总部经济的新业态新模式等三个方面建议，为提高浦东新区总部经济能级提供思路与抓手。

关键词： 浦东新区　总部经济　产业集群

　　总部经济是产业集群发展的一种高级形态。上海是我国总部经济的重要发源地和总部经济发展的领头羊，浦东新区是上海总部经济发展的重要承载区。2021 年 7 月《中共中央国务院关于支持浦东新区

---
* 文雯，上海社会科学院经济研究所副研究员，主要研究方向为政治经济学。

高水平改革开放打造社会主义现代化建设引领区的意见》出台，赋予浦东新区新的历史使命，也对浦东新区总部经济发展提出新的要求，即"发展更高能级的总部经济，统筹发展在岸业务和离岸业务，成为全球产业链供应链价值链的重要枢纽"。对于浦东新区而言，从当前总部经济发展的起点上向更高能级的总部经济迈进，既是促进我国形成更高水平开放型经济新体制的重要抓手，也是助力上海打造国内大循环的中心节点、国内国际双循环的战略链接，主动服务新发展格局的重要支撑。

一　浦东新区总部经济发展现状

发展总部经济能够为总部所在地带来税收、就业和消费贡献，也有助于提升当地的资源配置力、产业竞争力和影响力。全球许多城市和地区都在规划和推动总部经济的发展，但是由于资源禀赋、市场环境、产业基础的差异，不同地区的总部经济呈现各自的规模结构特征和功能集聚性。

（一）浦东新区总部经济的规模和结构特征

总部经济的形成源于不同资本来源、不同规模的总部企业或机构的集聚，在集聚的基础上形成一定的规模与结构，进而反映总部经济的能级。跨国公司地区总部集聚是浦东新区总部经济发展最突出的特征。2021年末，浦东新区的跨国公司地区总部数量达到389家，占全市的比重为47%。从增量上看，2002~2017年浦东新区平均每年新增的跨国公司地区总部数为17家，2018~2021年提高到每年27家，增幅明显。为了进一步提高总部经济能级，浦东新区一方面积极引入高能级总部，另一方面支持已经落户的企业总部实现功能升级，业务范围向亚太区和全球拓展。截至2021年末，浦东新区获认定的

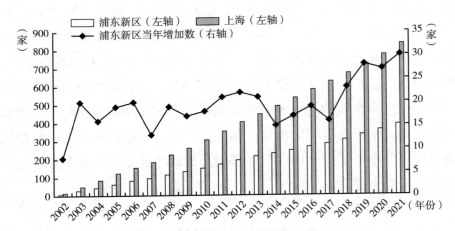

图1　2002～2021年浦东新区和上海的跨国公司地区总部数量

资料来源：2019～2021年《上海浦东新区统计年鉴》和2022年浦东新区人民政府工作报告。

亚太区总部数量已超过60家，占全市的比重达到40%以上。

中央企业、地方国有企业、民营企业组成的本土企业总部是浦东新区总部经济中正在快速发展的力量。中央企业是我国本土世界500强企业和本土跨国企业的重要组成部分，也是我国经济的稳定器和压舱石。北京是中央企业总部的主要驻地，近年来由于北京疏解非首都功能，部分中央企业总部外迁或形成"双总部"模式，上海、武汉、西安、河北雄安新区成为中央企业总部的主要迁入地。为了更好地引入中央企业，近年来浦东新区重点打造世博园区作为中央企业总部集聚区，目前已有中国宝武、中国商飞等28家中央企业总部、中央企业关联性公司或业务板块入驻，对上海和浦东新区产业发展产生了极强的带动效应。

民营企业是我国经济中拉动就业、稳定增长、促进创新的重要力量。疫情期间，民营企业积极发展新经济、新业态、新模式，展现出极强的韧性。近年来，浦东新区集聚了一批民营企业中的行业龙头企业、国家级和市级专精特新企业。截至 2021 年末，浦东新区获得上海市认定的民营企业总部累计达到 88 家，占全市的比重达到 23%。

（二）浦东新区总部经济的功能集聚力

企业总部承担的职责功能决定了总部所在地的资源配置力和国内外市场的链接力。多年来，浦东新区不断优化总部企业结构，集聚核心功能，与上海"五个中心""四大功能"建设紧密对接，为提升上海城市能级和国际竞争力提供了重要支撑。

在金融资源配置和专业服务功能集聚方面，浦东新区以陆家嘴为中心，吸引银行、证券、基金等传统金融机构落地，同时积极引入金融科技、在线新经济等多种金融和经济新业态。"十四五"期间，陆家嘴着力打造全球专业服务业集聚地、全球资产管理中心核心功能区。现已汇聚全球顶级会计师事务所、律师事务所、咨询公司，多家国际知名资产管理机构在陆家嘴设立外资资产管理公司，为浦东新区发展高能级总部经济提供最佳的专业服务。

为了更好地连接和打通国内外市场，发挥贸易型企业的采购、营销、物流等功能，浦东新区积极引入贸易型总部企业，支持发展服务贸易、离岸贸易等各类新型贸易。自 2016 年上海启动贸易型总部认定以来，到 2021 年末浦东新区累计认定的贸易型总部数量增加到 88 家，占全市的比重达到 38%。

为了进一步增强航运资源配置力，浦东新区加快集聚和引进总部型航运企业、航运功能性机构、国际航运组织，现已汇聚包括航运制造、航运物流、航运服务等全产业链航运企业超过 10000 家，国际船舶管理企业占全市的 69%，上海国际航运中心核心区建设得以深化。

在研发创新资源配置和功能集聚方面，浦东新区凭借跨国公司地区总部、国内大企业总部集聚的优势，进一步吸引和支持企业建设研发中心，打造高能级的创新资源集聚地。外资研发中心是浦东新区嵌

159

入全球创新网络的重要接口，也是助力上海建设具有全球影响力的科技创新中心的重要载体。2017~2021年，在浦东新区设立的外资研发中心从227家增加到256家，占全市的比重始终保持在50%以上。2021年7月，浦东新区发布大企业开放创新中心计划（GOI），进一步加快技术创新资源整合与赋能。到2021年末，已经成立包括罗氏中国加速器、百度飞桨人工智能产业赋能中心在内的34家大企业开放创新中心。2022年1~8月又新增巴斯夫开放创新中心、联想上海开放创新中心等13家大企业开放创新中心，累计达到47家，成为汇聚、孕育和引领创新的重要枢纽。

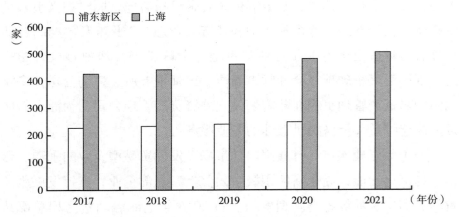

图2　2017~2021年浦东新区和上海市外资研发中心累计数

资料来源：2018~2022年《浦东新区人民政府工作报告》。

二　浦东新区总部经济发展路径

总部经济的形成和发展既源于经济全球化，也是政府推动的结果。浦东新区在总部经济的规划和实践中，始终发挥有效市场和有为政府的结合作用，以制度创新为引领，全面打造市场化、法治化、国际化的营商环境，形成具有一定规模、功能集聚效应突出的总部经济，为我国探索总部经济发展之路迈出了坚实的步伐。

（一）推进高水平制度型开放，增加总部经济发展优势

总部经济是开放型经济的重要组成部分，推进高水平制度型开放是推动总部经济向更高能级发展的必由之路。长期以来，浦东新区立足发展实际，用足用好制度创新优势，在市场准入准营、投资贸易便利化、知识产权保护等涉及规则、规制、管理、标准的关键领域，推出一系列首创性、集成性的改革举措，建立起与国际经贸通行规则相衔接的制度体系，既激发了总部经济效能，又在促进总部经济发展的制度供给上形成引领和示范。

第一，不断放宽市场准入，破解企业"准入不准营"的难题。为了营造更加自由化便利化的投资经营环境，浦东新区对外商投资严格落实准入前国民待遇加负面清单管理制度。2021年版的自由贸易试验区外商投资准入负面清单事项已缩减至27条，在提高管理精准度的同时，为外商投资提供了更加广阔的空间。在提高企业登记注册便利性方面，浦东新区借鉴国际先进经验和商事通行规则，推动以信用约束为基础的商事登记制度。从2021年开展"一业一证"改革试点到2022年施行市场主体登记确认制、推进市场准营承诺即入制改革，市场准营的效率不断提高，企业获得了更大的经营自主权，制度性交易成本显著降低。

第二，从制度上打通商品、资源、要素跨境流通的堵点，提高跨国企业运营的便利度。资本自由流动是促进总部经济发展的重要条件。为了便利跨国企业跨境资金集中运营管理，提高企业内部资金跨境统筹使用效率，浦东新区金融部门开展跨国公司本外币一体化资金池业务，帮助企业降低融资成本和汇兑风险。在推进跨境贸易便利化方面，浦东新区支持发展离岸贸易、货物转手买卖贸易等新型贸易，

在国内率先上线"离岸通"平台，为离岸贸易真实性审核提供了技术支撑。为了推动研发便利化，浦东新区海关部门创新监管制度和模式，在全国率先开展生物医药特殊物品入境检疫改革试点。在减免税扶持方面，对认定的研发机构推出进口设备免税政策，进一步降低研发成本。通过一系列制度创新和流程优化，满足了跨国企业在资金管理、跨境贸易、通关便利化上的要求，为企业总部拓展业务、集聚功能，提供了制度保证。

第三，从法治建设上保障高水平改革开放，既增强了制度约束又稳定了市场预期。2021年10月以来，《上海市浦东新区深化"一业一证"改革规定》《上海市浦东新区市场主体退出若干规定》等一批立足改革创新实践需要的浦东新区法规颁布出台，聚焦市场准入准营、市场主体退出行为等重要事项，对企业行为形成更加清晰的引导和有力的约束，为改革的顺利推进和市场的高效运行，提供了坚实的法治保障。

构建知识产权保护高地，营造更加公平公正的市场环境。2021年12月1日正式施行的《上海市浦东新区建立高水平知识产权保护制度若干规定》，在深化知识产权综合管理、强化知识产权全链条保护方面提出了一系列创新举措，有助于进一步激发市场主体的创新活力。在提升知识产权服务质量、推动知识产权服务创新方面，浦东新区依托中国（浦东）知识产权保护中心，面向重点产业、战略性新兴产业等领域，提供专利快速审查、快速授权、快速确权、快速维权的协同保护，使企业获得知识产权保护的力度明显增大。

（二）打造精准高效的政策服务体系，引领总部经济发展方向

浦东新区政府在总部经济发展中起着重要的规划和引导作用。从总部企业（机构）类型的认定到总部经济财政扶持框架的形成，都是政府从有利于经济增长、产业升级、就业创造、技术创新的角度进

行规划和设计的结果。浦东新区政府也是总部经济的"守护者",通过打造品牌化、矩阵式的总部经济服务体系,不仅缩短了企业与本地营商环境的适应与磨合过程,也为总部企业向多功能复合型发展提供了必要的支持与协助,增强了总部企业长期扎根浦东新区的信心。

第一,发挥财政扶持政策对总部经济主体的激励和引导作用。

"十二五"期间,浦东新区促进总部经济发展的财政扶持政策仅覆盖跨国公司地区总部、国内大企业总部和区域性总部三类总部企业。随着总部经济规模的扩大和总部经济主体的多元化,"十三五"期间,促进总部经济发展的财政扶持政策进一步扩大到营运总部、高成长性总部和国际组织(机构)地区总部。"十四五"期间,浦东新区围绕发展更高能级总部经济的要求,针对总部经济主体落户、增资、产生经济社会贡献、提升能级等重要事项,打出一套财政扶持组合拳,旨在激励总部企业做大做强,深度融入本地发展,为巩固和提升总部经济核心功能提供了根本保证。

第二,建立多层级、多维度的政企沟通服务机制,增强总部企业在浦东新区长期投资发展的信心。

在强化政企沟通方面,浦东新区政府、外商投资企业协会、工商业联合会等牵头,协调海关、税务、工商等多个部门,以主动上门走访、圆桌会议、专题座谈会的形式,进行政策传达和讲解,集中了解企业的发展需求,及时为企业答疑解惑。在服务机制建设方面,以"赋能、融合、共赢"为理念,依托总部经济共享服务中心(平台),整合政府与社会两种资源,为企业提供综合解决方案。聚焦总部企业不同发展阶段的需求,建立包含"赋能工具包"、总部经济创新工坊、企业权益协调中心、总部企业资源库、总部经济生态联盟、"投资浦东"信息服务平台等内容的综合服务体系,为总部企业提供集成化、精准化、专业化的服务,使总部企业能够快速融入本地营商环境。依托浦东新区产业集群优势、专业服务机构密集和创新资源集聚优势，助力企业进行业务资源整合，向高能级总部升级，形成扎根浦东、深耕中国、辐射亚太、引领全球的发展模式。

（三）创新总部经济主体引育方式，培育总部经济发展动能

在总部经济的引育对象上，进一步瞄准本土企业总部，培育总部经济发展的新增长极。浦东新区具有承接中央企业总部落户的优质环境和扎实的产业基础，能够为中央企业的全球化发展、参与"一带一路"建设提供更好的平台。目前，中央企业总部或总部型机构在世博园区已形成一定的集聚规模，"十四五"期间浦东将进一步提高中央企业集聚密度，发挥集聚效能。在此基础上，依托"中国（上海）自由贸易试验区央地融合发展平台"更好地助力央地实现优势互补、强强联手、融合发展。同时，浦东新区正在打造张江民营企业总部集聚区，积极吸引全国和长三角地区的民营龙头企业落户，助力民营企业提速发展，深度融入浦东新区引领区建设。从综合效应来看，本土企业总部方阵的壮大，不但丰富了浦东新区总部经济的类型、活跃了总部经济生态，更重要的是增强了内外资总部企业之间的互联互通，促进国内国际双循环在更广领域、更深层次的链接。

在总部经济主体的引育方式上，既强调政策的引导，更注重发挥总部经济内生的集聚效应和溢出效应。2020年12月在外高桥正式启动的"全球营运商计划"（GOP），旨在培育一批具有全球资源配置能力的全球营运头部企业。针对企业的个性化需求，量身定制政策支持包，集多部门之力协调帮助企业解决运营堵点，提升运营能力。为了发挥跨国企业和国内大企业的全球创新网络优势，推动企业研发向开放式创新转变，2021年7月浦东新区发布大企业开放创新中心计划（GOI）。该计划由行业龙头企业、细分领域领军企业发起建立，目前主要涵盖人工智能、生物医药等战略性新兴产业。该计划的实施有助于打破创新壁垒，加速集聚各类创新主体和创新资源，在放大创

新优势的同时，提高创新活力和技术成果转化率，为促进跨国企业与本土企业、大中小型企业协同创新打开新局面。

三　浦东新区总部经济的竞争力比较

近年来，国内外总部经济的竞争越发激烈，尤其是在疫情发生后，全球产业链和供应链面临重组，全球经济发展不确定性增加。发展高能级的总部经济意味着增强经济发展的韧性，把握未来发展的主动权。

（一）浦东新区、香港、新加坡的总部经济竞争力比较

在全球经济板块中，亚太地区既是增长的引擎，也是最具活力的区域，中国香港、新加坡是亚太地区跨国公司高度密集的区域。根据毕马威的报告，在跨国公司设立的亚洲区域总部中，选址在新加坡、中国香港的分别占46%和37%，科技类跨国公司设立的亚洲区域总部中，选址在新加坡、香港的分别占59%和18%[1]。

中国香港和新加坡发展总部经济最大的优势在于金融市场发达，投资贸易环境高度自由化、便利化，税制简单、税率低，因此二者的总部经济发展模式以吸引全球企业总部为主，主要表现为跨国公司地区总部的数量在亚太地区遥遥领先。而香港和新加坡发展总部经济也存在明显的短板，即缺乏广阔的经济腹地，本土企业的发展空间有限，在世界500强企业的数量上落后于浦东新区。

在总部经济生态中，除了有大型跨国企业，也有独角兽企业、瞪羚企业[2]这类有代表性的高成长性、高估值企业。在这两类企业的

---

[1]　资料来源：https://sbr.com.sg/markets-investing/news/singapore-beats-hong-kong-top-asian-location-mnc-headquarters。

[2]　胡润研究院选择独角兽企业的标准是成立于2000年之后，估值10亿美元以上的非上市公司；选择瞪羚企业的标准是成立于2000年之后、3年内最有可能达到独角兽级10亿美元估值的高成长性企业。

集聚度上，浦东新区领先于香港和新加坡，表明浦东新区具有良好的企业培育生态和总部经济发展潜力。由此看来，浦东新区发展高能级总部经济，必须抓住本土企业发展壮大带来的总部经济增能潜力，加快集聚和培育一批本土跨国公司和企业总部，形成内外资总部企业双轮驱动的发展格局，这是浦东新区总部经济能级提升的重要方向。

表1 浦东新区、香港、新加坡的世界500强企业、全球
独角兽企业、全球瞪羚企业数量

单位：家

区域	世界500强企业	全球独角兽企业	全球瞪羚企业
浦东新区	8	29	27
中国香港	7	7	1
新加坡	3	7	10

资料来源：2022年《财富》世界500强排行榜、胡润研究院《2021全球独角兽榜》和《2021胡润全球瞪羚企业》、《上海2021年胡润全球独角兽企业名单》、《上海2021年胡润瞪羚企业名单》。

（二）浦东新区集聚本土企业总部的竞争力比较

"十四五"期间，北京、深圳、武汉、南京等城市和雄安新区等发展新区，均出台了促进总部企业、总部经济高质量发展的政策方案，重点瞄准世界500强企业、中国企业500强、中国民营企业500强、大型中央企业、行业龙头企业等进行招商引资，对总部企业落户、产生的经济贡献以及能级提升给予高额奖励，在人才引进、人员出入境、货物通关等方面为总部企业提供便利化服务，将做大做强总部经济作为推动本地经济高质量发展的重要引擎。再者，在疏解北京非首都功能的政策导向下，近年来中央企业总部加速外迁，深圳、武汉、雄安新区等中央企业总部主要迁入地，总部经济实力明显增强。

在这种竞争格局下，吸引和集聚本土高能级总部的能力在很大程度上决定了总部经济的竞争力和未来的发展潜力。

表2 "十四五"期间部分城市和地区促进总部经济高质量发展的政策比较

城市（地区）	总部经济发展方案	重点引进总部企业类型
北京	《北京市促进总部企业高质量发展的相关规定》	①跨国公司地区总部、外资研发总部 ②符合首都城市战略定位、战略决策能力强、资源调动范围广、持续发展潜力大的企业
深圳	《深圳市鼓励总部企业高质量发展实施办法》	①世界500强跨国公司地区总部 ②符合深圳战略性新兴产业和未来产业发展方向的企业 ③符合深圳产业发展战略和产业政策，具有重大产业支撑作用或具有科技引领作用的总部企业
武汉	《武汉市加快推进总部经济高质量发展的政策措施》	世界企业500强、中国企业500强、中国民营企业500强、中国制造业企业500强、中国服务业企业500强、大型中央企业
南京	《南京市总部经济发展三年行动计划（2022~2024年）》	①世界企业500强、中国企业500强、央企、大型跨国公司、行业领军企业等头部企业的综合型、区域型总部 ②瞪羚企业、独角兽企业等高成长性企业 ③高端研发机构和专精特新企业 ④"一带一路"我国中西部节点城市、长三角和南京都市圈知名企业
雄安新区	《河北雄安新区支持北京非首都功能疏解总部企业创新发展的六条措施》	①综合型总部企业：中央企业以及世界企业500强、中国企业500强等大型企业集团向新区疏解设立（含迁址或新设）具有独立法人资格的二级、三级公司 ②金融总部企业：向新区疏解（含新设立）的各类法人金融机构总部 ③科技型总部企业：向新区疏解属于国家"十四五"发展规划中的科技前沿攻关领域的科技型企业或研发机构

注：笔者整理得到。

浦东新区在集聚本土企业总部方面，既有强项，也有弱项。在《2022 中国企业 500 强》榜单中，浦东新区共有 14 家企业上榜，分别占上海和全国所有上榜企业总数的 45% 和 2.8%。在《2022 中国民营企业 500 强》榜单中，浦东新区共有 5 家企业上榜，分别占上海和全国所有上榜企业总数的 28% 和 1%。在《2022 中国跨国公司 100 大》榜单中，浦东新区共有 4 家企业上榜，分别占上海和全国所有上榜企业总数的 50% 和 4%。在国资委监管的 98 家实业类中央企业中，浦东新区共有 3 家，分别占上海和全国总数的 50% 和 3%。可见，浦东新区在集聚中央企业、综合实力强劲的国内大企业方面有较强的实力，但是集聚和培育民营企业总部的能力稍弱。

表 3　浦东新区和上海市中国企业 500 强、中国民营企业 500 强、中国跨国公司 100 大和实业类中央企业数量

单位：家

	中国企业 500 强	中国民营 企业 500 强	中国跨国 公司 100 大	实业类中央企业 （国资委监管）
浦东新区	14	5	4	3
上海	31	18	8	6

资料来源：作者根据中国企业联合会、中国企业家协会发布的《2022 中国企业 500 强》《2022 中国跨国公司 100 大》榜单，全国工商业联合会发布的《2022 中国民营企业 500 强》榜单以及国资委公布的最新中央企业名录整理得到。

综合来看，浦东新区总部经济发展向高能级跃升的主要短板在于：第一，在集聚跨国公司总部方面，亚太区级别以上的高能级总部占比不高，总部经济的全球影响力和辐射力不足；第二，集聚和培育的民营企业总部数量有限，在一定程度上制约了总部经济新动能的形成。

四 浦东新区发展更高能级总部经济的政策建议

身处中国改革开放最前沿，市场优势、制度创新优势和区位优势是浦东新区总部经济向高能级跃升最有利的条件。长三角区域的产业集群优势、强大的供应链配套能力、富集的人力资源、完善的创新创业生态，为浦东新区总部经济向高能级跃升提供了有力的支撑。近年来，由于地缘政治、贸易摩擦等因素，部分跨国公司将产业链和供应链进行近岸化、分散化布局，将部分供应链转移到东南亚地区。同时，疫情冲击加剧了经济发展的不确定性，投资者趋于谨慎，市场观望情绪加重，对浦东新区总部经济平稳向前发展造成一定的压力。要化解这些不利因素的影响，浦东新区需要在进一步稳固总部经济发展的基础上，挖掘总部经济发展的潜能，打造总部经济的新增长极。

（一）构筑更具韧性和稳定性的总部经济发展环境

疫情之后，产业链、供应链的安全性、稳定性和可控性成为企业全球布局的重要考虑。构筑更加安全、稳定的总部经济发展环境，有助于进一步获得总部企业的认可，提振总部企业在浦东新区长期发展的信心。为了构筑具有韧性、稳定性的总部经济发展环境，首先需要进一步增强政策的连贯性、通达性和可预期性。一方面，通过完善和拓展政企双向沟通渠道，及时了解和回应总部企业的关切和需求，消除政企间信息不对称；另一方面，通过政策讲解，帮助企业准确把握政策方向，用好用足政策，增强企业对市场变化的调适能力。

其次，进一步促进企业间的互联互助，发挥中央企业、地方国有企业、行业头部企业在稳固总部经济上的示范带动作用，增强总部经济的韧性。疫情冲击导致不少外资企业在未来发展计划上摇摆不定，行业头部企业的发展动向直接影响其他企业的选择。通过加快中央企业、地方国有企业、行业头部企业的落户和投资项目的落地，对产业链上下游、行业内的其他企业形成传导和示范作用；通过政策引导和牵线搭桥，促进产业链上下游、大中小型企业在技术上、供应链和资金链上相互支持，共同维护产业链供应链的安全与稳定。

（二）增强本土企业总部的集聚力和引领力

吸引和培育总部机构在浦东新区的本土跨国企业，发挥浦东新区助力本土企业"走出去"的跳板作用。基于世博片区中央企业总部集聚的特征，进一步完善企业对外投资公共服务体系，助力中央企业深入开展国际经贸投资合作，开拓海外市场。一方面继续服务中央企业对"一带一路"沿线国家的投资建设；另一方面，基于区域全面经济伙伴关系协定（RCEP）已正式生效，辅助中央企业用好用足RCEP规则，到RCEP区域进行产业链、供应链布局，拓展全球经营的深度和广度，更好发挥浦东新区在中央企业对外投资中的"桥头堡"功能。

加大对民营企业中龙头企业和领军企业的吸引和集聚力度，重点打造张江民营企业总部集聚区，为民营企业总部落户与发展，提供全生命周期、全链条式的服务与支持。发挥浦东新区专业服务机构集群优势，搭建金融机构、上市服务机构与企业对接的平台，帮助民营企业总部解决信贷融资需求，助力企业到资本市场上市。完善民营高成长性企业的发现和培养机制，依托大企业开放创新中心，为中小型民营科技企业进行创新赋能，使其加快成长为专精特新企业、科技小巨人企业。

（三）培育总部经济的新业态新模式

集聚和培育数字化跨国企业，抢占数字时代总部经济发展的制高点。数字技术的发展孕育了一批以"轻资产""重销售"为显著特征的数字化跨国企业，这些企业在规模扩张速度上明显快于传统跨国企业。依托中国（上海）自由贸易试验区跨境电子商务示范园区、"丝路电商"合作交流先行区等平台，积极引进大型跨境电商、平台型企业、互联网头部企业等数字化跨国企业，抓住数字时代总部经济能级提升的新机遇。

发挥离岸贸易与总部经济之间的双向互促效应。离岸贸易是国际贸易的新增长点，离岸贸易龙头企业的集聚将带动总部经济能级的提升。充分发挥中国（上海）自由贸易试验区临港新片区离岸贸易集聚、跨境金融创新试点的叠加优势，在更加便利化的新型国际贸易结算体系和升级版的本外币一体化跨境资金池政策支持下，借助离岸贸易平台体系，集聚和培育一批全球资源配置能力强的离岸贸易总部企业，在提升总部经济能级的同时，进一步强化离岸贸易功能集聚，形成离岸贸易与总部经济之间的双向互促关系，更好地服务于上海打造国内大循环的中心节点、国内国际双循环的战略链接这一功能定位。

参考文献

江若尘：《世界与中国跨国公司发展趋势及对上海未来发展的影响》，《科学发展》2016 年第 5 期。

上海市浦东新区商务委员会：《浦东新区"十四五"期间促进总部经济发展财政扶持办法》，2022 年 1 月 26 日。

上海市浦东新区人民政府：2018~2022 年《浦东新区人民政府工作报告》。

杨波、汪曾涛、郑睿等：《新形势下上海发展"五型经济"的挑战和对策思路》，《科学发展》2022 年第 1 期。

张武晴：《上海构建国际一流总部经济生态圈的关键及建议》，《科学发展》2020 年第 7 期。

B.10
发挥大企业开放创新中心作用，
提升浦东自主创新功能

张伯超 *

摘　要： 大企业开放创新中心是助力浦东做强创新引擎和自主创新新高地的重要抓手。浦东大企业开放创新中心建设工作正在加速推进，聚焦浦东重点科技产业领域，其技术赋能持续扩大，创新溢出效应开始显现；金融赋能持续提升，要素支撑功能日益强化；生态赋能持续优化，区域创新氛围日益浓厚；新赛道赋能持续推进，科技创新新战场加速开辟。但是，当前浦东已建成的大企业开放创新中心也存在公共技术服务平台等基础设施建设力度不够、供需对接机制不畅、创新成果知识产权亟待进一步完善、与双创载体缺乏联动合作等问题。因此，未来浦东应当通过增强大企业开放创新中心的孵化服务功能、建立大企业开放创新中心的耦合发展机制、优化大企业开放创新中心的考核评价细则、加强大企业开放创新中心的氛围营造工作等，强化科创引领功能，更好地服务浦东引领区建设工作。

关键词： 大企业开放创新中心　自主创新　浦东新区

---

* 张伯超，经济学博士，上海社会科学院经济研究所助理研究员，主要研究方向为数字经济、科技创新。

2021 年 7 月 15 日，中共中央国务院发布《关于支持浦东新区高水平改革开放打造社会主义现代化建设引领区的意见》，要求浦东"全力做强创新引擎，打造自主创新新高地"。在此背景下，浦东新区迅速落实文件精神，于 2021 年 7 月底正式发布大企业开放创新中心计划（以下简称"GOI 计划"）。所谓大企业开放创新中心，即以大企业为发起建设主体，具备开放意识和路径，能够与外部共享自身资源，建设双向开放通道，已建立或者有意向建立的外部创新合作载体。"GOI 计划"是浦东推出的六大功能性引领项目之一，项目提出"三年建设大企业开放创新中心 100 家以上，赋能高质量创新企业5000 家以上"目标，旨在吸引集聚创新力量、实现协同创新，从而做强创新引擎，打造自主创新的新高地。

一　大企业开放创新中心赋能浦东新区做强创新引擎和自主创新新高地的四大作用力

截至 2022 年 8 月，浦东大企业开放创新中心累计授牌 47 家，集聚赋能合作伙伴 36 家，积极构建"政产学研金服用"七位一体的赋能体系。"GOI 计划"实施一年来，通过四大作用力赋能浦东新区做强创新引擎和自主创新新高地。

一是赋能牵引力。各家大企业开放创新中心结合自身资源优势，积极探索特色赋能模式，赋能企业总量超 2000 家。技术赋能深入拓展，1100 余家中小企业实现技术创新突破；商业赋能粲然可观，近60 家企业获大企业超 2.07 亿元合作订单；生态赋能生机勃勃，300余场活动赋能项目超 580 个，覆盖企业 3000 余家。

二是平台辐射力。大企业强强联手，共同搭建"百度飞桨大企业开放创新中心联合赋能计划"等局域网生态；信贷赋能持续发力，16 家银行合作伙伴为赋能企业保驾护航；投资赋能展现张力，累计

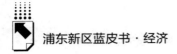

促进 68 家企业获得融资超 37.46 亿元。

三是根植发展力。大企业开放创新中心已成为促进优质项目招引、培育、根植发展的重要平台载体，累计为浦东引进新注册企业超过 300 家。与本土孵化器、园区深度合作，微软人工智能和物联网实验室与张江孵化器合作，推动赋能企业在人工智能岛场景落地。

四是品牌影响力。大企业开放创新中心已成为浦东创新发展的重要名片。2021 年央视《新闻联播》对浦东"GOI 计划"进行报道，2022 年央视经济频道《经济半小时》栏目对浦东正在推进的"GOI 计划"进行全方位采编。

二 "GOI 计划"实施现状分析

（一）大企业开放创新中心建设发展与功能发挥现状

1. 大企业开放创新中心建设发展现状

区域分布方面，围绕张江地区呈高度集聚发展态势。张江片区仍为大企业开放创新中心主要集聚区域，共有 6 家，其他分布于金桥、保税区、世博地区以及高桥镇。47 家大企业开放创新中心在整体分布上较以往趋于均衡，张江片区外分布的大企业开放创新中心比例由 23.53% 提升至 31.91%。

发起主体属性多样化特征显著。从发起主体来看，由浦东培育和发展的本土龙头企业 5 家、国内细分领军企业 4 家、世界 500 强外资企业 4 家，巴斯夫、联想、富士等行业龙头企业入场。

产业领域布局持续深入。从产业分布来看，电子信息企业增长迅速，达到 5 家；装备制造 3 家；生物医药 2 家；信息服务 2 家；新材料 1 家。47 家大企业开放创新中心紧扣硬核产业，生物医药仍为主要产业领域，总体占比为 27.66%，高端装备占比为 21.28%，电子信息占比为 17.02%（见表1）。

表1　2022年8月新增大企业开放创新中心

序号	大企业开放创新中心	发起主体
1	巴斯夫开放创新中心	巴斯夫(中国)有限公司
2	GE医疗上海创·中心	通用电气医疗贸易发展(上海)有限公司
3	富士胶片商业开放创新中心	富士胶片商业创新(中国)有限公司
4	上海诺基亚贝尔OpenXlab开放创新中心	上海诺基亚贝尔股份有限公司
5	联想上海开放创新中心	联想集团
6	UAES车云一体生态创新中心	联合汽车电子有限公司
7	盛美半导体设备亚太创新中心	盛美半导体设备(上海)股份有限公司
8	上海机器人产业技术研究院创新中心	上海电器科学研究所(集团)有限公司
9	邮轮内装产业开放创新中心	中船邮轮科技发展有限公司
10	华勤电子产品全球研发开放创新中心	华勤技术股份有限公司
11	美迪西院士创新药熟化中心	上海美迪西生物医药股份有限公司
12	上海韦豪创芯产业孵化中心	上海韦尔半导体股份有限公司
13	上海金桥网易联合创新中心	网易公司

2. 大企业开放创新中心功能发挥现状

（1）技术赋能持续深化，创新溢出效应开始显现

大企业开放创新中心通过技术平台、底层架构、权威专家指导等方式，为中小企业技术创新与迭代升级提供技术赋能。2022年9月新增技术赋能企业20家，其中，皓元医药上海创新赋能中心新增技术赋能企业9家，占新增总量的45%，在抗体偶联药物小分子部分工艺开发生产等细分领域为礼新医药、映恩生物、普众发现医药科技、德烽药业等提供技术支持。NI中国创新发展中心帮助飞骧科技在手机5G和WiFi射频前端研发环节提供了一套射频前端自动化验证方案，极大地提升了工程师开发效率，芯片验证时间从5个小时降至20分钟左右，加快了产品开发和上市的速度。西门子医疗上海创新

中心基于西门子医疗 C-Arm 进行骨科扫描及定位，帮助金帛瑟（上海）医疗科技研究骨科领域混合现实的应用。BI-ATLATL 联合创新实验室赋能企业沙砾生物入选"2022 中国生物医药产业价值榜"最具成长性创新疗法企业 TOP10。

（2）金融赋能持续增强，要素支撑功能日益强化

大企业开放创新中心以自有资金或联合基金进行投资，或者促成企业获得融资，累计提供金融支持 37.54 亿元。晶晨股份智能终端芯片研发中心对国内 DPU 芯片领先企业芯启源电子科技有限公司开展 A 轮投资 200 万元。BI-ATLATL 联合创新实验室助力基因治疗药物开发企业愈方生物于 8 月完成数千万元天使轮融资，本轮融资由上海生物医药创新转化基金领投，金浦新潮基金跟投，将用于推动靶向端粒基因疗法开发。

（3）生态赋能持续优化，区域创新氛围日益浓厚

大企业开放创新中心开展生态活动亮点纷呈，活动总场次达 81 场。其中，开展创新需求对接与发布 7 场，商业对接 16 场，赛事活动、会议沙龙、课程培训共计 58 场。百度飞桨人工智能产业赋能中心选取齿轮配件异常检测作为 AI+工业瑕疵检测比赛场景，发布 3 项技术需求。微软人工智能和物联网实验室以利用微软前沿的 AI 及 IoT 技术加速各类创新解决方案为目标的零售创新加速营 TECHTAGS 正式启动，实验室将助力 15 家符合标准的企业获得微软免费的 AI 及 IoT 技术赋能，并直接与 TECHTAGS 的合作伙伴——三大国际零售巨头——一起加速创新零售解决方案的商业化落地。

（4）新赛道赋能持续推进，科技创新新战场加速开辟

新赛道是以新技术新模式为核心竞争力的新兴产业或细分领域，具有引领性发展、颠覆性创新、爆发式成长特性。安永中国创新增长中心 Wave space 以"元宇宙"为主题，邀请多位业内嘉宾、校友及企业，共同探讨作为数字经济重要组成部分的元宇宙行业趋势、商业

应用以及创新路径，展望智慧新零售的发展方向。NI 中国创新发展中心及其主体 NI 聚焦 6G 领域，通过利用 NI 的 USRP 产品，助力清华大学课题组对提高 6G 通信能力的有源智能超表面技术进行实测验证，并联合清华大学在第十一届中国国际通信大会上展示该技术。

（二）大企业开放创新中心赋能主要产业分布与进展情况

1. 跨界融合赋能欣欣向荣，创新要素跨领域高效配置

人工智能、生物医药、智能制造等不同产业间的融合赋能日益显著。如西门子医疗上海创新中心利用数字技术，帮助上海蓝帆博奥医疗通过 3D 打印制造心脏瓣膜手术所使用的管接头等多种零件，实现心脏瓣膜输送器产品的迅速开发。阿里云创新中心—宝马初创车库（上海）金桥联合创新基地目前已赋能数字化、电动化、可持续发展等战略创新领域企业 20 余家。近期新增赋能企业 8 家，并联合多家机构正式启动 2022 年全球"未来汽车"场景创新挑战赛，寻找领先技术解决方案，解决自动驾驶瓶颈问题，为汽车产业升级提供助力。基地以"互联网+汽车"产业为核心，链接"未来车、智能造、数据港"全产业链创新要素，已累计对接洽谈项目近百个，实际签约并入驻项目 20 余个。安永创新中心 Wave space 为制造业领域数十家中小企业提供数字化转型探索咨询服务，助力制造类科技企业数字工厂建设与工业互联网建设。百度飞桨人工智能产业赋能中心举办"聚力共振，智汇上海"一周年开放日活动，连线上海智慧金融、生物医药、集成电路企业代表，共同探讨 AI+产业智能化转型升级，参与企业达数十家。

2. 生物医药赋能持续深入，科技成果转化加速落地

11 家生物医药类大企业开放创新中心深入推进细分领域精细化赋能。如罗氏中国加速器仅 2022 年 5 月就吸纳奕拓医药、赛岚医药、剂泰医药、臻络科学等 9 家实力型中小企业入驻，在液-液相分离、表观遗传学、人工智能剂型优化等领域提供专业服务，并开展业务合作。默克中国创新中心母公司与 60 余家潜力企业开展合作赋能，如通过专业女性生殖健康领域技术植入，帮助孕橙公司共同开发多囊卵巢综合征数字治疗方案，以 App 和智能化体外诊断为核心，为患者提供个性化的干预治疗。维亚生物以提供投资孵化为赋能手段，助力其孵化企业安济药业顺利完成全球首创机制创新药 ANJ908 全球二期临床试验入组。强生 JLABS@上海正式宣布苏州复融生物技术有限公司入驻，并将助力复融生物快速开发新型长效细胞因子药物，以应对全球癌症日益增长的负担。在赋能服务建设方面，罗氏中国加速器一方面稳步推进主体建设，预计 2022 年底建设完毕；另一方面已紧锣密鼓开展资金渠道、合作机会、研发经验、实验设备等资源对接，帮助企业制定个体化指导方案，助力科研成果转化落地。截至目前，奕拓、赛岚医药、科因生物等 9 家初创企业已成为加速器成员企业。

3. 人工智能赋能方兴未艾，"软硬兼施"助力中小企业提升

人工智能领域大企业开放创新中心发挥自身优势，赋能成效实现跃升。微软人工智能和物联网实验室第二季度新赋能碳榕数科、巡智科技、翼时科技、ABB、长观科技、WesCEF（澳大利亚）等 9 家国内外企业。为碳榕数科提供储能方面技术咨询与培训，协助巡智科技对接多家微软生态 ISV 客户等，已有 3 家企业产出项目成果。IBM Watson Build 人工智能创新中心在二季度新增加赋能星系新能源、光沦科技、莱芙泰健康、域看科技机器人、赛灵思 5 家企业，针对医疗健康、芯片研发等领域提供专业咨询服务。百度飞桨以底层 AI 技术赋能生态企业，支持璧仞科技、天数智芯等芯片企业阶段性完成飞桨深度学习框架适配，支持维亚生物、药明康德等生物医药企业探索借力百度飞桨 Paddle Helix 加速药物研发。

4. 智能制造赋能开始发力，直击行业发展技术痛点

7 家智能制造领域大企业开放创新中心加快推进大飞机、大轮船

等国家重点领域赋能服务，已建成大企业开放创新中心赋能成效初显，如中国商飞上飞院发起的大飞机创新谷，已完成大飞机创新谷知识产权中心建设，全面开展知识产权风险管控、知识产权保护、专利大数据分析和科技成果转移转化工作，建设大飞机创新谷专利池，首批入池高价值专利达千余件，赋能企业百余家，并与上海市共建大飞机创新谷产业园。大飞机创新谷已赋能企业 84 家，联合获得专利授权 5 件，并参与前沿科技难题攻关，与上海尚实航空发动机股份有限公司开展国产 APU 研制项目。此外在全国范围内联合行业领军企业、科研院校建设 6 所联合创新中心和 7 所联合工程中心，开放赋能中小微企业。在建大企业开放创新中心厉兵秣马，如大型邮轮创新中心召开大型邮轮可靠性模型研讨会，对邮轮各系统的可靠性进行分析和研讨，为之后赋能运营打牢基础。ABB 机器人赋能中心稳步推进建设规划，将在医学检测、诊断化验及生物制药、医学治疗及远程会诊等多个行业细分领域提供技术服务。施耐德电气创新赋能中心针对新能源行业断路器设备健康度监控及预警模块金融行业交易期无法进行设备维修，应急场景实操时间少、风险高、对技术人员技能熟练度要求高等痛点，为上海孪数科技有限公司和上海朋禾智能科技有限公司 2 家公司提供个性化数据 PoC 方案。

5. 其他多元产业领域赋能已开展多种探索

专业服务、电子信息、新材料领域大企业开放创新中心赋能频次提升，建设进展逐步恢复。如普华永道张江科学城陆家嘴金融城加速营帮助赋能企业森梅医疗科技与普华永道思略特对接，在数字疗法领域探索生态创新。Plug and Play China 国际化创新生态中心二季度新增赋能企业 28 家，加入 2022 年长三角区块链应用创新大赛，为中小企业解决区块链相关技术问题。AI+海洋科创中心协助芯袖微电子、迈波科技 2 家企业进行产业对接，并举办第四期沙龙暨"海上风电"线上沙龙路演活动，报名人数突破 260 人，实时最高在线人数超过

180 人，覆盖 10 多家企业。杜邦上海创新中心加快建设进程，先行推出线上云展厅，全面介绍杜邦实验室。Plug and Play China 国际化创新生态中心新增塞瑞克新、天眼智联等 4 家赋能企业。NI 中国创新发展中心帮助上海孤波科技有限公司加速推出芯片自动化验证平台和解决方案，共计新增赋能企业 8 家，并积极举办 3 场赋能活动，参与人数近千人。正在推进建设的大企业开放创新中心加快布局，如新材料领域的杜邦上海创新中心联合建立并启用 OLED 材料应用开发中心，以期与客户进行联合实验，从而加速材料升级和客户创新进程，催生创新思维并将之转化为现实解决方案。

三 大企业开放创新中心建设过程中存在的主要问题

（一）由大企业牵头的公共技术服务平台建设力度亟待提升

在推进大企业开放创新中心建设过程中，应十分注重运用平台性思维强化大企业开放创新中心的对外技术溢出效应和带动功能。然而，当前浦东已经建成的 47 家大企业开放创新中心当中，并未有大企业牵头建设以公共技术服务平台为代表的平台性科创载体。且从浦东全域来看，公共技术服务平台的建设主体仍然集中在孵化器企业领域。从公共技术服务平台的建设比例来看，在当前浦东 175 家创新型孵化器当中，建有公共技术服务平台的专业孵化器数量仅有 17 家，占孵化器总数不到 10%。从公共技术服务平台的投资建设主体和模式来看，浦东现有公共技术服务平台以企业和孵化器自建为主，政企联合投资或多方投资共建模式等目前仍处于空白状态，投资主体和平台建设模式较为单一。因此，应当通过政策引导与绩效考核标准的调整，积极鼓励大企业开放创新中心根据自身和所在产业领域需要，建设能够放大其技术创新溢出带动效应的公共技术服务平台。

（二）创新供需对接缺乏平台化、数字化的高效对接机制

新区已经建成的大企业开放创新中心当中，目前尚未就大企业的开放创新需求形成供需对接平台等常态化的线上撮合机制与载体，大企业与中小企业之间的科技创新供需对接仍然呈现碎片化、散点式、不定时的非理想状态，由此导致围绕科技创新供需对接的创新要素流量并未呈现快速壮大态势。根据"五型经济"发展思路，流量型经济的发展，关键在平台，因此，浦东新区科技主管部门应当进一步强化平台性思维，通过建设大企业开放创新需求平台等对接载体加快推进大中小企业创新供需之间的对接效率和对接频率，并在此基础上形成吸引、壮大科创要素流量的关键平台载体和"引力场"。

（三）创新成果知识产权保护体系亟待进一步完善

充分释放大企业开放创新中心创新带动效应的前提，是大企业有意愿、有能力对外公布自身科技创新需求，中小企业有动力和积极性参与到大企业的创新链当中。当前掣肘这一功能发挥的主要堵点是，大企业在公布科技创新需求时，以及中小企业在参与大企业科技创新攻关的过程中，都对最终产出的科技创新成果的归属权和使用权等存在顾虑。因此，下一步需要针对大企业开放创新中心出台更为明确的知识产权保护规定，以期能够更加清晰地规定大企业与中小企业在协同创新过程中的产权归属和权益保障。

（四）大企业开放创新中心与浦东孵化器、加速器等双创载体合作机制亟待建立

浦东新区创新孵化体系加速完善，目前已经形成包括众创空间、

科技企业孵化器、大学科技园、大企业开放创新中心等多种载体在内的综合性创新孵化和服务体系。截至 2021 年底，浦东新区创新型孵化器总数达 175 家，创新孵化面积超过 137 万平方米，在上海各区中排名第一。浦东双创载体中集聚有 4000 余家硬核科技企业，这是浦东打造自主创新新高地和做强创新引擎的重要资本，如何推动硬核科技企业在浦东加速生根发展，是浦东亟须探索的重要课题。然而，大企业开放创新中心与双创载体以及双创载体内部的硬核科技企业之间的联动合作机制亟待进一步完善，使大企业开放创新中心这一创新机制进一步赋能双创载体。各孵化器和加速器当中的硬核科技企业如何借助大企业开放创新中心平台加快自身成长速度和在浦东生根速度，是下一步需要前瞻性谋划的重要课题。

（五）针对大企业开放创新中心的差异化、精准化考评体系亟待完善

当前政府资金和政策匹配的效果还需要进一步提升，其考评制度并未完全贴近不同类型和特征的大企业开放创新中心，导致其政策的适用度与企业的获得感不强。如何针对不同效能的开放式创新中心匹配相关政策及资源，比如空间载体、资金投入、专业人员团队配套等要素供给方面的政策扶持与优惠等，需要政府进一步通过制度政策创新与资源优化调整加快形成更具针对性和精准性的政策体系。比如通过企业落地支持、空间腾挪协助、创新主体联动、行业资源链接等手段更加精准地支持有形的开放式创新中心和无形的开放式创新中心融通发展。

（六）大企业开放创新中心对区域外企业辐射溢出效应仍需强化，亟待制度设计快步跟上

当前浦东大企业开放创新中心辐射溢出的主要企业为区内小型科

创企业，其供需对接也多为线下直接对接，其辐射引领的空间范围和对象主体并未冲破浦东区域范围。浦东未来所要建设的自主创新新高地以及创新引擎是面向全国乃至全球的，因此，大企业开放创新中心的建设也应当在更高视野、更宽边界上予以谋划。结合当下浦东招商、安商、稳商的工作需求，以及做大高能级科创要素流量的必然选择，大企业开放创新中心应当通过体制机制创新，进一步扩大其辐射带动的空间范围和产业领域，以其更大的开放度和包容度，鼓励带动区外企业和创新主体参与到大企业开放创新中心的协同创新过程中来，并以此为基础强化大企业开放创新中心的科创招商功能，做大做强上海科创类流量型经济。

四 深化大企业开放创新中心建设工作的对策建议

（一）增强大企业开放创新中心的孵化服务功能

1. 打造大企业应用场景库，提高技术与场景的对接效率

鼓励区内有条件的大企业率先打造"大企业需求线上管理平台"。应用需求是推动技术创新与产业落地的重要突破口，鼓励浦东有条件的大企业自主打造"大企业需求线上管理平台"，区政府主管部门对率先打造"大企业需求线上管理平台"的企业予以财力支持和技术规范性指导，大企业内部各项创新需求可实时在平台公开发布，并面向初创企业开放。建立政企对接沟通机制，由企业派专人运营，管理平台需求对接和政企事务对接，以便提高供需、资源对接等工作的效率，以及提升主管部门对企业的服务效率。

在区内各大企业自主打造的"大企业需求线上管理平台"数量达到一定级别、平台供需对接成果和项目流量达到一定水平之后，建

议由浦东新区科经委牵头，适时对各个"大企业需求线上管理平台"进行整合，统一打造浦东大企业开放创新中心需求开放平台，并将其对国内外中小企业和高校、科研院所开放，进一步扩大该平台的辐射范围和激发创新引领功能。同步做好平台数据、商业秘密与知识产权安全性工作，确保平台规范可持续运作。

2. 加强知识产权保护工作，为联合技术研发项目提供政策支持

"大企业需求线上管理平台"供需流量持续壮大的前提是各类企业有意愿将自身科技创新需求在平台发布，因此，需要强化知识产权保护工作打消企业顾虑。

加强对技术共创过程中初创企业核心技术的知识产权保护，实施更大力度的知识产权侵权惩罚性赔偿制度，并设立科创板拟上市企业知识产权服务站，进一步提升知识产权保护水平。扶持现代科技服务业，通过为大企业提供委托开发、专业咨询、项目测试、知识产权和商业化等服务，帮助科技成果进入大企业产业链，建立紧密服务大企业产业链的现代科技服务业。对初创企业承担的与大企业联合开展项目测试过程中产生的费用，给予一定的配比资金支持，进一步推动技术落地转化的效率。

3. 建立全方位配套服务机制，实现企业服务的精准化

推动各大企业开放创新中心建立涵盖研发、设计、生产、供应链、渠道、创投等全产业链条的创业服务包，通过资源共享、政策对接、孵化加速等举措实现精准产业赋能，可以根据创业项目所处阶段、所在产业、所提需求精准赋能。实施项目经理人制度，为每个项目配备有经验的经理人，全程、全方位为项目（初创企业）提供配套服务。

4. 强化浦东大企业开放创新中心需求平台科创招商功能

在浦东大企业开放创新中心需求平台汇聚吸引创新要素流量的同时，还应认识到其具备强大的对外招商潜力，因此，有必要谋划配套

招商政策，将平台创新流量优势转化为浦东产业发展优势。一是在打造大企业需求库的同时，同步加强对外宣传，由区科经委牵头对接外地孵化器等对口孵化载体和科研机构，推动更多外地初创企业进驻平台，充实平台内部优质创新主体力量，进一步突出平台辐射带动效应的同时，为浦东科创招商储备力量。二是建议由区科经委相关主管部门构建针对入驻浦东大企业开放创新中心需求平台的外省市企业开展动态跟踪服务，根据其创新供需对接的活跃度遴选优质初创型企业作为重点招商对象，并针对其出台专门的超常规招商政策，做好土地、空间等要素优先供给储备工作，吸引集聚海内外优质初创型企业和创新创业团队来浦东扎根发展。

（二）建立大企业开放创新中心的耦合发展机制

1. 与其他孵化载体探索构建"选、育、退、荐"的项目筛选与企业流转机制

在初创企业入驻（孵化）阶段，大企业开放创新中心要加强与孵化器、加速器的协同孵化，发挥自身优势，主动对接，进行开放式创新工作。在初创企业退出（发展）阶段，大企业开放创新中心要加强与产业园区的协同孵化，促进高成长性企业的产业化发展。例如，阿里云—宝马创新中心与金桥5G产业生态园，同处于金桥开发区，且都聚焦"汽车智造"领域的孵化和培育，二者应加强协同孵化，共同发展。

2. 与其他孵化载体探索建立产业资源的共建共享机制

促进大企业开放创新中心与孵化器、加速器和产业园区等孵化载体的产业孵化资源共享，建立"大企业需求库"和"大企业应用场景库"，并充分共享给其他孵化载体，促进信息的有效流动，以提升供需匹配效率。在每一个特色产业园区内探索设立一个大企业开放创新中心，发挥大企业品牌的集群效应，充分调度大企业内部

专家、市场等资源，为初创企业提供一揽子孵化服务，强化产业集群效应。

3. 依托地区总部提升大企业开放创新中心的发展能级

推动位于浦东的地区总部进行升级，从管理型地区总部升为集投资、管理、经营和研发于一体的综合性地区总部，进一步完备创新人才、研发机构、创新链条和产业体系，集聚、培育、孵化创新链上的中小型科技企业，开展协同创新，打造全球产业链供应链价值链重要枢纽。

（三）优化大企业开放创新中心的考核评价细则

1. 强化动态管理，构建良性循环机制

建立动态管理机制，在保持总量稳定的基础上，有进有出，形成事前申报、事中管理、事后评估退出的良性循环机制。动态更新大企业开放创新中心的认定标准，明确认定条件和工作流程；制定发展评价指标体系，加强数据统计、运行监测和绩效评价，对评价考核结果好的予以通报表扬，统筹各类资金、政策等，加大支持力度，对评价考核结果较差的通过约谈、通报等方式予以警告甚至撤销。

2. 差异化评价考核，强化不同开放式创新中心的赋能效果

优化政府资金和政策匹配的效果，进一步提高政府资源的利用度，为不同效能的开放式创新中心匹配相关政策及资源。对空间依赖型、非空间依赖型、技术赋能型、商业赋能型等类型的开放式创新中心所需空间、投入强度、配套条件进行研究并制定有针对性的政策细则。

3. 完善市场机制，分类、限量筛选大企业开放创新中心

针对浦东重点发展的三大世界级产业集群（集成电路、生物医药、人工智能）和六大硬核产业（中国芯、创新药、蓝天梦、未来车、智能造、数据港），对申报建设大企业开放创新中心的大企业进行分类、限量筛选，形成"能者上"的竞争态势，并给予一定的授牌年限，推动更多优质大企业进行更有质量的开放式创新。

（四）加强大企业开放创新中心的氛围营造工作

1. 常态化开展品牌化的产业对接活动

常态化开展"大企业院校行""大企业参访日""龙头企业交流行"等产业对接交流活动，实现院校科研成果与企业需求的无缝对接，并加强龙头企业之间的互动交流。开展"创新苗圃"集聚发展、高新技术企业"育苗造林"、"专精特新"培育工程、企业研发机构建设等行动，不断提高产业技术密度和企业核心竞争力。

2. "赛营结合"强化初创企业孵化赋能成效

通过"赛营结合"的方式，从创业大赛中选出优秀选手进行专业孵化，从培训到引入资本，开放大企业创新需求、应用场景和全球供应链等资源，依托"品牌大赛+加速营"的模式，为初创企业提供更有力的创新发展平台，助推初创企业完成蜕变成长。

3. 提高与区域主导产业的结合紧密度

在浦东主导产业重点布局的各个地区，大力实施"百企智能升级改造行动"，鼓励大企业（传统企业）以技术革新、设备更新、产品创新为重点，加大技改投入；引导优质初创企业积极参与"机器换人""智能工厂""数字赋能"等方面的地区产业建设，提升地区科创平台的智能孵化层级，助力地区产业迭代，增强地区的产业集聚及周边辐射作用。

B.11
促进消费模式创新以深化
浦东引领区建设

詹宇波　王博霖　符全胜*

摘　要： 本文针对浦东引领区所担负的"扩大国内需求的典范引领"战略任务，就浦东如何进行消费模式创新，以顺应人民高品质生活的需要进行了讨论。受到居民消费升级、互联网技术进步和商业模式创新等因素的共同作用，消费模式创新是当前所处经济发展阶段的必然选择。然而，新型消费模式最终得以成型还有赖于制度支持和监管水平的提升。

关键词： 消费模式　浦东引领区　商业模式

党的二十大报告明确提出未来将"加快构建新发展格局，着力推动高质量发展"，并强调了扩大内需在这一战略目标中的地位，要"把实施扩大内需战略同深化供给侧结构性改革有机结合起来，增强国内大循环内生动力和可靠性，提升国际循环质量和水平，加快建设现代化经济体系"。根据这一部署，作为内需重要内容的国内投资、生产和消费领域的工作重心就是要通过高质量供给满足我国人民对高

---

* 詹宇波，上海社会科学院经济研究所研究员，主要研究方向为中国宏观经济、产业经济、劳动经济；王博霖，上海商学院酒店管理学院讲师，主要研究方向为酒店旅游管理；符全胜，上海商学院酒店管理学院教授，主要研究方向为休闲旅游业、酒店管理业和房车露营业等。

品质生活的需求。基于国内大循环的中心节点和国内国际双循环的战略链接的定位，上海既要为中心节点赋能，使得包括生产、分配、流通、消费在内的国民经济循环更加顺畅，同时也要通过要素、产能、市场和规则的链接，促进双循环的能量交换。其中，浦东无疑承担着重要的战略任务。

2021 年 7 月，中共中央、国务院发布《关于支持浦东新区高水平改革开放打造社会主义现代化建设引领区的意见》（后文简称《意见》），"扩大国内需求的典范引领"是《意见》对浦东引领区建设的五大战略定位之一。这一战略定位在消费方面的内涵包括培育消费新模式新业态、引领带动国内消费升级需求、打造面向全球市场的新品首发地、引领消费潮流的风向标和建设国际消费中心等。为响应《意见》相关内容，上海市政府于 2021 年 9 月 18 日发布《上海建设国际消费中心城市实施方案》，共聚焦 7 个方面的 28 项任务，其中适应科技赋能和消费升级驱动的消费模式创新无疑成为浦东打造国际消费中心的重点内容。本研究将从浦东引领区的消费领域发展情况、在消费模式创新上的不足以及应对办法等角度进行讨论。

一 浦东引领区促进消费模式创新的已有基础

经过 40 多年的发展，上海已成为名副其实的"万商云集、近悦远来"的国际消费城市，已形成国内城市中规模最大、吸引力最强、能级最高的消费市场。浦东新区在其中也独树一帜，取得了亮眼的成绩。根据上海市商务委提供的数据，2021 年，浦东新区累计实现社会消费品零售总额 3832 亿元，占全市比重为 21.2%，同比增长 20.4%，高于全市增速 6.9 个百分点，社零规模保持全市各区第一。此外，浦东消费市场的创新能力也在不断增强，每年开设的首店、旗舰店数量众多。尽管受到疫情影响，浦东在 2022 年上半年仍引入了 50 家首店。此外，浦东新区在商业活跃度、政策引领度等方面也发展迅速，为打造社会主义现代化建设引领区消费中心奠定了良好的发展基础。

（一）消费能力和零售商水平为消费模式创新提供规模基础

2021年，浦东新区的商品销售额达到5.6万亿元，同比增长了19.2%。同时，社会消费品零售总额也达到3832亿元，同比增长了20.4%。线上消费规模持续扩大，线上零售额达851亿元，增长56.1%，占比达22.2%。受疫情影响，2022年上半年浦东新区的商品销售总额为27123亿元，同比下降7.6%；实现社会消费品零售总额1566亿元，同比下降16.2%。

历经30余年的开发开放，浦东的商业体量迅速增加，现已超过1100万平方米。同时，消费贡献持续提升，品牌时尚持续引领，跨境电商蓬勃发展。社会消费品零售总额从1995年的100亿元增长至2019年的3000多亿元。消费对经济增长贡献显著，商业增加值占GDP的13.5%。

（二）商标注册与申请量为消费模式创新提供品牌基础

上海向来十分重视商业发展和品牌建设，就品牌经济发展的主要指标而言，2021年上海新增商标注册量42.10万件，增长36.95%；有效商标注册量达211.71万件，增长21.86%。截至2022年6月底，全市有效注册商标量达232.14万件，同比增长21.56%。其中，浦东新区该指标在全市名列前茅。

（三）全球首店和品牌集聚度水平为消费模式创新提供了前沿视角

浦东新区始终重视"首店"和"首发"新高地的建设，力争将浦东打造成为全球新品首发地示范区，举办更多有影响力的品牌首发活动。浦东正在聚集更多旗舰店、首店、体验店，引进一批国际著名的商业企业、商品和服务品牌，培育具有"中国元素""上海特色"的定制品牌。第一，"首店"新高地建设颇具成效。截至 2021 年 10 月，浦东已经引进 300 多家首店。位于小陆家嘴商圈的正大广场、上海国金中心商场等浦东商业地标进入首店最偏爱的商场排名 TOP20。第二，"首发"新高地建设成绩十分抢眼。浦东的重点商圈在 2021 年有一大批品牌首店集中亮相，不仅包括 43 家中国首店，还包括 4 家全球首店和 2 家亚洲首店。

（四）浦东引领区在国内国际双循环中的战略定位为消费模式创新提供广阔空间

作为国内国际双循环的战略链接，浦东新区始终注重开放高地与窗口作用的发挥。浦东正在依托外高桥国家级进口贸易创新示范区，努力打造进口消费品的集散平台，力争形成具备消费品进口、分拨配送、保税展示、零售推广等多个功能的服务链。

（五）新零售与跨境电商跨界融合和数字化转型为消费模式创新提供技术基础

上海多年来一直致力于消费创新转型发展，也为支持新型电商平台发展制定了相关的支持政策，同时通过"五五购物节"等方式助力新型电商平台影响力提升与品牌打造。我们将 2021 年上海市出台的支持新型电商平台发展的政策总结在表 1 中。

表 1　2021 年上海市支持新型电商平台发展的相关政策

出台时间	政策名称	主要内容
2021 年 5 月	《全面推进上海数字商务高质量发展实施意见》	围绕"经济、生活、治理"全面数字化转型要求，坚持整体性转变、全方位赋能和革命性重塑，全面推进我市数字商务高质量发展

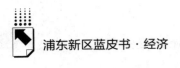

出台时间	政策名称	主要内容
2021年7月	《上海市推进商业数字化转型实施方案（2021~2023年）》	紧抓数字化变革和数字经济发展契机，把数字化转型作为上海商业"十四五"发展的主攻方向之一，围绕商业领域线上线下深度融合和创新，坚持整体性转变、全方位赋能、革命性重塑，推进新流通、新零售、新服务发展，全面提升商业数字化、网络化、智能化水平

资料来源：上海市商务委网站。

二 制约浦东引领区未来消费模式创新的主要瓶颈

（一）消费体量和国际化程度仍有待提高

对标东京等国际消费中心城市，上海的消费品品牌丰富度欠缺，如东京有10万多种消费品牌，而上海的消费品牌只有2万多种，"千店一面"让消费者出现审美疲劳。特别是上海市场上缺乏在国际上叫得响的本土品牌或上海品牌，与国际顶尖消费中心城市之间的消费量存在显著差距。根据麦肯锡的一项研究报告，2015年东京的消费量约为1.3万亿美元，排在其后的是纽约（1万亿美元）和伦敦（6700亿美元）。当年上海的最终消费额仅为14757.52亿元（约2108亿美元），即便拿2021年的最终消费1.8万亿元来算，也只有约2815.36亿美元，与顶尖消费城市的消费量存在很大差距。2018年上海各类免税店销售额为130亿元，与同年韩国的1183亿元差距很大。

（二）自有消费品牌尚缺乏应有的影响力

尽管上海品牌经济发展总体向好，但是仍然存在部分亟待解决的问题。首先，现有品牌经济的发展水平不能满足建设国际消费中心城市的需求，在高端品牌的集聚程度和规模等方面还存在不足，难以全面满足全球旅游者和消费者消费需求。其次，自有品牌竞争能力不足，具有中国元素和上海特色的城市定制商品和高端定制品牌仍然较少，本土品牌的同质化竞争激烈，品牌发展生命周期较短，老字号创新产品和销售模式较为有限。再次，产品和服务品类与质量不能适应新形势下消费需求转变，一方面新冠肺炎疫情的发生对消费产生冲击，导致短期内国内传统消费需求有所下降；另一方面生鲜电商、远程办公、线上金融、线上娱乐、线上医疗等在线新经济需求不断提升，导致线下消费减少。最后，传统消费模式和渠道亟待更新，销售端的电商平台在流量和数据方面对实体商业的支持力度仍相对有限，智慧商贸物流体系建设仍处于初级阶段，物流标准化体系仍不明晰。

（三）商品进口贸易便利程度和市场监管仍存在不足

从目前进口商品市场监管的体制来看，进口商品流通仍以属地化监管为主，但各地之间的市场主体联系和商贸流通日益密切，由此带来的监管信息不对称、沟通不及时，多头执法、重复执法和执法结果不互认，会对监管效率产生一定的不利影响。特别是新经济、新业态、新模式的兴起，对监管体制和监管方式都提出了新的要求，比如针对平台经济的监管，平台注册地和实际经营发生地不同，更需要异地监管的协同。在目前的投诉与纠纷处理机制下，对平台型互联网企业的投诉与纠纷均集中至平台企业注册地处理。但从纠纷性质与内容来看，直接与平台相关的投诉占比不高，大多数纠纷为平台上用户与用户之间的经营纠纷。目前平台注册地监管单位在接到投诉时，尚不能直接转接经营地。

（四）辖区内以及全市范围内的消费设施设置结构不平衡

浦东及上海的消费设施设置结构不平衡，缺乏具有国际影响力、享誉世界的地标性商业中心。目前上海商业设施建筑总面积已达7600万平方米，人均商业面积远超发达国家的水平，是东京的3倍。但是上海城市商业设施呈现明显的区域发展不平衡，部分郊区商业设施规模过剩、分布不均等问题较为突出。第一，部分地段仍存在明显的土地财政依赖。这些地区的土地出让收入几乎全部为商办土地，导致商业综合体密集，但客流支撑明显不足。第二，商业网点规划的法定性、权威性不强。如市商业主管部门在出让土地时，明确商业地产开发企业物业持有比例和持有年限，但是一些区在实际操作中仍会突破限制。第三，部分地区存在盲目片面追求商业发展、破坏商业生态的情形，市级层面的宏观调控缺乏有效的法律支撑。比如伦敦、巴黎等国际著名消费城市在郊区仅有1家奥特莱斯，而上海有青浦区百联奥特莱斯和浦东新区佛罗伦萨小镇、奕欧来等3家，长宁区百盛优客、杨浦区东方商厦和上海国际时尚中心等定位为城市奥特莱斯。

（五）多产业融合的消费新生态尚未形成

国际消费中心不应只有购物一个着力点，而是需要打造商业、文旅、体育、会展等多个行业联动发展的有机整体。浦东早已引入了一些世界知名赛事、展览、艺术活动等，但是，目前只实现了产业活动的引进，而各产业间相互联动、相互促进的消费业态还未实现。此外，以旅游业为例，作为在很大程度上受到其他行业基本建设情况影响的行业，能够满足消费者新型需求的旅游业迫切需要与其他行业联动发展。浦东正在打造工业旅游，但面临两个方面的约束：一方面浦东现有的大量工业旅游资源基本闲置，没有得到充分开发；另一方面，浦东旅游部门和企业对工业旅游路线、产品等方面还未给予充分关注和尝试。充分发掘现有各类产业资源，并将其与浦东旅游业的发展相结合，这应当成为未来浦东促进消费模式创新的重要内容。

（六）跨部门协同推进机制不够完善

国际消费中心城市建设中面临大量的跨界协调事宜，跨部门协同推进机制有待进一步完善。建设国际消费中心城市，是典型的"跨层级、跨部门、跨地域"的系统工程。课题组调研发现，在城市商贸业发展的现实中，存在着大量需要跨部门、跨地域协调互动、紧密配合的事宜，"一照多址"试点企业"南瓜车"在区内可实现一张营业执照、多个经营地址、一次行政许可，但在外区新开门店却碰到一些部门的行政许可门槛，不得不重新申请设立一家分公司。还有一些国际化妆品品牌商表示，国外化妆品新品一般需要 1~1.5 年才能在本地上市，大量时间耗费在进关、送检、技术审评、行政审批等程序，流程走下来"新品变成淘汰品"；商家请明星做营销活动，需要多个部门审批，程序全部走完要"跑断腿"。

三　浦东引领区消费模式创新案例：基于
露营旅游业的调研

截至 2022 年 6 月，马蜂窝站内与"露营"相关内容发布量已经连续两年同比增长 150% 以上。自 2014 年起，露营行业开始得到国家及地方政府的重视，行业规范及扶持性政策相继出台。国家和地方相继出台了一系列政策大力发展户外运动和露营行业，不断完善露营基地基础设施建设，推动露营行业持续发展。

2021 年 7 月，国务院发布的《全民健身计划（2021~2025 年）》中明确，大力发展运动项目、户外运动、智能体育等体育产业，促进体旅融合。2021 年 12 月国务院《"十四五"旅游业发展规划》指出，实施自驾游推进计划，形成网格化的营地服务体系和比较完整的自驾车旅居车旅游产业链。2020 年以来，全球新冠肺炎疫情大流行，旅游业遭受重创，露营作为一种新兴的旅游业态，契合了受疫情严重影响的旅游业发展现状，迎合了如今国内迅猛发展的自驾游及自助游市场需求。根据艾瑞咨询发布的研究报告《2021～2022年中国露营经济产业现状及消费行为数据研究报告》，2022年中国露营市场规模同比增长18.6%，达354.6亿元。2022～2025年中国露营市场规模仍将保持15%～20%的增速，到2025年将达到562.1亿元（见图1）。

"十四五"期间，上海将优化旅游功能空间，实施国际旅游度假区"旅游城"建设工程、"五个新城"文旅赋能工程、长三角一体化示范区"生态文旅"建设工程等，这些对营地行业发展来说都是重要的利好政策。2021年9月，上海市政府发布了《"十四五"时期深化世界著名旅游城市建设规划》（以下简称《规划》），《规划》提出，"十四五"期间，在全面升级旅游产品体系、产业体系、市场体系的同时，着力将上海建设成为都市旅游首选城市、国际旅游开放枢纽、亚太旅游投资门户、国际数字旅游之都。近三年上海地区露营市场规模总体呈爆发式增长趋势。根据来自天眼查和企查查截至2022

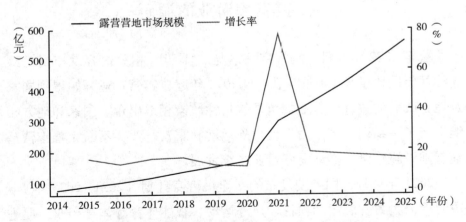

图1　2014～2025年中国露营营地市场规模数据与预测

资料来源：艾瑞咨询，《2021～2022年中国露营经济产业现状及消费行为数据研究报告》。

年8月的数据，2021年末，上海市露营相关企业显示存续状态者共174家，大部分为新创企业，成立时间在3年以内（见图2）。

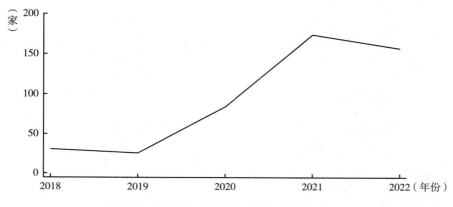

图2　上海地区露营相关企业分布情况

资料来源：艾瑞咨询，《2021~2022年中国露营经济产业现状及消费行为数据研究报告》。

2022年6月以来，上海市大多数发展较为成熟的露营地供不应求，各线上预定平台推出的露营产品一上架即被预订一空。以2022年携程网上海地区推出的营地旅行套餐为例，营地露营以1~2天的过夜露营为主，活动内容也主要为烧烤、观影、桌游、骑行等简单社交活动，价格大部分在1000元以下，最低为400元左右，可充分吸引初次体验露营人群。此外一些高端露营地品牌也推出了1500元以上的套餐，满足对露营品质要求较高的高端消费者需求。目前露营地偏低价的模式降低了营地露营的门槛，有利于营地露营的普及。

随着国内疫情管控逐渐放开，跨省游及出境游需求恢复，消费者对于近郊短途的周末露营依然存在较高需求，疫情对露营活动冲击较小。我们通过调研发现，上海市的主流露营模式分为简单露营、精致露营和营地露营。其中，简单露营一般只需要简易帐篷、野餐垫等设备，适用于2~3小时的短时间户外游玩，露营场地通常为市区范

表 2 上海各区热门露营地一览

所在区域	营地名称	所在区域	营地名称
浦东新区	上海邻家露营地	嘉定区	嘉北郊野公园
	上海滨江森林公园		朝暮牧场
	荷兰风情小镇		远香湖
	迪加房车营地		汽车博览公园
	上海三甲港绿地暇咖岛		亨嘉度假营地
	世纪公园		房车中国(上海)露营地营地
青浦区	滴水湖	崇明区	壹岛露营场
	红窑露营基地		东滩湿地公园
	MORNING ISLAND 早安太阳岛度假营地		东平国家森林公园
	上海老谷仓露营地		陈家镇自行车公园
	淀山湖		长兴岛
金山区	金山鹿营	宝山区	水源涵养林
	王贰狗的露营地		梧桐树庄园露营基地
	金水湿地公园	闵行区	浦江郊野公园
	金山城市沙滩		闵行体育公园
	廊下生态园		上海安营扎寨营地
奉贤区	枫林湾	松江区	广富林郊野公园
	上海之鱼		英嘉庄园
	海湾国家森林公园		上海月湖雕塑公园
	上海小木屋会务中心(上海房车露营地)		佘山国家森林公园
徐汇区	徐汇滨江绿地		辰山植物园
杨浦区	共青森林公园		橙蓝生态森林农场国际森林营地

资料来源：作者通过调研整理得到。

围内的开放公园或绿地，如世纪公园；而营地露营受限于上海市范围内营地数量有限，且基础设施完备的较少，在消费群体中的普及度较低，未来或较长一段时间仍将处于供需错配的状态。而以自然、舒适为主的精致露营更多地让消费者在自然中悠闲地享受生活，逐渐成为更受欢迎的露营模式。

根据调研，精致露营凭借所需装备比较简单、消费门槛低、场地易得、不过夜等特征，在上海市的普通消费者中快速普及。在上海市比较受欢迎的精致露营游玩项目包括团建小游戏、民俗体验（如扎染、变装面具绘制等）、露天电影院、野生厨房、篝火晚会等。此外，精致露营还具备强社交属性，通过精致露营，消费者可与亲友增进感情、在社交媒体上与同好交流，增强话题性。

总体而言，目前国内新消费者对露营尚处于尝试阶段，即使参与率提升，大部分没有形成一年 3 次以上的消费习惯，自购装备的比例较低。上海等一线城市露营市场的兴起，本质源于较高的消费者购买力和城市化水平，疫情只是露营在消费者中进行普及教育的契机和拐点，露营行业未来的发展趋势和节奏并不会被传统旅游业复苏打乱。

调研结果显示，随着露营经济的发展，上海市的各个露营营地将走向风格多样化的发展道路，目前比较常见的"露营+景区"模式发展势头较好，在景区内露营能够依托原有基础设施、风景、口碑及客流量优势，并进一步提高景区的创收能力；融合了飞盘、跳伞、高尔夫、攀岩、划艇、帆船等的"露营+体育"模式吸引了大量户外运动爱好者；此外还有融合滑草、徒步、摄影、亲子乐园等设施的"露营+田园"模式以及融合音乐节、演出、团建、篝火晚会等的"露营+玩乐"模式。其中，主打"露营+研学"的亲子/家庭露营成为露营活动中的重要场景，在暑期、节假日客流量达到峰值，如结合自然科学教育、红色教育、户外生存教育等方式提升了孩子的综合素质。未来露营营地仍会朝着多样化、创新化方向发展。

考虑到露营旅游在我国尚处于起步阶段，虽经历了近两年爆发式的增长，但仍存在不少问题和瓶颈约束，有待主管部门在制度上予以规范，并给予相应的支持。国家标准化管理委员会曾在 2015 年颁布

《休闲露营地建设与服务规范》，从露营地选址、规划、基础设施、安全保障等角度提出了原则性要求。2017 年，上海市旅游局率先出台了《经营性帐篷露营地建设与服务规范》，从营地的基本条件、建设、服务、配套和综合管理等方面提出了更为具体的要求。随着露营经济的发展，政府部门应当提出露营营地建设与经营的规范化标准，强化监管。未来露营营地建设与经营要实现快速连锁复制，须在硬件、功能、布局、服务与安全保障等方面加强露营营地的合规性，细化餐饮、住宿、活动、工作人员的行为规范、服务细节等标准。只有提高消费者对露营营地的信心，提高露营营地的市场美誉度，才能获得更强的竞争力。

四　浦东建设引领区促进消费模式创新的政策建议

（一）以满足消费体验新需求为目的进行消费模式创新

一方面，随着经济发展和社会进步，消费者的需求和消费品位也在发生变化，而居民收入的提高和新型技术的应用也使得一些新的消费需求逐步形成。当下我国的新消费主要有数字化、网络化和智能化这几个特点。我们将其业态、发展情况和商业模式总结在表3 当中。

表 3　新型消费业态及其主要商业模式

新型消费业态	主要商业模式
线上商品零售	网络购物、直播带货、短视频销售和社交零售等
"互联网+服务"等线上服务	在线健康医疗服务、在线文娱、在线健身、在线旅游等
平台型和共享型消费	外卖配送、网约车、即时速递、共享住宿等

另一方面，近两年来新冠肺炎疫情的冲击也在一定程度上改变了人们的消费模式和消费习惯。为了配合防疫政策，人们往往会对之前的消费模式做出调整，一个非常明显的现象就是线上消费获得了快速发展。由于线上消费避免了人群聚集和直接接触，非常符合防疫政策的要求。此外，疫情的突发性和不确定性使得之前的异地旅游也受到了严重影响。为了避免在异地旅游期间遭遇封控，人们近两年减少了外地旅游，纷纷选择节假日期间在本地附近游玩，这也催生了一些新的旅游方式。因此，浦东引领区在进行消费模式创新时，需要从消费者因为各种因素影响而衍生的新消费需求入手。

（二）以更大力度加强品牌建设为消费模式创新注入新动能

浦东在打造全球消费中心城市过程中急需有自己的本土品牌作为名片，提升城市知名度，吸引更多的全球资源。打造国际消费中心城市离不开品牌建设，这对城市中的企业和城市自身来说都是如此。对于企业而言，自有品牌建设可以拓展企业的业务范围、增强产品品质、降低广告费用、提高客户忠诚度，实现整体综合收益的全面提升；对于城市发展而言，通过发展自有品牌可以为当地消费升级提升注入新动能，进而提升城市整体品质。

2021年10月，浦东新区通过了《全球消费品牌集聚计划》，以六大专项行动为抓手，打造国际消费中心。在2025年前，浦东要打造成面向全球市场的品牌首选地、新品首发地和潮流风向标，需要在以下几个方面进行发力。

第一，品牌总部提质行动。着重引进国际知名品牌商、品牌首店、旗舰店，支持国潮品牌等进入浦东核心商圈，提升总部企业品牌运作能力。第二，品牌载体建设行动。以五彩滨江等空间布局规划为引领，建设陆家嘴世界级地标商圈，张江、前滩等区域特色商圈以及滨江沿线首发地标。第三，品牌渠道拓展行动。通过"一带一路"、进博会引进具有全球标识度的品牌供应商，扩大品牌渠道。依托外高桥做强一批进口消费品集散平台，拓宽品牌渠道。推动国内外标准互认和贸易便利化，畅通品牌渠道，力争实现"零时差""全球购"。第四，品牌创新赋能行动，包括开放赋能，探索放宽服务消费市场外资准入限制，争取跨境专业服务率先开放；数字赋能，探索构建"智慧商业"体系；融合赋能，推动商旅文体展等融合品牌发展。第五，品牌传播推广行动。以节庆活动、行业活动与论坛、品牌首发活动等助力品牌传播；加强展会与消费联动，促进品牌推广。第六，品牌环境优化行动，重点探索包容审慎监管，推进消费领域标准化建设，加大品牌发展政策支持力度。

除了上述方面外，浦东不仅要做高端品牌的进口集散地，吸引奢侈品牌投资，还要做品牌消费的供应链管理中心、快消品的物贸总部基地和本仓。特别是在境外旅游受阻的背景下，应抓住高端消费回流扩大内需市场的窗口期，加快制定促进消费回流的政策，加快集聚全球优质商品和服务。还要放大进博会溢出效应，迎合国内升级版消费需求，引进一批有特色、优质的进口产品，同步建立进口消费品展示交易直销平台。此外，在集聚国际品牌的同时，浦东要重点打造上海本土制造消费品品牌，包括打造外贸企业自有品牌，扩大"同线同标同质"实施范围，发展城市定制商品和高级定制品牌，打响一批引领性本土品牌，支持其进商场、上平台、入驻特色街区、进免税店。

（三）提高消费商品和服务的供给质量以提升消费模式创新品质

在当前的发展形势下，浦东引领区的消费模式创新应体现在提质扩容上，即从提高供给质量的角度来促进消费模式创新。

第一，利用浦东引领区的自身资源和市场优势，开发建设更完善的服务性消费项目，如高端养老社区、养老公寓、高端医院和现代化文化体育设施等，探索建立养老托幼、家政服务、健康保健、文化体育服务方面的标准体系，在提高服务产品质量方面走在前列，树立典范。

第二，在放宽电信服务、医疗健康等服务消费市场外资准入限制方面做新的探索和尝试，拓展开放合作平台，扩大与消费相关的服务业开放，促进服务供给体系升级。

第三，培育绿色健康消费新模式，以更大力度地倡导绿色低碳消费。未来的上海将大力推广节能环保低碳产品，全面推行绿色产品政府采购制度。因此，作为引领区，浦东应当大力倡导生态设计和绿色消费理念，减少一次性用品的使用，引导消费者优先采购可循环、易回收、可再生的替代产品。试点餐饮行业绿色账户积分激励机制。加强塑料污染治理。推进再生资源回收和利用，提高资源综合利用率，推动汽车使用全生命周期管理。

第四，持续提升浦东引领区的时尚引领度。通过整合城市消费资源，办好中国国际零售创新大会等一批重点商业活动。同时，培育一批具有国际影响力的时尚传媒品牌，促进时尚创意文化产业发展，将浦东打造成为国际时尚消费风向标。

（四）深化数字化转型为消费模式创新提供互联网新赛道

首先，要鼓励数字技术应用在浦东引领区消费领域中的业态模式创新。强化购物场景的智能化、数字化、情景化，推动智能定位系统、智能影像分析等广泛应用，为消费者提供创新性、智慧化的体验服务。同时将绿色服务、节能减排、资源循环等概念充分融入消费环境中，支持各类新型电商平台企业积极开展技术研发及场景应用。

其次，要坚持实体消费与云端消费双轮驱动，夯实浦东引领区高品质消费生活的产业支撑条件。加快商业转型升级，打造商业新业态新模式，打响"上海云购物"品牌，举办更多云走秀、云体验、云展览活动。培育壮大智能制造、无人配送、在线消费、医疗健康、电子商务、网络教育、网络娱乐等消费新业态，充分激发网络直播、短视频、电子商务、外卖、远程办公、无接触零售等新型消费潜力。比如，2020年以来上海连续三年举办"五五购物节"，吸引了众多在线新经济企业参加，实现电商（线上）和实体零售（线下）融合发展，大大激发了消费活力。

最后，要通过完善法律法规，加快推进浦东引领区的消费领域数据安全建章立制。加快推进上海数据条例立法计划，完善数据安全相关法律法规和标准规范。

（五）完善营商环境和配套措施为消费模式创新构建保障体系

第一，构建与引领区作为国际消费中心城市相适应的消费统计指标体系。居民高品质生活需要正在引领消费内涵的变化，完善消费统计的指标体系是当务之急。在教育服务、医疗卫生服务、文化娱乐服务、自有住房服务、金融保险服务等服务性消费占比不断提升的背景下，应及时开展对消费新业态、新模式的量化跟踪。

第二，需要更紧密地将新消费关键领域与社会资本相结合，推动浦东引领区的新型消费示范城区建设。建立政府和社会资本合作机制，设立新零售产业发展基金，通过多种不同的市场方式，着力打造智能体验消费场景，推动商业数字化转型。整合利用国有资本投融资平台和上市公司平台，推动商贸领域国有企业加大对产业链缺失环节的并购力度。

第三，以国际化消费载体提升国际化服务功能，助力引领区创建国际旅游消费示范区。发挥上海国际旅游度假区与自贸区的叠加效应，打造高品质的免税购物综合体。提高浦东国际机场等口岸免税店运营水平，鼓励免税品运营商在浦东选址、布局市内免税店，支持零售企业争取免税经营执照，提升免税商品购买便利度。合理规划离境退税定点商店布局，完善离境电子退税流程，为境外游客提供更加便捷的出口退税服务。

第四，增强外籍人士消费便利性，拓宽入境旅客数字化支付渠道。措施包括建设面向团队的入境签证互联网申报平台；为具有国际影响力的展会、文化、赛事活动入境人员办理签证提供便利；释放团队旅游、健康旅游签证便利政策效应；用好 144 小时过境免签、邮轮免签政策。同时，拓宽入境旅客数字化支付渠道，推动银行业金融机构开展入境游客移动支付服务项目落地实施和推广，完善外卡收单受理环境，打造多语种服务示范场景，开发英文版电子地图。

第五，以制度性障碍为突破口，营造消费产业的高质量发展环境。深化商事登记制度改革，促进连锁经营和新零售发展。根据在线新经济的纳税销售额和区域贡献，论证出台相关激励措施的可行性和有效性。进一步完善商业服务标准化体系，营造良好的营商环境，维护公平、公正、健康的零供关系，构建"信用""商圈"管理模式，充分保障跨境消费消费者权益。

参考文献

《产品分析报告——盒马鲜生的前世今生 | 人人都是产品经理》，http：//www.woshipm. com/evaluating/4078571. html。

《发挥大平台大流量优势，打响"上海云购物"新品牌》，https：//ishare. ifeng. com/c/s/7vuHQ13LB2K。

《〈光明日报〉头版关注上海：在线新经济托起新增量！》，https：//mp. weixin. qq. com/s/tJngcNj6VeBB8uu9QgVS2A。

胡懿新：《"老字号"振兴需要新思维、新探索、新作为——访上海国盛资本管理有限公司总经理周道洪》，《上海国资》2020 年第 2 期。

《经济日报》，新型消费打开内需新空间，各地推出消费新场景新体验，https：//

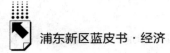

baijiahao. baidu. com/s？id＝1732242664674629499&wfr＝spider&for＝pc。

刘功润：《提振消费不仅要关注存量，更应顺势培育新消费动能》，《21 世纪经济报道》2021 年 9 月 28 日，第 3 版。

刘社建：《"双循环"背景下上海构建国际消费城市路径探析》，《企业经济》2021 年第 1 期。

刘元春、张杰：《聚焦国际消费中心城市建设》，《前线》2021 年第 5 期。

《上海成"全国首店"TOP1，2021 全国首店 160+》，https：//mp. weixin. qq. com/s/zvTGUgBrZ1MzIRZb3LRmDg。

《上海"打造'100＋'品牌产品建设在线新经济生态园》，https：//baijiahao. baidu. com/s？id＝1664500459196012730&wfr＝spider&for＝pc。

《上海：打造具有全国影响力的直播电商平台，培育优质 MCN》，http：//www. weishangagent. com/newsInfo/290032. html。

盛宝富：《在新发展格局下打造上海国际消费中心城市》，《中国外资》2021 年第 9 期。

陶希东：《上海建设国际消费中心城市的成效、问题与对策》，《科学发展》2020 年第 11 期。

汪婧：《国际消费中心城市、内涵和形成机制》，《经济论坛》2019 年第 5 期。

谢京辉、闫彦明、安翊青、蔡海荣、凌燕：《上海品牌之都发展报告 2020》，上海社会科学院出版社，2020。

徐晶卉：《点燃消费新引擎，密码就在这些"热词"里》，《文汇报》2021 年 7 月 19 日，第 6 版。

宗和：《如何推进上海品牌经济发展——对话质量与品牌专家、上海市经信委调研员徐铭》，《上海质量》2021 年第 5 期。

B.12
浦东新区硬核科技企业孵化：
问题及对策建议

李泽众　张伯超*

摘　要： 本文首先对浦东硬核科技企业的发展现状进行了分析，重点分析了发展的特征和趋势。然后，从孵化源头、孵化培育和孵化成效等角度剖析了浦东硬核科技企业存在的短板和不足。通过对浦东硬核科技企业以及孵化载体的调研走访和研究分析，明晰当前浦东硬核科技企业发展态势、服务硬核科技企业的能力水平及成效，为浦东企业发展模式从规模增长转变为内涵改善和质量提升提供重要依据，为浦东孵化、培育主体环境优化提供建议。未来，需要进一步增强浦东整体区域的创新动力，搭建资源对接平台，提升专业服务水平，鼓励开展多样模式创新，为硬核科技企业的成长创造良好的发展路径。

关键词： 浦东新区　硬核科技企业　企业孵化模式

　　当前中国正在经历由制造大国向科技强国迈进的转型时期。在全国研发经费投入持续快速增加的背后，企业作为研发经费投入的主体

---

* 李泽众，经济学博士，上海社会科学院经济研究所助理研究员，主要研究方向为环保政策、可持续发展；张伯超，经济学博士，上海社会科学院经济研究所助理研究员，主要研究方向为数字经济、科技创新。

之一，研发经费投入强度稳步提升，为推动国家向科技强国的转型奠定了坚实基础。硬核科技企业的专注领域为人工智能、生物医药、集成电路、新材料、新能源、信息技术等高新技术产业，具有技术壁垒高、研发投入高、专业人才要求高、符合国家战略、拥有关键核心技术、科技创新能力突出的特点。在大力支持新业态的背景下，浦东科技企业加大前沿技术研发和关键核心技术的攻关力度，包括生物医药、人工智能、集成电路等众多领域，浦东科技企业和相关新业态将进入发展黄金期，成为发展主力军，以科技创新驱动高质量发展。本文通过对浦东硬核科技企业以及孵化载体的调研走访，针对当前浦东硬核科技企业发展态势、主要问题和发展瓶颈进行分析，为浦东孵化、培育主体环境优化提供政策建议。

一　浦东硬核科技企业的发展现状

在已形成的企业培育梯度"孵化企业—高新技术企业—专精特新企业—科技小巨人—上市企业"中，部分孵化企业和高新技术企业、专精特新企业、科技小巨人、科创板上市企业等都属于硬核科技企业范畴，其中孵化企业是硬核科技企业重要来源之一。本文选取孵化企业作为主要研究对象，筛选出浦东六大硬核产业范围内的孵化企业（包含在孵企业和毕业企业）进行分析，同时对服务孵化企业的孵化载体进行研究。当前在孵企业中硬核企业数量少，属于六大硬核行业领域的企业共有 2619 家，其中具有研发投入的企业 1131 家、具有知识产权授权的企业 104 家。通过分析发现，浦东硬核科技企业的发展现状如下。

（一）孵化载体数量持续增加

在孵化载体分类上，浦东拥有孵化器、加速器、大企业开放创新中心等多形式、多种类的孵化服务机构，打造出全链条服务体系。具体来看，孵化载体数量已从 2016 年的 97 家增长至 2020 年的 174 家。并且，2021 年大企业开放创新中心发起建设，由行业龙头企业或细分领域领军企业作为主体，遵循开放式创新全球创新趋势，吸引集聚创新力量，是实现协同创新的新型载体，2021 年 7 月，浦东新区授牌第一批大企业开放创新中心 20 家，12 月授牌第二批大企业开放创新中心 14 家。截至 2021 年底，浦东累计授牌 34 家大企业开放创新中心。"十三五"期间，浦东新区孵化服务主体数量逐渐上升、种类日益丰富，孵化体系发展进入相对平稳时期。

（二）孵化载体成效日益显著

孵化载体自身建设发展呈现高品质，在国内形成孵化体系发展标杆。浦东是创新发展的关键标杆，两批大中小企业融通型特色载体在张江和金桥先后试点，全国首批三家海外人才离岸创新创业基地之一落户上海自贸区。新区孵化载体建设情况在上海名列第一，2020 年新区孵化毕业企业 127 家，占全市的 32.15%（全市 395 家）。浦东市级以上孵化载体数量逐渐上升，2020 年国家级科技企业孵化器数量（17 家）占全市的 27.87%，市级 53 家。孵化器和加速器共获得各类资质 259 项，平均每家获得 1.52 项资质，获得 1 项资质的有 73 家，获得 2 项及以上资质的有 71 家。大企业开放创新中心实现多类赋能，自 2021 年 7 月至 2021 年 12 月底，18 家大企业开放创新中心累计推动 76 家企业实现技术赋能，23 家企业实现金融赋能，124 家企业实现生态赋能。

（三）硬核企业研发投入和知识产权均逐步增长

企业研发投入资金持续增加。2020 年浦东新区的在孵企业共投入研发资金 60.46 亿元，同比增长 68%，相较 2018 年增长率达到

320.15%。从研发投入平均值来看，2018 年为每家企业 44 万元，2019 年为每家企业 100 万元，2020 年为每家企业 151 万元，连续三年呈增长状态，表明在孵企业高度重视研发投入，科技实力稳步增强。孵化企业中绝大多数属于六大硬核产业领域，且多从事人工智能基础算法底层技术研发、集成电路芯片设计、新药研发、体外诊断等硬科技创新。

企业知识产权数量递增。三年来在孵企业知识产权产量高速增长。2018 年浦东新区在孵企业知识产权授权 PCT 7 件，授权一类 118 项，授权二类 867 项；2019 年知识产权授权 PCT 增长至 10 件，授权一类数量增长 24.42%（148 件），授权二类数量增长 28.14%（1111 件）；截至 2020 年底，知识产权授权 PCT 数量略有下降，授权 5 件，授权一类数量同比增长 96.62%，与 2018 年相比增幅达到 146.61%，授权二类与 2019 年相比，增幅为 75.34%，比 2018 年增长 124.68%。

二　浦东硬核科技企业孵化的短板和不足

（一）孵化源头：企业基数少，硬核科技属性不强

浦东硬核科技企业总量少。现有孵化企业数量为 3984 家（包含在孵企业及创业团队），约占浦东中小型企业总量（近 5 万家）的 7.97%。其中属于六大硬核产业范围内的在孵企业有 2619 家，约占总量的 5.23%。此外，浦东硬核科技企业属性弱。浦东满足三大硬核科技特征属性（产业领域、研发投入、知识产权）的在孵企业不足千家，约占浦东中小型企业数量的 2%。通过分析，具体原因可能在于以下几点。

第一，企业新增量少，近 2 成孵化载体 2020 年无新增量。2020 年共计新增入孵企业 796 家，平均每个孵化器新增 5.57 家企业，其中 23 家孵化器在有效考核期内没有新增企业，占比约为 16.08%。对比杨浦

区来看，其 2020 年平均每家孵化器新增 15 家企业，约是浦东均值的 3 倍。从区域分布情况来看，有 65.66% 的企业集聚在张江片区，8.95% 企业位于金桥片区，临港、保税区、陆家嘴和其他街镇分别聚集 5.20%、3.87%、3.14% 和 13.18% 的企业（见图 1）。从新增企业数量来看，65% 的孵化器新增企业数量为 1~10 家，仅有 4 家孵化器新增企业在 20 家以上。

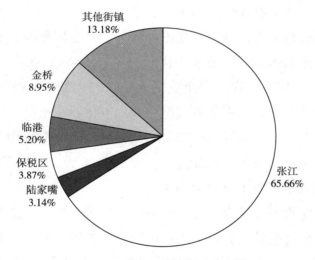

图 1　新增企业区域分布情况

资料来源：《2022 年浦东科技进步报告》。如无说明，本文图表资料来源均为此，不再赘述。

　　新增企业数量较少主要有两点原因。一是孵化器场地不足。不同领域企业的成长属性不同，对创业场地面积要求也不尽相同。结合调研走访收集到的信息，发现生物医药类企业成长缓慢，需要较多空间用于实验、安放大型试验设备等，生物医药类孵化器入驻满员后，可能几年内无法吸纳新企业新项目入驻，存在明显场地不足问题。二是招商渠道较少。绝大多数孵化器主要招商渠道为活动招商、以商招商、互联网新媒体招商以及招商代理，共四条路径，也有部分孵化器认为政府引入资源是重要的招商渠道，其他招商渠道比较少用。

第二，企业累积量少，超4成企业未获得房租补贴。截至2020年12月，浦东在孵企业总量为3984家，以房租补贴为口径判断实际孵化企业数量，发现获得房租补贴的企业有2288家，仅占总量的57.43%。且获得房租补贴的企业中有一些满足毕业标准但仍未离开孵化器，据不完全数据统计，符合毕业标准的企业有548家，获得房租补贴但符合在孵企业标准的企业数量不多。

从原因分析来看，可能存在三种情况。一是部分企业超出孵化期限。在孵企业基本条件中要求孵化时间一般不超过48个月，最长不超过60个月。实际存在一些企业仍入驻在孵化器中，所以不满足补贴标准。二是部分企业不是科技型企业。孵化器在招商中会招收普通初创企业，这类企业不满足科技型企业标准，但能给孵化器带来房租收入。三是4成企业为注册型企业。从数据来看，有1052家企业为注册型，占浦东在孵企业总量的4成。

第三，实地办公量少，近4成为虚拟注册型企业。企业发展成效与所处生长环境有较大关联，如提供给企业的服务质量、资源对接的丰富度、创新生态氛围等可能会影响企业成长为硬核科技企业。所以，实地办公型企业与注册型企业相比，更能反映出所处环境对企业成长的影响。从数据表现来看，浦东注册型企业数量超4成。2619家企业中，59.83%的企业是实地办公型（1567家），1052家企业为注册型。聚焦区域分布，六大硬核产业相关企业主要集中在张江片区，企业数量超过72%，远超其他地区；其次为金桥片区，企业数量占比为9%，临港片区和保税区企业数量占比均在4%~5%区间（见图2）。其中张江片区实地办公型和注册型企业数量均为最多，分别为1163家和740家。其次，企业数量较多的为金桥片区，实地办公型企业为112家，注册型企业为125家（见图3）。整体来看，不同企业类型地区分布出现不均衡现象。

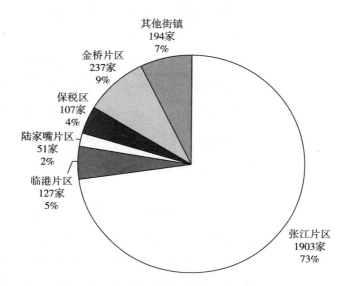

图2　六大硬核产业相关企业区域分布

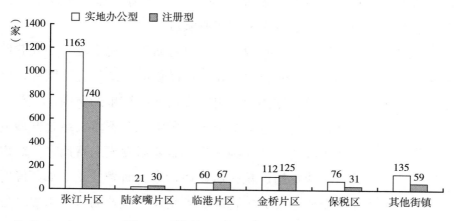

图3　不同性质企业地区分布情况

不同区域呈现企业分布不均衡现象，可能由多种因素造成。一是张江创新创业氛围浓厚，企业更愿意集聚在氛围浓厚区域。张江拥有信息技术、生物医药、集成电路等多个产业发展的基础要素，且产业已经实现规模化发展，可以为初创企业提供较多发展机会、资源，相比其他区域，企业更愿意在张江片区。二是片区之间没有形成联动发展机制，企业资源流通不畅。从孵化器座谈会、沙龙等多个活动的信息收集情况来看，临港、保税区、其他街镇等区域，孵化器仍有较多空间可以容纳企业发展，但没有企业团队来源。与此同时，张江片区孵化器大多出现企业饱满情况，一些优质新资源想入孵却没有空间满足，不同片区间孵化器联动、沟通缺失，资源流通不畅，最终导致新区整体发展表现为"旱涝分明"。

第四，研发投入较低：超6成在孵企业研发投入低于100万元。2619家在孵企业研发投入额共计28.06亿元。具体来看，发生研发投入的企业中，有66.47%的企业投入费用低于100万元，23.42%的企业研发投入费用在100万~500万元（含）范围，研发投入在500万~1000万元（含）范围的企业占比为5.44%，研发投入高于1000万元的企业占比为4.66%。从企业所属产业领域来看，研发投入高于500万元的企业均属于生物医药产业领域。

从原因分析来看，主要有两点。一是对研发重视不足。如互联网企业，注重模式创新，而非技术创新、产品创新。此外互联网公司核心研发人员少、研发投入比例少，也是导致该种结果的原因。二是资金不足。企业处于初创期，自有资金少，融资机会不多，结合开展的孵化器座谈会、沙龙等活动了解到，许多企业研发投入费用大，难以找到投资人，导致企业负担加重，后期逐渐减少研发开支。如莘泽孵化器反映，其在孵企业主要为生物医药类企业，企业渴望寻求更多融资机会，也期待融资方式更加灵活。一些涉及海外融资的机会受到政策法规等多重阻碍，导致企业融资机会缩减，不得不压缩研发费用投入。

第五，创新成果较少：超9成企业无知识产权授权。据不完全统计，2020年度在孵企业知识产权授权一类291项，占全区总量（授

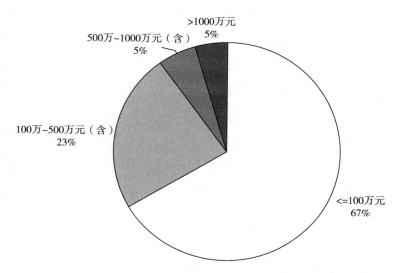

图 4 发生研发投入的企业研发费用分布情况

权一类 8000 件）的 3.64%；授权二类 1948 项，占全区总量（授权二类 22000 件）的 8.77%；授权 PCT 5 件、植物新品种 3 个、集成电路布图 497 个、软件著作权 6354 件。具体来看，96.33% 的企业没有授权知识产权，3.32% 的企业授权数量为 1～10（含）件，仅有 0.34% 的企业（13 家）授权量超过 10 件。99.43% 的企业没有授权发明专利，发明专利在 5 件以内的企业仅有 14 家，超过 5 件企业的仅有 1 家，为上海傅利叶智能科技有限公司（7 件）。

表 1 浦东在孵企业创新成果情况

	知识产权申请数（件）	知识产权授权数（件）	授权一类（项）	授权二类（项）	申请 PCT（件）	授权 PCT（件）
数量	180	404	291	1948	29	5
	软件著作权（件）	植物新品种（个）	集成电路布图（个）	购买国外专利（件）		
数量	6354	3	497	39		

从原因分析来看，在孵企业知识产权授权量不多的原因主要有以下几点。一是在孵企业处于初创期，技术不够成熟，想要申请知识产权授权，但不能达到授权标准，所以知识产权授权量不多。二是部分在孵企业不愿意申报知识产权授权。不愿意申报的原因可能是申报知识产权授权会产生一定成本，如占用时间较长、花费较多精力；还可能是在孵企业对知识产权没有相关了解，没有意识去申报专利授权；还可能是因为原来浦东是有知识产权申报政策的，对企业有一定的补贴，但现在政策取消，企业无法获得相应补贴。

（二）孵化培育：软件配套少，外部资源合作不多

培育优质企业数量不多，仅占新区总量的1/10。2020年浦东新区孵化载体器，培育435家高企，占高企总量的11.50%，高企培养入库15家；培育科技小巨人企业21家（含培育），占新区总量的3.54%。为了更好地孵化、培育出硬核科技企业，优质孵化载体应具备提供平台/渠道对接、开展金融活动、聘请创业导师辅导培训、对接相关资源等多个条件。基于以上条件对现有孵化载体进行分析，发现整体孵化载体规模数量上涨，但专业服务水平偏低。对孵化培育过程进行分析，发现主要有如下几方面的原因。

1. 平台搭建不多：超7成孵化器未开展平台建设

平台搭建分为两类，一类为服务平台，另一类为金融平台。从数据表现来看，86.71%的孵化器没有服务平台，70.63%的孵化器不具备投资基金平台。从区域分布来看，拥有平台建设的孵化器主要位于张江片区，19家建设了服务平台的孵化器中有15家位于张江片区，建设投资平台的孵化器中有80%集聚张江。从建设成效来看，拥有平台的孵化器承担全区新增企业数量的1/3，有效期内吸引企业并落地124家，占2020年度新增企业数量（393家）的31.55%。

表2 投资平台建设情况

单位：%

投资平台孵化器的情况	占比
建设投资平台	29.37
使用自有资金进行投资	18.18
使用母公司基金投资	2.80
合作成立投资基金	8.39

从原因分析来看，孵化载体平台建设数量不多的原因可归纳为三点。一是部分孵化载体无需平台服务。不同领域对公共服务平台需求不同，如互联网信息技术公司对平台需求不多，而生物医药类公司则对平台建设诉求较高，公共服务平台可降低生物医药类公司运营成本、缓解其资金压力等。二是对公共服务平台建设重视程度不足。浦东孵化载体数量众多，载体创始人、管理层管理水平存在差异，一些孵化载体对政策了解不足、对平台建设的重要性认知不全，致使对平台建设重视程度较低。三是孵化载体资金不足导致没有能力建设平台。如对于新成立的孵化载体，增加公共服务平台建设会增加载体运营成本，导致负担过重。

2. 重大融资偏少：仅7家孵化器达到重大融资标准

从重大融资来看，7家孵化器的在孵企业达到重大融资标准，其中上海襄创创业孵化器管理有限公司的企业融资额度较大。具体来看，融资额为3亿~4亿元的在孵企业有一家，属于上海襄创创业孵化器管理有限公司；为1亿~2亿元的企业有两家，分别属于上海襄创创业孵化器管理有限公司和众物（上海）科技有限公司孵化器；为5000万~1亿元的企业有6家，有2家在上海创徒科技创业服务有限公司，其余4家分布在上海兴赫众创空间管理有限公司、上海张江管理中心发展有限公司、上海谦岩企业管理有限公司以及上海医谷孵创创业投资有限公司。

原因分析，最大的可能是多数孵化器成立时间较短，具备的资源不多，尤其是投融资机构、行业龙头等方面资源欠缺，无法为在孵企业提供大量的融资渠道和平台，最终表现为达不到重大融资项考核标准。

3. 创业导师不足：导师数量分布离散程度较大

从创业导师拥有数量来看，近3成孵化器没有创业导师，且孵化器间差距较大。对于创业企业来说，一个合适的创业导师对企业的发展有举足轻重的影响。创业导师的指导，能帮助企业在面对激烈的市场竞争以及发展路线不明的情况下，少走弯路，迅速成长。据不完全统计，浦东实际服务在孵企业的创业导师有579位，平均每家孵化器有4.05位，高于平均值的仅有37家（约25.87%）孵化器。其中有92家孵化器拥有1~10位创业导师，8家孵化器有11~20位导师，3家孵化器有20位以上导师，莘泽孵化器创业导师人数最多，达到43位，为均值的10.61倍。对符合标准的孵化器进一步分析发现，以创业导师与在孵企业数量比例为依据，有6家企业创业导师数量可以覆盖企业数量，满足一对一辅导服务，有5.59%的孵化器创业导师数量可以满足一对二辅导服务。

浦东孵化器创业导师数量分布差距大，可能有以下几点原因：一是孵化器对创业导师重要性认知不足；二是孵化器没有资金能力聘请创业导师。优质创业导师成本较高，对于部分孵化器而言会造成一定负担。

4. 与院校合作少：不足一成孵化器与高校合作

从数据表现来看，超90%的孵化器没有与高校开展合作。仅有8家孵化器与知名高校合作，占总量的5.60%。8家孵化器与高校合作共计17次，平均每家2.1次。其中上海创徒丛林创业孵化器管理有限公司合作次数最多，高达5次，高于均值2倍；上海晟唐孵化器管理有限公司与大得创同（上海）科技有限公司各与高校合作3次。

表3　孵化器与高校合作情况

单位：次

序号	孵化器品牌名称	合作次数	所属区域
1	襄创孵化器	1	张江
2	晟唐孵化器	3	张江
3	大得创同	3	张江
4	鑫壁晟	1	张江
5	创徒丛林	5	张江
6	可可空间	2	非张江
7	微创医疗	1	张江
8	能衡科技	1	非张江

5. 与大企业合作少：6家孵化器与500强企业合作

从数据展示来看，与世界500强企业合作的孵化器仅有6家，合作次数共计12次，平均每家合作2次。其中，上海京航创业孵化器管理有限公司合作频次最高，达到6次，是均值的3倍；其次合作较多的为上海智道文化传播有限公司，合作次数为2次；其他孵化器合作频次均为1次。

对于没有与高校合作、与大企业开展资源对接联动发展的孵化器来说，主要原因之一是信息联系方式无法获取。超过七成孵化器表示没有与科研院校、大企业、园区等产业资源对接的条件，联系方式无法获取，没有搭建资源对接的机遇。

表4　孵化器与大企业合作情况

单位：次

序号	孵化器品牌名称	世界500强企业重大技术合作	所属区域
1	襄创孵化器	1	张江
2	可可空间	1	非张江
3	智道文化	2	非张江
4	瑞谷传祺	1	张江
5	衍禧堂	1	张江
6	京航孵化器	6	张江

（三）孵化成效：毕业企业数量少，服务和联动力度不强

1. 毕业企业数量少：七成孵化器未产生毕业企业

据统计，目前有超过七成的孵化器还未产生毕业企业。毕业企业数量少，原因可能有两点。一是毕业企业认定标准不健全。浦东当前孵化毕业政策只针对孵化器而制定，对于众创空间内的在孵企业还未有认定标准。二是已达到毕业标准的在孵企业不愿意毕业。根据现有政策规定，在孵企业可以享受政府补贴，一旦认定为毕业企业，将不能够享受此类政策优惠，所以部分在孵企业不愿意、不主动进行毕业认定。

2. 毕业服务不完善：两成孵化器与毕业企业联系断档

浦东创业服务载体发展呈现"两头强，中间弱"的态势。孵化器和产业园区发展好，加速器发展水平不高。当前，新区加速载体只有4家，孵化毕业企业加速服务环节薄弱。孵化毕业企业或为高企，或深受资本认可，是科创板上市的潜力企业。对接机制不明，服务断层，孵化毕业企业迁出信息掌握不及时，导致优质企业流失。根据问卷调查情况分析，21.36%的孵化载体没有与毕业企业保持联系。

毕业企业后续追踪服务不够完善，一是由于上海市政府正在更新中小型科技企业系统，已毕业企业填报断档，未与市里取得联络，信息对接缺失；二是浦东仍未形成自己的毕业企业跟踪体系，对毕业企业掌握不足，导致部分企业流失。

3. 加速器环节薄弱：入驻企业量少，服务水平不足

加速器发展跟不上现有需求。当前浦东拥有加速器4家，分别为ATLATL飞镖加速器、万库加速器、自贸壹号、贺海加速器。其中三家聚焦生物医药领域，两家位于张江。从入驻企业来看，加速器招商数量不多。浦东拥有高企累计3784家，2020年新增高企1674家。而据不完全统计，入驻加速器的企业总计不足200家，其中已知高企

数量仅有数十家，占比不足 10%。

从产业领域来看，加速器无法满足多数企业需求。当前 4 家孵化器中，ATLATL 飞镖加速器、万库加速器、自贸壹号 3 家专注于生物医药领域，贺海加速器专注于智能制造领域。但从在孵企业发展领域可知，从事"数据港""中国芯"等领域的企业数量不少，除"创新药"和"智能造"外，其他领域企业总占比超 68%，而加速器却没有为这些领域企业提供专业加速服务。

当前浦东加速器发展缓慢主要原因有三点。一是缺乏相应标准指引。随着双创事业的发展，更多机构开始尝试"柔性加速"，如 PNP、微能加速器等机构的加速服务打破空间约束，能为浦东乃至上海市优秀企业都提供必要的产业、资本等加速服务，其与传统意义上的加速器有明显区别（不需要空间、周期较短），而浦东还未对新型平台型加速器进行界定与支持。

二是未能发挥政策效用。加速器"管理办法"设置的门槛仍较高，很多有意向申报加速器的企业都因为企业注册地、投资案例等问题未能申报成功，对其积极性打击较大。目前虽然针对加速器有绩效考评后补贴支持，但是只针对空间型加速器。且由于考核指标体系仍未完善，部分指标设置不够合理，加速器实际申领的补贴非常有限。政策补贴主要针对加速器，而加速器申报和绩效考评的材料则需要加速企业提供，加速企业并不能直接获得实惠，这也导致了加速企业不愿意配合加速器提交相应材料，将直接影响加速器的认定和考评。

三是缺乏持续盈利模式。浦东新区的加速项目高度集中在高科技领域，企业发展周期长、技术要求高，服务企业发展的专业化水平越来越高，与之匹配的人力、服务、运营成本越来越高，容易导致加速器入不敷出。

4. 创新创业氛围不高：过半的孵化器开展活动较少

2020 年度创新氛围营造不足。从活动开展来看，2020 年考核期内，有 81 家孵化器没有举办任何活动，超总量一半。其余 62 家孵化器，举办重点创新创业活动共 173 次，举办国际化创新创业活动共 98 次。其中，上海纳派创业孵化器管理有限公司举办重点创新创业活动次数最多，共 13 次；上海莘泽创业投资管理股份有限公司和上海智百咖信息科技有限公司紧随其后，均为 11 次。上海芬华创新中心有限公司举办国际化创新创业活动最多，共 10 次。

三 对优化浦东硬核科技企业孵化的对策建议

（一）创造强弱合作机遇、搭建资源对接平台、激活创新新动力

硬核科技企业的发展离不开人才、资本、技术、产业等全方位的要素支撑。一是加强与科研院校、大企业、大企业开放创新中心等合作。吸引更多高端人才、优质资本、创新技术平台以及产业龙头聚集浦东，提升硬核科技知识产权授权量、技术成果转化率、商业和产业化率，创造资源对接机会、搭建资源对接平台。二是鼓励创新型孵化载体开展各类活动。举办创业创新赛事、产业论坛/沙龙、高端/前沿产业大会等，激发各类创业主体新动能，打响浦东孵化品牌，为硬核科技企业发展提供强劲动力。

1. 扩展孵化载体基数，增强创新发展动能

一是加快引进一批知名孵化机构。通过对浦东当前发展现状摸排，对标国内国际知名孵化机构，梳理出优质孵化机构清单；由政府主导，各部门协作，建立新区内统一孵化载体引入政策，在土地使用、房屋租赁、人才团队等多方面设立标准，按达到标准条数给予优惠补贴，吸引知名孵化机构落地浦东。

二是鼓励各主体自建孵化载体。由政府出台支持孵化载体建设条

例，对管理片区/园区/科研院所/高校/大企业等多层次主体建设孵化器、加速器、众创空间、科技园区、特色园区、大企业开放创新中心等孵化载体给予补贴、税收优惠等，加速新区内科技创新、成果转化、产业规模化融通发展。

三是促进优质孵化载体品牌化建设。在新区范围内设立孵化载体品牌化发展鼓励机制，支持张江孵化器、莘泽孵化器、创徒丛林等一批优秀本土孵化载体跳出现有区域，在其他片区如临港、其他街镇、保税区等设立分支机构，扩大服务范围、拓展业务领域，孵化更多企业，为新区培育更多高质量企业打牢基础。

2. 增强企业招商力度，优化企业入孵标准

一是加快扩充孵化载体招商渠道。以"协同发展、资源共享"为主要思路，联合各片区、街道、特色园区，制定并出台浦东新区硬核科技企业招商政策，吸引全市、全国优秀企业落地浦东；以创孵汇平台为抓手，进一步丰富信息平台功能，增加招商板块，为孵化载体招揽企业资源、为科技企业寻求办公场所提供信息交换平台。

二是鼓励科技企业在浦东实地办公。注册型企业虽然在法律上为注册地所属企业，但企业受到实际成长环境的影响，成长结果与所属地区关联不大，也无法实际反映所属地的培育环境和服务水平，所以应该鼓励注册型企业转为实地办公型，促进注册型企业落地浦东，增加硬核科技型企业的基数。

三是提高科技企业入孵标准。为保障在孵企业硬科技属性持续增强，提升浦东在孵企业硬科技实力，可将在孵企业入孵标准进一步细化，针对硬核科技领域企业提高入孵要求，对满足研发投入、知识产权等多项要求的企业给予力度更大的政策补贴，吸引硬核科技企业集聚浦东。

3. 持续优化载体分布，统筹推进均衡发展

按照"统筹推进、协同联动、分类施策"的总体思路，推动全区协调发展，制定均衡发展计划。

一是积极推动同片区内资源流动。由各片区管委会、街道办事处统筹梳理辖区内空置载体空间，形成每月/每季度闲置场地清单，将现有企业满载、场地不足、资源溢出的孵化载体，协调置换到空置区域，最大化利用现有场地。

二是促进不同片区间资源共享。以区科经委、科促中心为核心，出台新区片区间协同发展计划，将孵化资源富裕片区与资源贫瘠片区对接，开展"一对一"帮扶活动，使孵化资源贫瘠片区最大限度利用当前硬件设施，促进资源贫瘠片区孵化事业加速发展。

三是支持孵化主体多样化发展。依托各片区、街道对本辖区孵化载体情况的梳理，将各区域不同孵化资源缺失情况汇总，由区科经委统筹，各片区、街道牵头，制定各区域孵化载体发展计划，大力鼓励优质孵化器建设加速器，鼓励加速器与园区联合建设发展等。

4. 支持多类产业发展，加快集聚硬核企业

一是在政策上明确产业领域补贴。对于浦东高企认定、专精特新企业认定等多项政策，依据产业门类加大政策补贴力度。如对生物医药、人工智能、集成电路、智能装备、新材料等前沿领域企业提升补贴额度。

二是因地制宜规划片区主导产业。对不同片区优势产业进行梳理，联合各片区管委会，以优势产业为核心制定孵化培育政策，争取打造"一区一产业"。如外高桥可以主导发展游轮制造，以吸引新材料、轮船制造等企业为主；张江集聚大量信息技术在孵企业，可以鼓励张江的孵化器设立分支机构，将信息技术企业迁移至街镇，腾挪出张江片区孵化器用于生物医药、集成电路等企业孵化。

5. 鼓励企业研发投入，提升科技创新成效

一是细化现有政策规定。在浦东现有政策基础之上，对企业的研发投入和创新成果设定等级水平。如当企业研发费用总额占销售收入总额为 6%（含）以上、5%（含）～6%、4%（含）～5% 等不同情况时，补贴力度也逐次降低。企业在近一年内创新成果可分为授权一类知识产权 1 项及以上、二类知识产权 4 项及以上等不同类别，依据成效不同补贴力度不同。

二是提供创新研发融资渠道。联合区财政局、金融局等政府部门，号召孵化联盟等社会团体，邀请国内外大企业龙头企业等财力雄厚主体，共同设立孵化研发支持基金，为区域内中小型科技企业提供研发新动力。

三是加强知识产权服务。提升企业知识产权能力，推动硬核领域有研发无专利的企业快速实现知识产权零的突破。推动有研发无专利的企业通过自主研发、合作研发、购买等方式，获得有效发明专利授权。落实专利申请有关扶持政策，鼓励各类企业、社会组织及个人在新区申请各类专利及软件著作权，对国内外发明、实用新型专利授权予以奖励。

（二）提升专业服务水平，鼓励开展多种模式创新

1. 支持载体创新发展，打造优质孵化环境

一是调整优化孵化器绩效考评体系。在孵化绩效中增加孵化载体平台、渠道建设及使用权重，促进孵化器主动建设公共服务平台，为企业提供产业上下游、金融、投融资、法律、行政等资源对接，为企业注入动力。

二是提升创业导师与企业数量比例。支持社会组织建立创业导师委员会，制定对引入创业导师、创业导师落户浦东的奖励条例，由创业导师委员会负责浦东创业导师人才引进与帮助。增加孵化绩效中创业导师覆盖企业占比绩效的权重，推动孵化器积极招揽并储备一批实战经验丰富的"服务导师团"，通过"一对一问诊、针对性开药方"等方式，帮助新设孵化载体、发展遇瓶颈孵化载体成长，提升整体孵

化能级，更好为初创型硬核科技企业服务。

2. 加快融入金融资源，为企业提供资本保障

一是鼓励孵化器设立投资基金。在孵化器绩效考核中，增加建设投资基金项的权重，进一步鼓励孵化器自立或联立投资基金，为在孵企业提供融资来源。二是支持孵化器与投资机构合作。加强区域联动，以张江和陆家嘴片区为试点，建立"投孵联盟"。结合张江孵化器资源和陆家嘴金融资源，由孵化器提供优质在孵企业项目资源清单，与投资机构对接，打造良好投融资环境。三是加强孵化器与银行合作。鼓励银行与孵化器联动合作，通过孵化联盟开展"银孵"对接活动，由孵化器为银行提供高质量企业名录，为企业增加融资机会。

3. 增加活动开展频次，为企业提供创新氛围

一是以孵化联盟为主导，组织开展孵化载体间需求交流活动。做深做大创孵汇品牌，提升品牌活动频次，扩展品牌活动形式，充实品牌活动内容。增加以细分领域孵化为主的活动主题，打造同产业领域孵化载体交流、合作沙龙及论坛，提升产业孵化合力。由孵化联盟每季度组织孵化载体进行需求交流活动，将资源需求、空间需求等及时梳理形成清单，并发放至每个孵化载体，鼓励孵化载体间资源要素流动，形成动态发展，促进区域发展平衡。开展多形式的品牌化宣传，积极加入抖音、微博等新媒体，拓展宣传途径。

二是加强科研院所与孵化器对接。当前浦东拥有43家重点科研院所、16所高校、16个新型研发机构，创新动力富足。加快推进孵化器成为各大高校"成果转化首站"，形成"一站式"成果转化、企业孵化的发展格局。深化高校校区、科技园区联动融合，培育孵化一批胚胎型高新技术企业，做强做大一批高质量在园企业，推动浦东形成政策叠加、资源叠加的成果转化高地。鼓励开展校企合作，辐射带动周边区域经济发展，支撑高校师生双创实践。

三是加强大企业和孵化器间纽带联系。浦东拥有 34 家大企业开放创新中心、247 家外资研发中心、27 家 2020 中国新经济 500 强企业。积极举办硬核科技企业与大企业/大企业开放创新中心合作对接活动，加强大企业与科技企业纽带联系，集聚创新项目，储备后备企业。将有较好赋能成效的创新中心纳入众创孵化体系进行管理，同时帮助硬核科技企业克服技术、产品、金融等相关难题，推进"卡脖子"技术、前沿科技成果在浦东加速发展并转化落地。

（三）完善孵化政策机制，谋划企业成长发展路径

1. 建立毕业标准，追踪企业成长动向

一是建立硬核科技企业跟踪服务平台。坚持一个标准建设、一个平台管理，形成"一企一档"，记录企业核心指标数据和历史评估数据，作为进行孵化评估与企业成长性分析的重要数据来源，以此为基础有针对性地开展全生命周期服务。二是形成动态管理机制。根据六大硬核产业对载体和企业进行分类，形成重点孵化器和企业列表并进行动态管理，定期针对列表内企业的发展情况进行调查、审核、更新，根据产业特点形成服务清单，加强资源对接。

2. 完善孵化载体，形成区域联动孵化

一是构建孵化加速综合体。分解年度目标，挖掘、锁定重点载体并全力支持，构建孵化加速综合体，实现孵化器—加速器高效衔接、功能耦合，引导孵化器毕业企业进入加速器"二次孵化"。二是形成浦东孵化器、加速器、众创空间、园区联动发展计划。各片区推动孵化器毕业企业优先进入本区域加速器或园区，对于推荐毕业企业留在浦东发展的孵化器，将年度推荐企业数量计入绩效考核指标中。

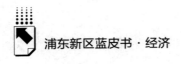
参考文献

陈曦：《大企业与孵化器的开放式创新》，《华东科技》2021年第1期。

汤琦：《从跨国企业战略布局变化看张江创新生态的演进》，《张江科技评论》2021年第4期。

高奕静、刘成：《海尔海创汇与中小企业携手共创产业新生态》，《中国中小企业》2022年第7期。

季觉苏、谢卫群：《全力做强创新引擎》，《人民日报》2021年8月10日。

B.13
浦东新区知识产权金融服务的创新实践

孙 兰*

摘 要： 知识产权金融是知识产权制度与金融服务业的有机融合，是经济高质量发展时期的重要创新业态。浦东新区是国内最早从事知识产权质押融资工作的试点区域，在知识产权金融服务创新方面逐步探索出了浦东模式。本文对浦东新区知识产权金融服务的发展历程和现状进行了梳理和分析，对取得的成效进行了总结和案例分析。在引领区建设背景下，浦东新区知识产权金融服务创新的进一步发展还面临着诸多挑战，本文从做强服务平台、聚集核心要素和深化合作机制三个方面提出相应的对策建议。

关键词： 知识产权 质押融资 金融服务 浦东引领区

　　知识产权金融是知识产权制度与金融服务业的有机融合，是经济高质量发展时期的重要创新业态。[①] 浦东新区作为上海建设具有全球影响力的科技创新中心的核心载体，高科技企业聚集、知识产权数量

---

* 孙兰，中共上海市浦东新区委员会党校公共管理教研部讲师，主要研究方向为应用心理学、浦东发展。

① 吴成颂、汪翔宇：《市场竞争、商业银行金融创新与银行业系统性风险——基于 14 家商业银行的实证研究》，《经济与管理评论》2019 年第 2 期，第 118~127 页。

众多，对知识产权金融服务的现实需求迫切。同时浦东承载着打造社会主义现代化建设引领区的国家使命和制度创新优势，有基础、有条件、有必要也有能力在加快推进知识产权金融服务方面进行探索和发展。

一 浦东新区知识产权金融服务的
发展历程和现状分析

（一）积极试点酝酿，培育价值认同

2008 年以来，我国及上海和浦东新区陆续出台了一系列关于知识产权的政策文件，对知识产权金融工作高度重视。十余年来，我国知识产权质押融资从无到有、从尝试到拓展、从最初的概念界定到解决存在的问题，无不体现了金融在知识产权发展中的支撑作用[①]（见表 1）。

表 1　2008~2022 年有关知识产权金融的文件

年份	政策文件	内容
2008	《国家知识产权战略纲要》	鼓励金融机构支持知识产权创造
2014	《深入实施国家知识产权战略行动计划（2014~2020 年）》	鼓励商业银行支持"智力"中小企业融资
2015	《关于进一步推动知识产权金融服务工作的意见》	深化和拓展知识产权质押融资，提高金融支持知识产权转化能力
2017	《"十三五"国家知识产权保护和运用规划》	建设世界水平的知识产权强国
2019	《关于进一步加强知识产权质押融资工作的通知》	就知识产权质押融资工作明确了具体要求

---

① 胡冰洋：《大力发展知识产权金融　推动经济高质量创新发展》，《宏观经济管理》2021 年第 1 期，第 73~77 页。

年份	政策文件	内容
2020	《关于构建更加完善的要素市场化配置体制机制的意见》	鼓励商业银行提供更多金融产品服务
2021	《中华人民共和国国民经济和社会发展第十四个五年规划和2035年远景目标纲要》	实施知识产权强国战略，鼓励金融机构发展科技金融产品，开展科技成果转化贷款风险补偿试点
2021	《关于进一步加强本市知识产权金融工作的指导意见》	着力发挥金融资本带动知识产权价值实现的重要作用
2021	《浦东新区知识产权发展"十四五"规划》	提升知识产权金融服务能级，创新知识产权金融服务，加强财力保障
2021	《浦东新区建设知识产权运营服务体系专项资金实施细则》	明确"对通过知识产权质押获得银行贷款的单位，给予一次性奖励1万元"
2021	《上海市浦东新区建立高水平知识产权保护制度若干规定》	鼓励金融机构优化知识产权质押融资模式，建立融资担保风险分担机制；鼓励企业以高价值知识产权组合为基础构建底层知识产权资产，在能产生稳定现金流的前提下探索知识产权证券化模式
2022	《上海市知识产权强市建设纲要（2021~2035年）》	推动知识产权市场价值深度释放和金融模式创新发展

浦东新区是国内最早从事知识产权质押融资工作的试点区域，自2005年起就积极推进知识产权质押融资工作和价值认同培育，努力缓解中小企业融资难、融资贵的问题，以及金融机构对知识产权热情不高、惜贷严重的现象。先期以类信用融资为主，轻资产的小微企业贷款以知识产权作为质押物，以政府功能性平台管理专项资金作为担保金，与上海银行合作，探索轻资产小微企业融资创新模式，按照风险敞口1∶5获得授信额度，为小微企业进行贷款融资。每家小微企业贷款金额下限是100万元，上限是200万元。通过政府专项资金担保，引导小微企业进行知识产权质押融资，目的是引导小微企业和金融机构进行知识产权价值融资试水，在实践上探索经验。经过3年探

索，浦东新区累计服务科技企业 150 余家，累计放贷金额超过 3 亿元，逾期贷款总额为 130 万元，贷款逾期率为 4‰，累计坏账约 90 万元，坏账率仅为 3‰，远远低于银行同期逾期率（1.5%）和坏账率（1.1%）。在银行逐步认识到知识产权价值的基础上，浦东新区探索银行直接知识产权质押融资，通过对银行的直接知识产权质押融资给予政策奖励，鼓励金融机构针对轻资产小微企业直接发放知识产权质押融资贷款，先后有上海银行、上海农商行、中国银行、浦发银行、江苏银行等金融机构参与，年累计发放知识产权质押贷款超过 5 亿元，积累了大量模式创新实操经验。

（二）强化政府引导，完善工作机制

浦东新区通过总结知识产权质押融资探索经验，借鉴其他地区先进做法，初步探索形成了一体两翼的知识产权融资模式，即以上海浦东生产力促进中心（事业单位）为主体搭建知识产权融资服务平台，以银行直接质押和担保公司质押为两翼形成良性互助，直接质押以优质中小微科技企业为主要服务对象，以知识产权结合其他资产组合质押给银行为主要模式，通常贷款金额为 500 万~1000 万元；担保公司质押（间接质押）以初创型小微科技企业为主要服务对象，以知识产权为主要质押品，小微科技企业通过担保公司增信来获得银行贷款，通常贷款金额为 100 万~300 万元。鉴于以上工作探索和实践，浦东新区于 2009 年入选国家产权局首批知识产权质押融资工作试点城区。

浦东 2015 年成立知识产权局后，进一步加大工作力度，设立合适有效的扶持引导政策，完善了多层次的质押融资工作机制。据不完全统计，2006 年以来，浦东新区知识产权融资产品服务企业总计超过 2000 家，累计为小微科技企业提供超过 80 亿元融资贷款。

一是开展知识产权质押融资战略合作，集中与上海银行、中国银行、杭州银行、兴业银行和宁波通商银行等签署战略合作协议，先后引导中国银行、上海银行、浦发银行等十余家金融机构联合浦东科技融资担保公司等合作开展了多层次的质押担保融资、质押保险融资和银行直接质押融资服务，并积极探索增信增贷、投贷联动等中小企业融资新模式，发行了知识产权金融卡等创新产品。

二是支持知识产权融资保险。2016年浦东作为全国知识产权保险工作的试点城区，引导保险公司、保险经纪公司等，根据自贸区和科创中心企业特点，按照企业的实际需求开放和投放保险产品。鼓励保险机构设计推出了知识产权全球险、知识产权综合运营险（包含专利、商标和软件著作权）、高价值专利综合运营险等新产品，并帮助重点企业对接投保。目前，在浦东合作开展知识产权保险业务的经纪公司、保险公司如人保财险、太平科技财险、安信农保等超过10家，陆续推出的险种超过30种，每年投保企业数量、投保种类和总保额都在不断增大。

（三）搭建服务平台，丰富产品体系

2019年以来，浦东新区知识产权融资规模大幅上升，工作上了一个新台阶。近3年知识产权融资累计规模达38.1亿元，约占上海市知识产权融资总额的25.3%；累计融资企业189家，约占上海市知识产权融资企业总数的42.4%，融资规模和融资企业数均列上海各区首位。浦东新区知识产权局主要通过搭建服务平台、加强政策引导、优化银政企联动，丰富了产品体系。

一是成立金融工作服务组织。根据知识产权金融创新工作的属性和特点，引导成立专门的民非组织——浦东新区融资促进会，引进一些熟悉知识产权和金融创新的人才来为企业服务。

二是搭建多处知识产权金融公共服务平台。以融资促进会为核心，指导其搭建了知识产权质押融资、知识产权保险等多个服务平台，畅通银企对接和服务渠道。同时针对重点企业的融资需求，将国际运营平台的知识产权交易功能与银行、担保、保险的质押处置形成有效衔接，为金融机构在质押融资中可能产生的金融风险解决后顾之忧。

三是积极引进优秀的金融服务机构，特别是金融中介机构。一方面鼓励国内外知识产权金融服务机构落户浦东，或在浦东设立办事处，更直接服务自贸区企业（如美国的 Ocean Tomo、国内的中金浩等）。另一方面把知名金融服务机构纳入企业服务平台，特别是金融质询机构、保险经纪公司、证券服务公司等。

四是定期开展产品推荐和宣讲，帮助机构加强与重点企业的直接互动。2022 年度已经组织多场线上线下产品对接、企业座谈活动。

（四）深化模式创新，提升服务能级

浦东不断深化知识产权金融服务创新，近两年信贷总量稳步提升，每年通过知识产权质押融资的中小企业超过 150 家。2021 年浦东新区知识产权质押融资金额为 19.256 亿元，排名全市第一。2022 年 8 月，浦东入选全国首批国家知识产权强市建设示范城区，同时，科创板拟上市企业上海（浦东）知识产权服务站正式启动。

一是鼓励知识产权出资入股。针对自贸区内海外人才的创新和创业实际需求，浦东新区知识产权局联合区市场监管局、商务委、金融局等，推出了系列措施，简化知识产权出资入股，特别是作为外资入股的审批、备案手续，加快了企业的设立和变更流程。

二是探索知识产权证券化。积极引导、促成重点企业和知名证券公司、投行的合作，鼓励它们探索以知识产权的预期收益为底层资产发行 ABS（资产支持证券）产品，从而进行直接融资。目前科创知识产权 ABS 项目已成功发行，多个项目都在方案协商和初步立项阶段，争取后期能够陆续公开发行。同时探索全新模式的知识产权证券化产品，与多家券商、重点企业以及知识产权服务机构沟通和协调，鼓励有条件的企业发行知识产权 ABN（资产支持票据）。

三是探索知识产权融资租赁服务，指导浦东融资租赁公司在全国率先开展知识产权融资租赁服务，帮助科创企业获得直接融资，提升融资效率，拓展中长期融资渠道。

四是引导金融机构推出多层次金融服务产品，为浦东科技型中小型企业提供快速标记的普惠金融服务。如发起设立规模达 3 亿元的知识产权"专项信贷基金"，指导银行、担保机构推出知识产权"快易贷"（审批最快仅需 3 天）；指导兴业银行推出纯知识产权快速质押产品，该产品无需担保、贷款利率下浮、银行承担评估成本。

二 浦东新区知识产权金融服务创新的工作成效

（一）搭建多个知识产权金融公共服务平台

在知识产权金融服务的创新和探索中，浦东新区政府多方位参与，充当了"担保主体+评估主体+贴息支持+风险担保"等多种角色[1]，其中，重点搭建了知识产权金融公共服务平台。

一是指导和支持专业协会组织共同搭建浦东新区知识产权金融公共服务平台，畅通银企对接和服务渠道。

二是针对重点企业的融资需求，将国际运营平台的知识产权交易

---

[1] 刘璐、郭静等：《国内知识产权质押融资典型模式比较与存在问题分析》，《现代商业》2014 年第 35 期，第 132~133 页。

功能与银行、担保、保险的质押处置形成有效衔接，为金融机构在质押融资中可能产生的金融风险解决后顾之忧。

三是加强与知识产权金融服务机构的沟通合作，签订战略合作协议，引导中国银行、上海银行、浦发银行等金融机构联合浦东科技融资担保公司等积极探索增信增贷、投贷联动等中小企业融资新模式，开展多层次质押担保融资、质押保险融资和直接质押融资服务。

四是积极搭建硬核产业知识产权转化运营服务平台，如引入南南全球技术产权交易所落户浦东。

五是针对科创板拟上市企业，提供全方位、全链条、全生命周期的一站式知识产权服务，如 2022 年 8 月正式启动科创板拟上市企业上海（浦东）知识产权服务站（全国首家）。

六是定期开展产品推荐和宣讲，帮助机构加强与重点企业的直接互动。2022 年度已经组织多场线上线下产品对接、企业座谈活动。

案例 1：知识产权国际运营平台建设

国家知识产权国际运营（上海）平台于 2018 年落户浦东，于 2019 年 5 月正式启动运行。平台聚焦知识产权交易服务、金融创新、海外布局及维权、重点产业运营及基础服务 5 项核心业务功能，打造服务于技术转移转化的交易估值能力、服务于科创板信息披露的技术尽调能力以及服务于重点产业运营的综合服务能力。

依据《2021 年度浦东新区建设知识产权运营服务体系专项资金申报通知》，在专项资金申报期内，国际平台公司共受理浦东知识产权交易项目 63 宗，鉴证交易金额 11.91 亿元。交易项目涉及专利数共计 1713 件，其中发明专利 1569 件，占比 91.59%；实用新型专利 140 件，占比 8.17%；外观设计 4 件，占比 0.23%。交易方式以转让和许可为主，其中专利转让合同共 30 笔，占比 47.62%；交易金额

7.1亿元，占比59.61%；专利许可合同33笔，占比52.38%；交易金额4.81亿元，占比40.39%。交易鉴证项目中，浦东新区建设知识产权运营服务体系专项资金申报的单位共18家，其中企业16家，鉴证交易金额11.72亿元，占比98.4%，高校和科研院所2家，鉴证交易金额0.19亿元。

（二）设立合适有效的扶持引导政策，形成推进合力

为了鼓励服务机构和企业参与知识产权金融创新工作，近几年浦东知识产权局陆续推出了商标质押融资相关扶持政策。一是在《浦东新区建设知识产权运营服务体系专项资金实施细则》《浦东新区科技发展基金知识产权资助专项资金操作细则》《上海市张江科学城专项资金实施细则》中明确对知识产权证券化、质押融资和保险给予一定的补贴。例如《浦东新区建设知识产权运营服务体系专项资金实施细则》在"（四）支持开展知识产权金融服务"中，明确"对通过知识产权质押获得银行贷款的单位，给予一次性奖励1万元"。二是充分结合新区科技经济委员会科技企业融资贴息、金融服务局质押担保费率补贴等知识产权联席会议成员单位的扶持政策，组成全链条扶持引导措施，形成助推合力，共同满足企业降低融资成本的需求。三是加强政策宣传和申报辅导。帮助金融机构和重点企业及时知晓政策和申报要求，简化申报材料和流程，指导企业高效申报，引导企业享受政策扶持，确保符合条件的企业受惠。

（三）引导金融服务机构形成高效，推进高价值专利高效运用

鼓励知识产权市场化运营，引导金融服务机构形成高效，支持企业推进高价值专利高效运用。一方面服务金融机构与重点企业的精准对接。针对重点企业的大额贷款需求，主动帮助对接合作银行，探索

专利和商标质押模式，支持银行加快审批流程，助力重点企业快速获得贷款。另一方面帮助企业知识产权许可转化，优化服务引导措施。2021年，浦东新区专利许可48次，涉及专利666件次；转出受让共计9265次，涉及专利9225件次，创历史新高。从交易渠道来看，主要通过国家知识产权国际运营（上海）平台受理，同时线上竞价和现场拍卖等新型转化交易方式也颇受欢迎。

（四）加强知识产权金融服务探索，推进多元化融资产品投放

一是推出知识产权质押融资创新产品。比如知识产权"快易贷"产品，审核周期压缩至一周内。再比如指导兴业银行推出纯知识产权快速质押产品，该产品无需担保、贷款利率下浮、银行承担评估成本。二是持续探索推进知识产权证券化。在市、区两级知识产权管理部门和上海证券交易所的支持下，国内首个专利知识产权储架ABS（资产证券化）项目落户浦东。2020年3月3日，由浦东科创集团作为主发起人的浦东科创1期知识产权资产支持专项计划（疫情防控ABS）完成了首期发行，优先级发行利率3.59%，储架规模10亿元。此次项目入池的基础资产基于9家高新技术企业合计60个授权的发明或实用新型专利。2020年8月，浦东科创2期知识产权资产支持专项计划完成发行，102个已授权专利、共支持17家中小型高新技术企业获得低成本融资。[1] 2021年浦东加大知识产权金融服务创新力度，联合金融机构推进知识产权资产支持票据等证券产品，如积极推出第3期"碳中和"知识产权资产支持专项计划。三是支持知识产权融资保险。2016年，浦东新区成为全国知识产权保险工作试点城区，根据自贸区和科创中心企业特点，从企业的实际需求出发，支持

---

① 《上海首个知识产权证券化项目在上交所鸣锣，让中小企业凭专利低成本融资》，https：//export. shobserver. com/baijiahao/html/287896. html。

保险机构设计推出了以保险代替担保的质押融资产品，金融产品选择上更加多元化。近几年，鼓励保险机构设计推出了知识产权全球险、知识产权综合运营险（包含专利、商标和软件著作权）、高价值专利综合运营险等新产品，并帮助重点企业对接投保。目前，在浦东合作开展知识产权保险业务的经纪公司、保险公司超过 10 家，陆续推出的险种超过 30 种，每年投保企业数量、投保种类和总保额都在不断提升。

案例 2：上海安赐环保科技获第一单 200 万元"快易贷"

长期以来，由于知识产权融资过程中存在估值权威性、交易可实现性、变现可能性三大问题无法解决，知识产权质押融资在银行金融机构未能广泛开展。作为一家国有融资担保机构，上海浦东科技融资担保有限公司积极寻求解决方案，联合 20 余家合作银行，在全国率先推出知识产权质押融资服务，于 2021 年推出知识产权"快易贷"担保产品，为企业提供 50 万~250 万元不等的贷款额度①，助力一大批优秀科技企业快速成长。2021 年 8 月 19 日，第一笔知识产权"快易贷"业务落地上海安赐环保科技，其由于持有 126 项授权专利获得 200 万元融资。

知识产权"快易贷"担保产品主要特点体现在"快"和"易"上。具体来说，以"两个明确""三个缩短"来实现"快"，紧扣"易获、易得"来实现"易"（见表 2）。首笔业务从担保审批、质押到落地放款仅 10 个工作日，充分显示出"快""易"的特色。

---

① 《2021 年上海知识产权质押融资工作十大典型案例（八）科技担保为知识产权质押注入活力》，https：//sghexport. shobserver. com/html/baijiahao/2022/03/07/677362. html。

表 2　知识产权"快易贷"担保产品主要特点

特点	体现方式	具体内容
快	明确客户对象	围绕"硬科技"投资战略布局,将符合"三最、七高"(供应链最上游、价值链最高端、技术最底层,高素质团队、高技术门槛、高行业壁垒、高增长性、高盈利能力、高市场容量、高研发投入)的行业及客户均纳为该产品服务对象
	明确准入标准	要求企业年销售额超过 200 万元,拥有完全自主可控、可用于质押的知识产权(含专利、著作权、版权、商标等),企业及实际控制人信用记录良好并愿意提供反担保,无重大负面信息,上年度及当期报税报表净资产非负值,销贷比原则上不超过 40%
	筛选设外置缩短受理流程	发挥知识产权专业机构优势,由浦东知识产权融资促进会出具推荐意见,同时按业务清单向科技担保公司提供申请材料。减少反复沟通与资料核实
	内审减环节缩短审批流程	由一般项目的三级评审,缩短为一个终审环节。担保客户经理与风控经理完成调查报告撰写后,直接提交保审会审批决策,大幅缩短中间审批流程
	外批提时速缩短放款流程	科技担保公司根据自身评判标准对客户知识产权进行价值认定,得出担保额,向银行出具担保意向函,并要求银行在限定时间内完成审批。在获得银行快速审批通过后,由科技担保公司负责办理知识产权质押手续,并通知银行放款
易	标准化的融资产品,易获、易得	客户只要属于该产品服务对象范围,满足产品准入标准,利用自有知识产权作为信用背书,就可以获得流动资金贷款支持,不必受限于轻资产、缺少传统的抵质押物,解除企业资金需求后顾之忧。知识产权"快易贷"完整流程从申请到放款最快仅需 3 天

　　知识产权"快易贷"业务,解决了知识产权质押融资的一些痛点和难点,有核心技术的科技企业通过知识产权质押轻松获得融资成为现实。由于知识产权"快易贷"流程短、审批快、手续简便,得到了科技企业和合作银行的普遍欢迎,2021 年已经落地相关业务 22 单,为企业解决融资需求 8000 万元,越来越多的企业开始选择该产

品。知识产权"快易贷"入选"2021年上海知识产权质押融资工作十大典型案例"。

三 浦东新区知识产权金融服务发展存在的问题

（一）知识产权的价值实现还有待进一步提升

要实现"知本"变"资本"，还需要进一步深化理念创新。知识产权融资不可避免地面临知识产权价值评估难、定价难、处置难三大难题。由于知识产权具有价值不确定、易发生法律纠纷等内在特性，特别是我国现有的以银行为主的金融体系与知识产权轻资产、高风险特点并不适配，知识产权融资业务往往难以推进。[①] 从数据来看，浦东新区相较于一般地区，其质押融资和许可转让的规模和质量都是靠前的，但是总体上，质押融资在整个贷款规模中依然是微不足道的，用于质押融资的知识产权占总体知识产权资源保有量的比重还不够高。浦东新区承载着引领区建设的重大国家使命，在建设具有全球影响力的科技创新中心的过程中需要进一步发挥引领作用，在深入推进知识产权金融创新、促进知识产权和金融资源的有效融合，以及推动金融机构加大对知识产权运用的支持力度上，更深层次地在价值认同和价值实现上发挥积极作用。

（二）科创企业直接融资渠道还有待进一步拓宽

知识产权强国重在强企，知识产权对于企业科技创新以及实现科创板上市具有重要意义。浦东在知识产权市场化运营上已经进行

---

① 涂永红、刁璐：《以金融创新推动知识产权融资》，《投资研究》2021年第5期，第148~158页。

了创新和探索，但现在还是以专项计划为主，在常态化地发行知识产权证券化产品方面还有待进一步探索和加强。未来需进一步深入探索知识产权证券化产品底层资产与交易模式，进一步探索知识产权融资租赁的机制①，进一步提升企业以知识产权为基础资产发行资产支持证券（ABS）或资产支持票据（ABN）的便利性和多元性。

（三）金融机构对中小企业的融资支持力度还不够

从知识产权质押融资的企业结构来看，金融机构对中小企业的融资支持力度还不够。从目前保险机构推出的知识产权综合保障险种来看，适合中小企业的险种还不够丰富，企业特别是中小企业应对知识产权风险的手段也不够多元。从欧美、日本等发达地区科技企业融资经验来看，知识产权融资是科技型中小企业初创期融资的重要方式。② 浦东科技型中小企业众多，需要进一步思考如何帮助中小企业将知识资产与金融资本有效融合在一起，从而实现科技自主创新过程中资金需求与供给的良性循环。

（四）政府主导下的基金会模式构建还有待进一步探索

进一步推动知识产权金融服务创新向纵深发展，例如，尝试引入多元化优质投资者，为产业提供全方位的对接和发展空间，在科技成果转化收益分配的问题上，尝试通过基金分红实现投资人与产业共赢。

---

① 涂永红、刁璐：《以金融创新推动知识产权融资》，《投资研究》2021 年第 5 期，第 148~158 页。

② 金琳：《浦东科创发行首单知识产权资产证券化项目》，《产业》2020 年第 5 期，第 20~22 页。

四　进一步深化知识产权金融服务创新的设想和建议

（一）做强服务平台

一方面支持和指导融资促进会，以多层次、多渠道、多元化形式推动银企对接。引导和鼓励银行将专利权、商标专用权、著作权等相关无形资产进行打包组合融资，提升企业复合型价值，扩大融资额度。另一方面，研究扩大知识产权质押物范围。目前浦东已经推出首个地理标志直接"赋值"金融服务方案——"南汇水蜜桃"在实现地理标志使用权直接"赋值"上跨出了一大步。具体来说，通过分级授信的策略，对"南汇水蜜桃"地理标志专用标志合法使用单位，可提供最高500万元贷款支持，利率不高于3.7%；对其他"南汇水蜜桃"涉农经营主体无条件增加200万元授信额度。下一步可结合区内产业特点，积极探索地理标志、集成电路布图设计作为知识产权质押物的可行性，进一步拓宽企业融资渠道。再一方面，依托国家知识产权国际运营（上海）平台，研究建立托底式收购机制，为金融机构在质押融资中可能产生的金融风险解决后顾之忧。

（二）聚集核心要素

金融资本是企业创新的重要来源，对科创企业的创新能力具有非常重要的影响。研究表明，金融规模、金融结构、金融效率对技术创新成果实际产出的作用（即对新产品销售收入与发明专利申请数量比值的影响系数）至少在10%的统计水平上呈显著的正相关关系，表明金融规模、金融结构、金融效率显著促进了新产品销售收入与发明专利申请数量比值的提高。① 因此，政府应牵头引导将浦东新区知识产权密集型产业园区、科技类企业投资基金机构包括进来，推动园区、科技企业、银行、基金、保险、评估、担保等要素聚集起来联手提升知识产权金融服务能力。

（三）深化合作机制

进一步深化合作机制。发挥参与单位数据开放、资源共享、信息沟通等优势，针对在知识产权领域表现较为突出的白名单企业，可试点建立专人、专线等高效的金融服务模式，采取台账式管理方式逐笔跟踪进展，实现高质效银企对接。探索开展"政银园投"合作，建立知识产权管理部门与银行、知识产权密集型产业园区、投资机构深度合作机制，重点推动为产业供应链中的创新型（科技型）中小微企业以及知识产权密集的创新型（科技型）中小微企业提供融资支持。

参考文献

吴成颂、汪翔宇：《市场竞争、商业银行金融创新与银行业系统性风险——基于14家商业银行的实证研究》，《经济与管理评论》2019年第2期。

胡冰洋：《大力发展知识产权金融 推动经济高质量创新发展》，《宏观经济管理》2021年第1期。

刘璐、郭静等：《国内知识产权质押融资典型模式比较与存在问题分析》，《现代商业》2014年第35期。

涂永红、刁璐：《以金融创新推动知识产权融资》，《投资研究》2021年第5期。

金琳：《浦东科创发行首单知识产权资产证券化项目》，《产业》2020年第5期。

---

① 文邱柳：《金融发展、知识产权保护与技术创新产业化》，《科技管理研究》2021年第21期，第156~166页。

文邱柳：《金融发展、知识产权保护与技术创新产业化》，《科技管理研究》2021 年第 21 期。

《2021 年上海知识产权质押融资工作十大典型案例（八）科技担保为知识产权质押注入活力》，https：//sghexport. shobserver. com/html/baijiahao/2022/03/07/677362. html。

《上海首个知识产权证券化项目在上交所鸣锣，让中小企业凭专利低成本融资》，https：//export. shobserver. com/baijiahao/html/287896. html。

《上海市浦东新区建立高水平知识产权保护制度若干规定》，上海市第十五届人民代表大会常务委员会第三十六次会议于 2021 年 10 月 28 日通过。

B.14
浦东开发区招商引资现状、问题与对策

许建标[*]

摘　要： 浦东开发开放以来，陆家嘴、外高桥、金桥、张江四大开
发区充分发挥浦东产业招商的"主力军"作用，形成了
各具特色的产业基础，为浦东经济发展提供了重要支撑。
在招商引资实践中，四大开发区注重发挥浦东开发开放的
国家战略优势，努力营造良好营商环境，围绕发展与产业
规划，精准施策，优化服务，完善机制，综合运用产业链
招商等多种方式。当前，面临外部环境复杂严峻、外省外
区激烈竞争、自身要素资源约束等挑战与问题，开发区需
要进一步完善协同机制、考核机制及快速反应决策机制，
加强产业招商研究和平台建设，优化人才等政策，提升空
间资源配置效率，从而实现更高质量招商引资，推动经济
高质量发展。

关键词： 招商引资　开发区　产业发展　营商环境

　　招商引资是地方政府推动地方经济发展不可或缺的重要措施。浦
东开发开放30多年来，高质量的项目投资始终是浦东经济发展的重
要支撑。而浦东开发开放之初相继设立的陆家嘴金融贸易区、外高桥

---

　　* 许建标，经济学博士，中共上海市浦东新区委员会党校副教授，主要研究方向为
　　财税理论与政策。

保税区、金桥经济技术开发区、张江高科技园区（以下分别简称陆家嘴、外高桥、金桥、张江开发区）四大国家级开发区，历来是浦东引进外资、产业项目落地的主要载体，也是浦东产业结构转型的主阵地。《中共中央国务院关于支持浦东新区高水平改革开放打造社会主义现代化建设引领区的意见》提出，浦东要"打造上海国际金融中心、贸易中心、航运中心核心区"、"打造特殊经济功能区"、"打造世界级创新产业集群"、"增强全球资源配置能力"，这些都离不开高质量的招商引资。在浦东全力打造社会主义现代化建设引领区过程中，必须继续发挥四大开发区的招商引资"主力军"作用。因此，对四大开发区近年来的招商引资实践与经验加以总结，分析探讨面临的困难和问题并提出改进建议，无疑对其作用发挥具有重要的实践意义。

一　开发区招商引资的基本成效

浦东开发开放以来，四大开发区充分发挥了浦东产业招商的"主力军"作用。以 2019 年为例，四大开发区外资直接投资项目数占浦东全区的 64.38%，外商直接投资合同金额占浦东全区的 89.55%，外商直接投资实际到位金额占浦东全区的 75.52%，在内资企业设立数和注册资本占比方面也分别达到 24.75% 和 7.48%。

四大开发区通过招商引资、安商育商，带动浦东打造以集成电路、生物医药、人工智能三大先导产业为核心，以重点硬核产业及现代服务业为支撑的产业生态体系，高新技术和新兴产业快速发展，质量效益水平显著提升。在集成电路产业方面，张江、外高桥等开发区已基本实现集成电路设计、芯片制造、封装测试、设备材料等全产业链布局，行业技术水平处于国内领先地位。在生物医药产业方面，张江等区域覆盖了从研发生产到流通服务的完整产业链，集聚全球瞩目的

表1　2019年浦东四大开发区招商引资情况

	外商直接投资项目（个）	外商直接投资合同金额（亿美元）	外商直接投资实际到位金额（亿美元）	新增内资企业注册户数（个）	新增内资企业注册资本（亿元）
陆家嘴金融贸易区	636	58.88	28.43	1791	1718.74
金桥经济技术开发区	127	5.19	2.50	572	55.10
张江高科技园区	161	30.24	15.69	869	233.04
外高桥保税区	341	45.70	19.60	777	179.50
四大开发区合计	1265	140.01	66.22	4009	2186.38
浦东新区	1965	156.35	87.68	16195	29229.32
四大开发区占浦东新区的比重（%）	64.38	89.55	75.52	24.75	7.48

资料来源：根据2021年《上海浦东新区统计年鉴》相关数据整理。

目的生物医药产业集群，生物医药创新研发领域优势显著，诞生了全国15%的原创药和10%的创新医疗器械，拥有1000多家生物医药企业，占上海的半壁江山；一批生物医药行业龙头企业，如全球TOP10制药企业有7家在张江设立了区域总部、研发中心。在人工智能产业方面，张江、金桥等区域已基本形成了覆盖基础支撑层、软件算法层和行业应用层的核心产业生态，共有人工智能企业600余家，约占上海市一半。张江人工智能岛已经成为上海市人工智能产业的标杆高地和最佳实践区，入选上海首批人工智能示范应用场景。在其他硬核产业方面，金桥、张江、外高桥等在智能网联汽车领域实现快速发展。在"智能造"方面，金桥、张江等区域的21家企业2021年获评"上海市智能工厂"，占全市比重超过1/3。在民用航空产业培育和发展——"蓝天梦"方面，浦东已经形成临港的航空航天特色产业区、张江南区的民用飞机设计研发集聚区和分布在外高桥、张江等区域的上下游相关产业集群的空间布局。在总部经济发展方面，累计认定跨国公司地区总部 389 家，其中，外高桥 130 家、陆家嘴 127 家、张江 68 家、金桥 30 家；累计认定高能级总部 66 家，其中，外高桥 30 家、陆家嘴 29 家、张江 13 家、金桥 7 家。

近年来，在新冠肺炎疫情的严峻考验和复杂多变的国际形势下，各开发区紧抓招商引资任务不放松，积极推进功能提升和重点产业发展，取得良好成效。

（一）陆家嘴金融贸易区招商引资的主要成效

1990 年 6 月，国务院命名设立"陆家嘴金融贸易区"，这是我国第一个以"金融贸易区"命名的开发区。2007 年，上海市第七次党代会提出加快建设"陆家嘴金融城"，作为上海国际金融中心的核心功能区和上海市金融产业的主要发展空间。目前陆家嘴金融城已成为全球金融要素市场最丰富、金融机构最集聚、金融交易最活跃的地区之一。2021 年，陆家嘴实到外资 27.11 亿美元，同比增长 7.8%；新增内资企业数 2080 家，同比增长 32.3%；2022 年 1~7 月，新增内资企业数 892 家，新增合同外资项目 135 个，实到外资 12.9 亿美元。近年来招商引资的主要成效体现如下。

一是强化总部经济和龙头企业招商。持续加强重大总部项目招商，集聚培育跨国公司地区总部、大企业总部、营运总部、区域性总部等各类总部企业。截至 2022 年 8 月，陆家嘴共有跨国公司地区总部 138 家。同时，不断推进总部"增能"，即鼓励总部企业提升复合功能、拓展创新业务，将总部功能进一步延伸至投资、结算、贸易、研发等各方面，培育更多具有亚太、全球管理职能的高能级总部。注重引进、培育和服务一批具有国际竞争力的大型央企、民企项目。

二是推进高端专业服务机构集聚。通过细分领域研究和业内排行梳理，陆家嘴与新区相关行业主管部门形成招商合力，发挥政策红利，推进法律服务、会计服务、人力资源、管理咨询、知识产权等机构的招商集聚。

三是持续推动贸易枢纽功能提升。探索新型离岸贸易创新发展。在调研企业离岸贸易业务需求的基础上，引导跨国公司加速整合离岸业务，放大离岸转手买卖创新试点效应。推进国际消费中心建设。发挥区域内国金、世纪百联、L+Mall 等商业综合体集聚优势，加速引进一批国际知名品牌商、国潮品牌，推动品牌首店、旗舰店落户。积极承接进博会溢出效应，组织全员巡馆，充分挖掘招商线索，吸引一批全球知名贸易商、品牌商落户。

四是加快引进培育新兴产业。加快发展数字经济，与上海智慧城市发展研究院等专业机构合作，举办系列主题活动，积极谋划陆家嘴数字化转型，引进国内领先的区块链技术优质项目落地。深入挖掘大健康产业，打造大健康产业集群。

（二）外高桥保税区招商引资的主要成效

外高桥保税区是 1990 年 6 月经国务院批准设立的全国规模最大、启动最早的海关监管区域。作为中国第一个保税区、第一个自贸试验区和第一家外商独资贸易公司的诞生地，外高桥保税区经过 30 多年的创新发展和积累，集聚了 2.6 万多家企业，其中近万家是来自世界 126 个国家和地区各行业和各领域的外资企业。2021 年，外高桥保税区新设外资企业 215 家，新设内资企业 1056 家，实到外资 26.1 亿美元，内资注册资本达 759.8 亿元；2022 年 1~7 月新设外资企业 78 家，新设内资企业 382 家，实到外资 13.7 亿美元，内资注册资本达 213.8 亿元。近年来的招商引资主要成效体现如下。

一是围绕重点产业和关键环节推动链式招商。外高桥保税区以产业链为核心，重点围绕生物医药、智能制造、集成电路、汽车及零部件、邮轮、高端消费和大宗商品等产业链，针对高附加值、高成长性、处于行业领先地位的关键环节和关键项目开展精准招商。目前，在生物医药领域，外高桥已集聚 800 多家国内外生物医药和医疗器械企业，初步形成了涵盖研发、检测、生产、仓储、物流、贸易、医疗服务等环节的全产业链、全业态的独具保税特色的生物医药创新生态圈。在智能制造服务领域，外高桥已吸引 120 多家国际领先的精密数控、智能机器人、3D 打印、高精密检测等领域的头部企业。在集成电路配套领域，外高桥已集聚涉及集成电路封装测试、专用材料、设备及成品的研发和生产、贸易、供应链管理等领域 120 多家头部企业。在汽车及零配件领域，集聚了国内外知名汽车零部件生产、研发和全球分拨配送企业以及汽车整车销售服务和汽车后市场行业的头部企业，共 260 多家。

二是聚焦功能拓展和能级提升强化总部招商。近年来，外高桥保税区不断强化总部招商和培育，全面提升全球资源配置能力。目前，保税区已构建起包括跨国公司地区总部、大企业总部、贸易型总部和全球营运商等的多层次、多类型的总部经济集聚发展模式。各类总部企业累计超过 300 家，全球营运商计划培育企业达 103 家，业务类型和功能涵盖投资、管理、贸易结算、物流分拨、生产、研发、技术服务、资金管理、供应链管理、展示培训、检测维修、共享服务等各环节，业务统筹和管理辐射范围涉及中国区、大中华区、亚洲、亚太及全球。

三是围绕制度创新功能拓展布局新经济增长极。外高桥保税区进一步提升货物通关便利度，拓展国际贸易分拨中心业务功能，优化贸易发展营商环境，促进内外贸一体化发展，着力提升贸易规模，不断做强专业贸易服务平台功能；加快离岸转手买卖先行示范区建设，支持区域内企业扩大新型离岸国际贸易规模，统筹发展在岸业务和离岸业务；推动"丝路电商"合作交流先行区建设，培育消费新模式新业态，打造国内国际两个市场、两种资源充分利用的新渠道和新引擎；持续推进国际文物艺术品交易中心建设，加快国际艺术品等文化要素向保税区集聚；拓展跨境电商、融资租赁、保税维修等新模式新业态。

（三）金桥经济技术开发区招商引资的主要成效

金桥经济技术开发区是浦东开发开放之初经国务院批准设立的国家级经济技术开发区。2014年12月，金桥开发区片区20.48平方公里被纳入中国（上海）自由贸易试验区扩展区域。经过30多年的建设和发展，金桥开发区积淀了雄厚的产业基础，目前正转型形成以新能源汽车产业、智能装备产业、移动视讯产业等为主导的新型产业结构。2021年，金桥开发区完成实到外资134367.0万美元，新增内资企业799家，新增内资企业注册资本51.69亿元；2022年1~7月完成实到外资75758.50万美元，新增内资企业388家，新增内资企业注册资本17.36亿元。近年来，金桥开发区围绕"未来车、智能造、大视讯"三大硬核产业，加大战略招商与精准招商力度，构筑产业发展新高地。

一是全力推动"未来车"集聚发展。金桥作为上海重要的汽车产业基地之一，近年来注重布局发展新能源汽车及智能网联汽车。首先，经过精准招商和精心培育，孕育一批潜在的细分领域"隐形冠军"，集聚一批新能源汽车国内标杆性企业。其次，大力引进国内最尖端的智能网联车核心平台，形成智能网联车产业聚集、应用示范高地。引进上汽智能网联汽车电子创新中心，包括实验室、孵化器及产业基地三大部分，已建成1600平方米的实验室和孵化器。华为智能汽车解决方案事业部（BU）约有3000人的研发团队入驻金桥，加快研究智能驾驶技术与智能交通服务。

二是努力创建全球"智能造"的示范区。金桥曾长期是全国的先进制造业基地，但随着传统动能减弱，各类要素成本上涨，明显感受到传统招商项目模式已无法与金桥开发区新的发展要求相契合。近年来，金桥通过瞄准一批高质量信息化平台企业，解决重点行业智能制造的痛点，努力闯出一条智能高产的先进制造园区升级之路，主要在两方面着力。第一，促转型，积极培育"智能造"新增长极。联手运营商，对接上海烟机、沪东造船厂、中微半导体等制造业龙头企业，打造5G智能工厂。依托国产工业机器人龙头企业新松、服务机器人龙头擎朗，以及区内集聚的一批自动化、芯片、控制器等相关机器人企业，打造国产技术自主可控的金桥"机器人谷"，形成机器人应用产业集群。第二，树旗帜，全力推进特色产业园区建设。全力打造的金桥5G产业生态园、金谷智能终端制造基地已成为上海市特色产业园区，引进了一批国内工业互联网优秀企业及外资高质量制造企业。

三是加快培植产业创新的新动能。抓住5G商用的机会，吸引更多5G技术应用项目的落地和集聚。引入阿里云创新中心—宝马初创车库联合创新基地，目前已引进20余家"互联网+汽车"领域的优质项目。推动5G+大视讯产业快速发展。作为上海市首批"5G超高清视频产业基地"，金桥充分发挥咪咕视讯、天翼视讯等龙头企业作用，建设5G+4K/8K超高清直播实验室和平台，吸引了一批央企或者重点企业在金桥设立新公司。

（四）张江高科技园区招商引资的主要成效

张江高科技园区设立于1992年7月。1999年，上海启动"聚焦张江"战略，张江高科技园区进入快速发展阶段。2011～2012年，张江高科技园区、康桥工业区、国际医学园区、周浦工业区先后纳入张江核心园区范围。2017年7月，张江高科技园区更名为张江科学城，总面积约95平方公里。30年来，张江成长出约2.3万家企业、1800家高新技术企业、179家外资研发中心，从业人员约50万名，2021年企业总营收突破万亿元。2019～2021年张江高科技园区（张江集团）合计引进内资项目 3776 个，新增内资注册资金 551 亿元，实到外资 46.15 亿美元。截至 2022 年 8 月末，新引进内资企业 632 家，新增内资注册资金 95.12 亿元，实到外资 10.74 亿美元。近年来招商引资的主要成效体现如下。

一是大科学设施集聚，策源力显著增强。2018 年以来，张江科学城不断推重点项目建设，尤其是大科学设施项目建设。目前，张江科学城已建、在建和规划的国家重大科技基础设施达到 12 个，包括上海光源、蛋白质设施、超强超短激光装置、软 X 射线等。[1]

二是形成国内最大集成电路产业集群区。从行业集聚情况看，张江已成为国内最大的集成电路产业集群区，并集聚了一批行业龙头企业。2020 年，张江首次实现集成电路产业营收 1027.88 亿元，同比增长 22.5%，成为国内产值最大的集成电路产业集群区；集聚了大量龙头企业，全球芯片设计 10 强企业中有 7 家在张江设立了区域总部、研发中心，全国芯片设计 10 强企业中有 2 家总部位于张江，上海芯片设计 10 强企业的总部均位于张江。[2]

三是生物医药产业实现创新引领。统计显示，国家新药研发机构有 1/3 集聚张江，国家重大新药创制项目有 1/3 布局张江，全国获批的一类创新药有 1/3 源自张江。[3] 截至 2021 年底，张江研发并申报的 17 个一类新药、15 件创新医疗器械产品获批上市，创造了全国或全球多个"第一"的纪录。[4]

四是人工智能产业实现领先发展。张江人工智能岛全力打造国家

---

[1] 《开拓、创新、奋进，三十年崛起一座科学城》，"张江发布"微信公众号，2022 年 9 月 29 日。

[2] 《新时代催人奋进，新征程重任在肩》，"浦东发布""微信公众号，2022 年 6 月 25 日。

[3] 《张江创新药进入密集收获期》，澎湃新闻客户端，2022 年 3 月 7 日。

[4] 《创造全国或全球多个"第一"纪录，浦东创新药从"全球输入"到"输出全球"》，上观新闻客户端，2022 年 9 月 15 日。

人工智能创新应用先导，已经成为上海市人工智能产业的标杆高地和最佳实践区，也是浦东全力打造国家人工智能创新应用先导区的重要载体。目前岛上有 30 多个智慧未来的应用场景，已聚集 100 家企业，4000 多人在这里工作；已建成 6 个开放式创新平台，入选上海首批人工智能示范应用场景。张江机器人谷着力建设特色智能服务机器人、高端医疗机器人和康复机器人的研发—生产—应用全产业链集群，以及机器人产业研发创新孵化、技术转化、检验检测等优势集群。

二　开发区招商引资的主要经验

在浦东开发开放的国家战略引领下，四大开发区在招商引资实践中不断开拓创新，形成了一系列宝贵的经验。

（一）注重发挥浦东开发开放的国家战略优势

四大开发区紧紧抓住浦东开发开放的国家战略优势，将其在招商引资工作中充分展现。党的一系列重要会议及文件一再强调浦东开发开放并赋予重要使命。党的十四大强调，以上海浦东开发开放为龙头，进一步开放长江沿岸城市，尽快把上海建成国际经济、金融、贸易中心之一，带动长江三角洲和整个长江流域地区经济的新飞跃。党的十五大、十六大、十七大都要求浦东在扩大开放、自主创新等方面走在前列。党中央批准浦东作为首个国家综合配套改革试验区，又把首个自由贸易试验区、首批综合性国家科学中心等一系列国家战略任务放在浦东。这些重大政策为各开发区招商引资提供了广阔的舞台，成为招商引资实践的重要指引。

（二）注重发展规划和产业规划引领

30 多年来，四大开发区围绕确立的产业规划发展方向，按照突出优势产业的招商规划，有针对性、有选择性地招商。具体来看，陆家嘴重点围绕金融机构、现代商贸、专业服务等领域，金桥重点围绕汽车制造、电子信息制造等领域，外高桥重点围绕外资外贸、大宗商品物流分拨结算、制造业生产研发等领域，张江重点围绕集成电路、生物医药、信息软件等领域。四大开发区有所侧重、差异化招商，逐步形成各具特色的产业集群。在具体项目引进上，四大开发区坚持发展和产业规划方向，避免盲目引进、资源错配，在产业结构上，把握发展趋势和放大集聚效应。

（三）注重打造良好营商环境

浦东及四大开发区坚持强化营商环境在招商引资中的作用，有力地推动项目落地。随着招商引资工作的推进，依靠特殊优惠政策以及低成本要素的单一策略存在不可持续性。要持续吸引高质量的产业项目，必然要打造优质营商环境。近些年来，浦东及四大开发区以构建法治化、国际化、便利化营商环境为重要突破口、主抓手，不断强化聚合力和辐射力，持续提升国际影响力和竞争力。

一是不断深化"放管服"改革，为市场主体的投资运营创造便利。推行行政审批制度改革、基建项目审批程序改革、企业设立环节改革及投资项目审批改革等，都取得积极成效。积极接轨国际高标准投资贸易通行规则。浦东在全国率先试点"证照分离""一业一证"改革，探索试点商事登记确认制和市场准营承诺即入制。

二是积累形成丰富的创新资源和应用场景，为开发区产业招商提供了有力的支撑。基础科学和基础应用研究资源不断丰富，一系列的大科学设施为开发区生物医药等企业新药研发提供支持。浦东完整的产业体系和丰富的产业生态为产业融合发展和投资企业提供了广阔的应用场景。浦东基本上形成了热带雨林式的创新生态，为创业者提供良好的创业成长环境。近年来，重点推进大企业开放创新中心计划

（GOI），利用大企业的市场优势、网络优势、资源优势为中小科技企业赋能。

三是形成相对齐全的要素市场，为开发区产业招商提供竞争优势。证券、期货、产权、钻石等一批要素市场汇集浦东，要素市场专业化程度和国际影响力稳步提升。要素市场的丰富资源，以及全球领先、辐射区域、一体化的综合交通枢纽体系为产业发展提供了坚强支撑。

四是持续优化人才发展环境，为开发区招商引资和引智提供"强磁场"。浦东通过境内外高校外籍应届毕业生可直接申办工作许可、自贸区永居推荐"直通车"、持永久居留证创办科技型企业、外籍人才办理创业工作许可、居住证转办常住户口缩短年限、全球高端人才引进"直通车"等一系列制度举措，为引进人才提供便利。同时，不断优化人才生活环境，大力发展国际社区、人才公寓、国际学校、国际医院和大型文体设施等，提升人才生活配套服务水平。

（四）注重招商引资政策的精准度

浦东及四大开发区将产业优惠政策的重点落在"精准"二字上，强调发挥综合优势，不盲目比拼财政奖励、税收优惠的力度和土地出让价格。长期以来，地方政府招商引资竞争激烈，出现以低于成本的价格出让土地、减免所得税、增值税留成部分先征后返等竞相让利的行为。过于优惠的趋同性政策，软化了企业的成本约束，刺激企业的非理性扩张，不仅恶化了投资环境，还导致市场信号失灵，造成社会资源配置效率低下。浦东及开发区较早就意识到，必须转变招商理念，改变"让利竞争"模式。近年来，浦东及开发区基于对产业链发展的深度理解，将招商政策靶向放在更精准、发力更集中、更有利于企业成长上。明确政策导向是促进重点优势产业高质量发展、推进张江科学城创新发展、促进战略性新兴产业发展、促进总部经济发展、促进航运业发展、支持贸易中心建设、促进楼宇经济发展。

（五）注重相关机制的建立与完善

一是注重建立完善协同机制与考核机制。强化区商务委、科经委、金融局等产业部门，以及市场监管、规建、环保、人社等职能部门与开发区等形成条块联动的招商协同机制。在四大开发区的区域内，由相应的中国（上海）自由贸易试验区管理委员会片区管理局（管委会）、各大开发区国有开发公司具体承担相应区域的招商引资工作。片区管理局（管委会）主要负责开发区内产业发展、规划建设、投资促进、环境配套等方面的管理服务，开发公司提供资源平台并具体落实相关招商工作。区招商引资领导小组办公室对各开发区招商引资工作进行全过程考核。开发区管理局按照区国资委工作部署，对国有开发公司的招商引资工作开展年度考核，作为开发公司年度绩效考核的重要组成部分。

二是注重建立完善全流程服务对接机制。在项目初步接洽时，推行"首谈责任制"，提前做好信息对接、需求对接、政策对接。实施"谁首谈、谁跟进"，超过时限无进展的，提交区级层面统筹推进。开发区发现不符合本区域产业定位或不具备承载条件的项目，应积极向产业主管部门推送。各开发区发现招商线索的项目，经区级认定首谈后，由该开发区负责洽谈。区级发现招商线索的，根据各开发区产业定位和资源禀赋确定项目优先落地区域。强化对招商引资项目落地的服务保障。实施从项目签约后的审批、土地、环评直至开工等环节的跟踪服务，积极协调解决各方面问题，努力为企业排忧解难，促进项目落地。项目落地后，持续走访调研，为企业提供个性化稳商服务。

（六）注重发挥以产业链招商为主导的多种方式合力

四大开发区以产业链招商为主要招商引资方式，以建设重点产业链和发展相关产业集群，来提升开发区的产业集聚度和发展质量。四大开发区在明确核心产业的基础上，制定引进培育主导产业发展规划，梳理上下游产业链，明确产业链招商重点，编制产业链招商路线图。在具体招商中，积极搭建产业链招商立体平台，打造浦东产业品牌，围绕龙头企业构筑优势产业链，促进配套体系建设。同时，开发区积极促进以商招商、平台招商，开展与专业服务机构的合作，组建"招商共同体"；充分利用存量跨国公司、大企业调整战略、扩大投资、布局新业务等机会，实现大企业的"梅开二度"；充分利用大企业开放创新中心，既当作孵化培育关联企业的平台，也当作以商招商的重要平台；用好每年的中国国际进口博览会、世界人工智能大会、浦江论坛等展会；充分发挥特色园区的聚能效应，着力吸引和培育一批企业；持续发挥招投联动的优势，对国内外的优质项目以投资带招商、以招商引投资。

三 开发区招商引资面临的主要困难与问题

浦东各开发区在招商引资中成效明显，为浦东 32 年的辉煌奠定了重要基础。然而，当前复杂严峻的外部环境，外省外区的激烈竞争、自身要素资源的约束等，都对浦东各开发区的招商引资工作形成不小压力，其困难和问题主要表现如下。

（一）国际经贸形势变化及疫情反复增加不确定性

当前，全球经济在短期阶段性冲击与长期结构性风险交织影响下，复苏乏力。经贸形势的多变及新冠肺炎疫情的反复，导致主要投资国投资意向减弱，一些国际金融投资者对华投资愈加谨慎。部分企业外籍高管已回流国外或对来华工作采取观望态度。开发区在具体招商引资工作中，出现与异地客商"见面难""洽谈推进慢"等问题。

特别是外资企业，由于企业的总部高管较长时间无法到访国内，影响了对华投资进度。国内金融机构对扩大业务规模、设立新公司也普遍持谨慎态度。

（二）外区域激烈竞争对开发区招商稳商形成一定压力

近年来，开发区招商引资面临激烈的竞争。招商引资是各地加快经济发展的重要抓手，为抢夺稀缺产业资源，招商竞争日益加剧。在外区域"精准挖商"的强烈攻势下，一批重点项目或落户区外、或迁出浦东，对浦东及四大开发区招商引资形成不小压力。具体来看，外区域有以下招商手法"杀伤力"较大。一是重大项目"点球政策"，只要算下来不倒贴，可以灵活给予更高的财政奖励等政策，而浦东针对头部企业释放的政策利好缺乏优势。若外区域针对特定企业强势用力，开发区在招商引资时将处境被动。二是产业政策"浦东加一"。在浦东透明的产业政策基础上，外区域以微小优势撬动项目选址。浦东在金融业财政扶持政策方面，相比大湾区和海南等地竞争力也显不足。三是灵活的中介或平台招商激励。外区域有的购买服务以委托招商；有的打包按税收产出给提成；还有的将财政奖励全部给中介，由中介与企业分成。四是个性化人才政策。即便总政策福利并不高于浦东，但重要人才激励不封顶。五是财政配资引项目。如为企业股权投资配资，要求项目属地。六是上门驻地招商。如外区域在陆家嘴购置物业并入驻招商团队，以低租金吸引企业办公在浦东，注册到当地。

（三）产业空间供需矛盾与招商稳商存在一定冲突

一是目前开发区产业空间约束较紧，需拿地项目多，可用土地偏少，存在短期供需矛盾。而从中长期看，受规划限制，新增产业用地有限，存量盘活机制尚未形成效应，可能加剧短期供给矛盾。二是空间供给与产业需求存在一定错配。以金桥开发区为例，区域更新与原有产业发展之间有一定的矛盾。金桥城市副中心核心区域 1.5 平方公里内共有规上制造类企业 24 家，工业产值超百亿元，税收过十亿元。但随着城市副中心和"金色中环发展带"建设，金桥在建和未来将建成的载体以商务办公楼为主，区域内很多优质制造类企业必要的扩产增能受到影响。三是预计写字楼总体空置率将维持高位，通过招商去化的压力巨大。从浦东（包括整个上海）的情况看，写字楼已逐步形成租方市场，而各开发区规划显示，不久仍将有众多办公项目建成上市。

（四）商务成本上升对招商稳商的不利影响较为明显

近年来，各开发区商务成本持续走高，对产业招商安商稳商带来不小压力，尤其是对制造业发展困扰更大。相对于金融、商贸等其他产业，制造业的利润较低，对成本较为敏感。一是原材料、人工薪酬、物流成本特别是厂房租金等生产要素的价格逐年攀升，经营负担日益加重。比如金桥开发区内的旭东海普（产值 10 亿元）、ABB 变压器（产值 7 亿元）等企业反映，每 3 年租金上涨且涨幅较大，租金支出占到企业经营成本的 1/3。租金上涨过快与企业发展速度不匹配，导致不少企业难以为继，致使多家外资、合资制造业企业外迁。上海理光数码（产值 30 亿元）已在泰国开设工厂，联合汽车电子（产值超 200 亿元）也在太仓建立新的工厂。即便是新松机器人、上海烟机这样的先进型制造企业，部分重要零部件只能委托周边外省市厂家生产。二是成本过高也影响了企业规模扩大及增量企业的入驻。企业推动成果转化需扩大规模进行新的厂房、设备投资，但成本较高且浦东缺少专项政策支持，面对外区提供资金和土地等优惠条件，部分在乎成本的科技制造类企业往往外迁。一些有意向落户的企业，也考虑到人力、土地等要素成本而选择转移至其他地区，导致制造业增量项目引进迟缓。

（五）产城融合及人才政策问题等仍需加快解决

在开发区的未来发展中，需要进一步考虑产业功能和城市功能融合，合理布局产业、居住、商业等形态。目前，外高桥、金桥、张江等区域一些城市配套较为落后，产城融合方面有待进一步提升。目前在人才政策需求方面，集中体现为人才住房和子女教育问题。大量人才的引入，使得对人才公寓的需求量不断增加，企业普遍反映目前房源少、申请名额较少且排队较长的问题仍较为突出，同时，也希望能够开发配套住宅（带产权）。一些重点企业的突出人才，反映了子女入学等问题。

（六）相关机制尚需进一步建立完善

一是招商决策的快速反应机制亟待建立。在重点项目的引进过程中，相关企业、机构往往提出对扶持政策、办公楼宇、人才公寓、落户、医疗、子女就学等的一些个性化诉求，在与外区域的激烈竞争过程中，快速决策、快速承诺、快速落实十分重要。而目前浦东虽有"一事一议"的会商机制，但未能形成有效的快速反应，开发区在招商中受到这方面机制的制约较为明显。

二是招商与载体开发合作机制需进一步加强。开发区招商与资源载体招租两者间需要形成更为相容的机制，实现双赢。在开发公司招商与业主的协助参与方面，由于客户注册和税管变更只需在迁入地办理即可，招商团队无法提前了解税收、注册等方面的信息，而载体业主也无法实时获取客户税收、注册、政策认定等方面的信息，易在招商稳商管理上产生盲区。

三是招商人才机制建设有待进一步完善。做好招商工作需要综合型人才，既要熟悉专业知识、产业政策、商务规则，又要善于学习和创新。有的开发区经过多年培养，已经建立起一支骁勇善战的招商队伍，但也有开发区队伍力量不足。其主要原因在于招商人员能力培养不足，且缺乏有效激励机制，对于潜在业务骨干，招商一线岗位不够有吸引力，在岗人员则积极性不足。

四 进一步完善开发区招商引资工作的建议

2022 年 7 月 16 日，上海市委常委、浦东新区区委书记朱芝松在区委五届二次全会上指出："在推动高质量发展上，浦东要作标杆，要打通科技强到产业强的通道，把握趋势加快产业升级，把推动高质量发展落实到一个个高质量的项目上，不断在经济的规模、质量、效益、后劲上取得新突破。"按照《浦东新区国民经济和社会发展第十四个五年规划和二〇三五年远景目标纲要》提出的目标，陆家嘴着力打造国际一流金融城，张江着力打造国际一流科学城，外高桥着力打造具有国际竞争力、影响力的自由贸易园区，金桥着力打造世界一流智造城。因此，在打造社会主义现代化建设引领区过程中，面对复杂严峻的外部局势，浦东四大开发区要准确把握全球科技发展和先进产业成长的大趋势，全力以赴在招商引资上布好局、落好子、发好力，在日趋激烈的竞争中抢得先机，促进项目建设量质齐升，以高质量招商引资工作推动经济高质量发展，凸显"主力军""主阵地"作用。

（一）进一步运用好政策资源

一是进一步发挥引领区立法保障优势，进行政策创新，提升营商环境的法治化水平。浦东新区法规立法授权落地一年多来，上海市人大常委会已出台多部破解机制障碍、优化营商环境等方面的浦东新区法规，如《上海市浦东新区深化"一业一证"改革规定》《上海市浦东新区市场主体登记确认制若干规定》《上海市浦东新区推进市场准营承诺即入制改革若干规定》《上海市浦东新区完善市场化法治化企业破产制度若干规定》《上海市浦东新区促进张江生物医药产业创新高地建设规定》《上海市浦东新区绿色金融发展若干规定》《上海市浦东新区文物艺术品交易若干规定》等。浦东新区人大也积极探索，出台《浦东新区促进商事调解若干规定》《浦东新区推进特色产业园区高质量发展若干规定》等管理措施文件，聚焦经济产业发展。未来，要充分利用法制改革优势，在产业规划、优势赛道支持、产业要素集聚等方面为招商引资提供更优的法治保障。

二是组建产业政策适用的解释平台，充分释放政策红利。浦东在"十四五"产业招商政策方面，已建立起一个总体意见、四大政策板块（即战略新兴、服务经济、小微双创以及综合政策）、一套管理保障机制（以监管监测系统为核心、若干项保障措施为支撑的管理保障机制）组成的相互支撑、共同发力的政策体系。这些政策资源综合性强，力度也较强。但是，由于政策门类较多，适用情况较复杂，在企业落户时，招商人员往往需要在众多复杂的政策文件中进行快速筛选，准确找出具体适用的条目，并确保企业能够享受到足够的政策红利。这对招商人员挑战性强，对于从事招商的"新兵"来说难度更大。为了体现浦东政策的综合力度，保证政策的准确适用，可考虑组建专门的团队，建立政策适用平台，为各开发区等区域招商引资人员提供政策适用的解释咨询服务。团队的组建可以具体出台政策部门的人员为主。

三是适度考虑个性化的政策需求。为有效应对外区域竞争，针对潜在的重点企业，建议量身定制一些特殊的政策，提升政策吸引力，加速企业落户的进程。面对疫情等不利影响，目前减免租金政策主要面向小微企业及个体户，而对于在产值、税收等领域贡献长期较大的园区重点企业则没有减免，但其同样存在实际困难，建议考虑给予产业重点企业一定程度的租房补贴，缓解企业资金压力。如浦东出台的跨国公司地区总部纾困政策，要求申请对象是租赁办公房，而总部所在地是租赁厂房、仓库和综合研发楼则无法申请，建议放宽对减免租金房屋类型的限制。另外，进一步为企业提供各类应用场景，对重点龙头企业的科研建筑底层以上部分放开层高管控（放宽至 6～6.5 米层高），满足集成电路企业研发用电需求（可申请 180 千瓦/米²）。

四是进一步优化人才政策和配套服务。优化创新型人才政策、总部及航运人才政策、金融人才政策，强化以人才带项目、以项目促人才的"双招双引"模式，进一步发挥人才政策四两拨千斤的作用。不断加大开发区配套服务设施建设，增强园区招商引资吸引力。人才的稳定是产业稳定发展的基石，更加重视留住人才，继续为海外人才提供出入境、居留及绿卡方面的便利。

（二）进一步完善相关机制

面对疫情考验，朱芝松同志在区委五届二次全会上指出"要紧咬目标推动经济恢复重振，把办事审批的速度、生产投资的强度、招商安商的热度提上去，把发展的油门踩下去，付出加倍的努力，拿出超常规的举措加速经济恢复重振"。四大开发区要直面挑战，用更加有效的机制、更加优质的服务、更加精干的队伍，进一步开展高质量招商引资工作。

一是进一步完善协调机制，积聚力量，全力出击。招商引资需要项目导向的"大兵团"作战协同机制。要贯彻落实 2022 年 7 月出台的《浦东新区关于加强投资促进工作的意见》，按照"统筹推进、协同联动、分类施策"的总体思路，进一步优化开发区管理局、集团公司、股份公司等联合招商机制，发挥合力招商的综合优势。优化完善开发区与镇协同发展和利益分享机制，支持开发区与周边镇联动发展。进一步协调好开发区之间的关系，下好浦东"一盘棋"。比如，各开发区成本和政策适用存在一定差异，有些企业可能会选择不同的注册地与经营地，导致有的开发区承接较多落租不落税的企业，建议在各片区的税收任务设定方面做相应调整，调动各片区的积极性。

二是进一步优化考核机制，调动各招商责任主体的积极性。为充分发挥开发区招商"主力军"作用，建议进一步优化对开发区的考核，考核内容应涵盖重点产业项目引进、功能和能级提升、税收增长、企业流失、二次招商等内容。通过强化考核、优化指标，发挥考核机制的引导和激励作用。

三是建立招商快速反应决策机制。为有效应对外区域竞争、提高招商效率，建议出台招商引资快速反应机制，对于重点项目和产业的支持政策可事先报备，事后考核和评价，加快优质项目落地。建议在新区层面建立重大项目联合评估机制，提高产业发展与规划调整的协调性，推动具有引领、创新、重大功能的产业项目落户和升级改造。

四是进一步打造"金牌"招商队伍。选派优秀干部充实一线招商工作，增强开发区管理局、开发公司的产业招商力量配备。提升招商专业化能力和人力资源支撑，加强招商队伍的业务培训工作，围绕前沿技术、产业赛道、经济发展、企业运营、法规政策、实务操作等，让招商人员熟悉产业、掌握资源、熟悉政策，做到精准招商。加大激励力度，探索招商队伍的新型激励机制。

五是强链补链，强化招投联动机制。进一步发挥各类政府性产业发展基金引导作用，支持重大招商项目建设和融资。及时汇总和动态反映浦东国资产业基金投资项目情况，为进一步加强重点产业招投联动夯实基础。建议支持产业功能平台公司进一步强化产业投资功能，通过市场化投资快速抓住产业发展契机，扶持领跑一批新兴企业，支持跟跑一批产业链顶端的龙头企业，在抓牢新项目招商引资的同时，以资本为纽带做好安商稳商工作。这方面，张江已形成招商团队与投资团队以各自资源导入共同推动的项目联动机制，可供其他开发区参考借鉴。在挖掘投资项目的同时开展精准产业招商，实现前期投资与招商形成合力促进产业项目的落地。在安商稳商工作中，充分发掘有潜力的投资标的，实现产业招商和投资联动发展。

六是积极主动联络，推进全程服务机制。积极通过视频会议等方式与客商洽谈，加强与企业高层尤其外资高管等沟通联络，不断增强企业投资信心和决心，尽量让项目进度不受疫情影响。开发区要进一步优化营商环境，切实把服务做到家，当好"店小二"。继续发挥企业服务专员作用，以"一对一"服务专员制度，做好企业前置服务、跟踪服务，通过各专项服务切实解决企业难题，提升服务的黏度和温度。通过企业走访，挖掘和培育存量企业增长潜力，抓住疫情影响下跨国公司全球供应链调整引导的企业新设、整合和独立分拆，以及存量企业业务扩大、功能提升等机遇，推动重点企业"梅开二度、三度"。同时，建立完善重点产业链供应链，对大型企业强化应急演练，确保在突发情况下能够及时正确处置，实现关键产品生产供应不断不乱。

七是强化日常统筹管理机制。建立重点洽谈项目清单，动态反映重点洽谈项目诉求和推进情况。推行产业招商推进例会制度，研究推动重点洽谈项目落地开工投产。健全全过程服务数字化平台，实现智能跟踪、智能预警、智能提醒。

（三）进一步提升空间资源配置效率

进一步聚焦优化布局、腾挪空间、提升效能的发展模式，切实保障"好项目不缺土地、好产业不缺空间"。各开发区规划要着力研究土地集约高效利用，全面梳理土地、物业资源，进行资源利用效率评价，盘活存量，释放更多空间资源。在盘活低效空间资源方面，建议鼓励国资平台公司通过收购、兼并等市场化途径，盘活零散闲置的低效空间资源，建设产业发展所需的孵化器、加速器，服务好各类具有良好发展势头的创新主体。继续扩大试点混合利用，满足多元化用地需求。在现有资源约束条件下，在具体招商时，可考虑梯度引进策略，如先引入研发企业、设计企业，待土地腾出后再进行产业化落地。继续开展增地改扩建招商，支持存量企业开展零增地改扩建，留住有实力、有质量的制造企业。

与此同时，要做好土地利用全生命周期的监管。既要把好准入关，也要做好持续监管，确保项目高品质建设、土地高效能利用。尤其要确保产业用地只能用于发展产业，不可挪作他用。在园区、在产业用地上建养老机构、开办学校，不仅不符合规划要求，还会严重制约周边产业发展。

（四）进一步加强产业招商研究和平台建设

要加强研究国际产业技术发展新动态，把握新趋势。一方面，国际经济形势复杂多变，叠加全球新冠肺炎疫情反复等不确定因素，将对招商引资产生持续性影响，另一方面，新一轮科技革命和产业变革正对全球创新版图产生重大影响，进而重构全球经济形态。在此背景下，开发区依然要坚持以产业链招商为主导，充分认识当前产业链招商的重点、主体、载体等，加强产业链前瞻研究和行业深度分析，明确面临的机遇与挑战、优劣势以及支撑条件。建议开发区与专业研究机构开展合作研究，对重点企业、行业协会、中介机构等进行专题调研和分析，绘制上、中、下游全覆盖的重点产业链全景图。对照产业链发展规划，制定招商计划，落实招商项目。强化投资促进平台建设，充实并及时更新资源库、政策库、项目库。充分利用好浦东海外招商联络点，利用好国内外的中介组织，利用好落户外商的人脉，助力开发区招商引资更上一层楼。

参考文献

《中共中央国务院关于支持浦东新区高水平改革开放打造社会主义现代化建设引领区的意见》，http：//www.gov.cn/xinwen/2021-07/15/content_ 5625299.htm。

《浦东新区国民经济和社会发展第十四个五年规划和二〇三五年远景目标纲要》，2021 年 4 月。

上海市浦东新区统计局、国家统计局浦东调查队：《上海浦东新区统计年鉴》，中国统计出版社，2022。

马相东、张文魁、刘丁一：《地方政府招商引资政策的变迁历程与取向观察：1978~2021 年》，《改革》2021 年第 8 期。

后　记

　　《上海浦东经济发展报告》自 2011 年与读者见面以来，已经历了 12 个年头，每年紧紧抓住浦东新区经济发展形势，观察、分析浦东新区经济运行状况，从理论高度总结浦东新区经济发展实践经验，展望浦东新区经济发展前景，比较全面地反映当年浦东新区经济运行总体情况以及经济发展中的热点、重点和难点。它是上海社会科学院经济研究所与中共浦东新区区委党校合作成果之一，也是双方青年科研人员和青年教师成长、学术交流的重要平台。

　　《上海浦东经济发展报告（2023》围绕浦东打造社会主义现代化建设引领区的使命，以"聚焦核心功能引领和创新发展引领"为主题，通过资料整理、实地调研、数据分析和客观评判，从宏观与微观、定性与定量多个角度对浦东新区社会主义现代化建设引领区的全球资源配置、总部经济、自主创新、绿色金融以及消费等核心功能的现状、问题以及发展新趋势进行了探讨，并从科技企业、数字经济赋能制造业、数字赋能旅游业、数字文化产业、知识产权金融、创业投资行业、招商引资以及乡村振兴等视角切入探寻浦东新区经济新引擎和发展新动向。

　　值此《上海浦东经济发展报告（2023）》付梓之际，我们要真诚感谢上海社会科学院领导和浦东新区领导对本书的指导、关心和帮助；感谢上海社会科学院经济研究所所长沈开艳研究员对本书的悉心指导和大力支持；感谢浦东新区发改委、区委研究室、区政府研究室等相关单位为本蓝皮书提供的资料支持。中共浦东新区区委党校胡云华副教授、瞿晓燕老师以及上海社会科学院经济研究所科研人员王佳博士、李泽众博士参与了本书的组稿、联系、统稿等事务性工作，在此一并感谢。

邢　炜　雷新军

2022 年 11 月 5 日

Abstract

2022 is an important year for China to build a comprehensive socialist modernization country, and to march towards the second century goal, Pudong will take the spirit of the 20th Party Congress as its leader, march forward in the new era and new journey to create a new achievement in the construction of a leading socialist modernization area, and take an active role and responsibility to be the leader in building a comprehensive socialist modernization country. Based on this, the 2023 Pudong Economic Development Report focuses on the mission of building a leading socialist modernization zone, with two sections of "Sub-reports" and "Special Reports", including 14 reports to analyze the new economic engine and new development trends.

Based on the general trend of global economic convergence and slowdown of China's economic growth, the general report points out that Pudong's economic trajectory in 2022 shows a clear "V" shape, with a strong recovery and rebound from June and a stable performance with good momentum for growth. In 2023, Pudong's economic development is expected to achieve high growth, with industry continuing to rise steadily on the basis of the strong rebound of the previous year, and the tertiary industry expected to achieve faster growth under the steady growth of the financial sector, accelerating the building of a leading socialist modernization zone and contributing to high-quality economic development.

The "sub-report" column contains five reports, which conduct research on global resource allocation ability, headquarters economy development, independent innovation function, green financial development and consumption model innovation. The report points out that there is still room to improve the influence of the global resource allocation power of Pudong, and the next step is to actively innovate ideas to create a "strategic link between domestic and international double cycle". The report suggests that the development of the headquarters economy in Pudong should focus on the development environment, the concentration of local corporate headquarters and new models. The report looks forward to the opening up of the innovation center of large enterprises (GOI) as a way to help Pudong strengthen its innovation function. The report suggests that the development of the headquarters economy in Pudong should be developed in terms of the development environment, the concentration of local enterprises' headquarters and the new model. The report also points out that the future innovative consumption model of Pudong is an inevitable choice, but the final shape of the new consumption model depends on the support of the system and the improvement of the supervision level.

The "special subjects" column consists of eight reports, which analyze from eight perspectives: technology enterprises, digital economy-enabled manufacturing, digital-enabled tourism, digital culture industry, intellectual property finance, venture capital industry, investment attraction and rural revitalization. The report analyzes the shortcomings and deficiencies of the hard-core technology enterprises in Pudong from the perspectives of incubation source, incubation cultivation and incubation effectiveness and makes recommendations. The report emphasizes that Pudong should seize the new opportunities brought by the development of digital economy and actively promote the transformation and upgrading of the manufacturing industry. The report focuses on the current situation of the transformation and upgrading of tourism resources in Pudong and the current role of the new digital infrastructure boosting Shanghai, and makes recommendations to address the three major challenges facing the tourism industry in the post-epidemic era. The report suggests that Pudong should target the development bottleneck of digital culture industry, make good use of the first move of digital culture industry, and seize the strategic new opportunities of the new track of economic development. The report points out that the further development of innovation of intellectual property financial services in Pudong still faces many challenges, and proposes corresponding countermeasures accordingly. The report recommends that Pudong start by exploring a differentiated regulatory system, innovating the system of state-owned venture capital institutions, and creating an ecosystem for venture capital development to support the healthy development of the venture capital industry. The report highlights the need for Pudong Development Zone to further improve the synergy mechanism, assessment mechanism and rapid response decision-making mechanism, strengthen industrial investment research and platform construction, and optimize personnel policies. The report also points out that the implementation of the rural revitalization strategy in Pudong has achieved certain results but still faces challenges, and requires further upgrading of industrial development, accelerating the development of rural collective economy and improving the new agricultural management system.

Keywords: Economic Development; Innovation-driven Development; Digital Economy; Pudong New Area

Contents

Ⅰ General Report

Abstract: With the spread of COVID − 19 pandemic and the intensification of the Ukraine crisis, the global economy turned downward in 2022. Domestic economic growth has also slowed. Because of the impact of the pandemic, the economic growth rate of Pudong New Area reached a record low in 2022. Looking forward to 2023, Pudong New Area's economic development will be expected to face challenges brought by the weak global economic recovery, but at the same time, the solid foundation of domestic economic growth will bring new support. It is inferred from various factors that Pudong New Area will expect rapid economic growth. Pudong New Area will focus on breakthroughs in comprehensive reform, improving the function of innovative sources and building a modern industrial system. It will accelerate its efforts to become a leading area for socialist modernization with high-level reform and opening up, and make significant progress in high-quality development.

Keywords: Pudong's Economy; Reform and Opening Up; Innovation; Pudong New Area

II   Industry Reports

B.2   Status Evaluation and Optimization Path of Green
Finance Development in Pudong New Area

Wu You / 030

Abstract: Green finance plays a vital role in boosting green economy, transforming development mode and fostering new growth drivers. Pudong announced to vigorously improve the level of green financial services, further promote the construction of Shanghai international financial center core area, and issued specific strategic goals and implementation measures. In view of this, this paper will systematically evaluate the current development level of green finance in Pudong from five aspects, including Green credit scale, green bond issuance, green investment funds, green insurance market and carbon financial trading. And we find that there are some problems, such as low overall scale, incomplete market system and few innovative products etc.. Then, we develop the advanced practice of green finance in some countries, such as the United States, the United Kingdom, Japan, the European Union and other countries and international organizations. Finally, we put forward to promote green finance policy suggestions on the development of high quality, such as the policy system, product system, intermediary services, risk prevention and international cooperation. We hope to provide more replicable and scalable demonstration experience for Pudong, which is helpful to accelerate the comprehensive green transformation of economic and promote the construction of ecological civilization's development. Pudong will better play as the pioneers of reform and opening up, and provide the positive function of modern socialist country construction.

B. 3 To Take the New Opportunity For Digital Economy Development, to Enable the Sustainable Development of Pudong's Manufacturing Industry *Tang Jian* / 050

Abstract: China's digital economy has maintained a rapid development trend in recent years. In 2021, the scale of digital economy exceeded 45. 5 trillion yuan, accounting for 39. 8% of China's GDP. It is obvious that the digital economy has become the major driving force of economic development in the new era which continues to promote intelligent production and technological innovation. As a novel driving force for development, digital economy is certain to play a key role in quality and efficiency improvement of the manufacturing industry. Manufacturing is a pillar industry of national economic development. China has a significant market scale advantage and the most mature industrial system. Its manufacturing scale ranks first in the world. The booming digital economy accelerated the progress of global industrial and technological revolution that created a new opportunity for the sustainable development of manufacturing industry. Pudong is a pioneer of the digital economy and manufacturing development in Shanghai as well as the whole country. Pudong's digital economy developed at top speed under the strong support of the local government, and its added value of manufacturing industry has stabilized at the trillion-yuan level for five consecutive years with the emerging of new business forms and models. In 2021, Pudong was entrusted with the heavy responsibility of the era as "a leading area for socialist modernization". On the journey of building a high-quality leading area, Pudong should take the new opportunity brought by the development of the digital economy, and positively promote the transformation and upgrading of the manufacturing industry, so as to achieve a sustainable development of Pudong's manufacturing industry.

Keywords: Digital Economy; Manufacturing Industry; Sustainable Development; Pudong New Area

B.4　The Situation, Challenges and Countermeasures of High-quality Development of Digital Energized Tourism in Pudong　　　　　　　　　　*Li Wei* / 067

Abstract: Pudong is rich in tourism resources and plays an important role in the development of Shanghai's tourism industry. Promoting the high-quality development of Pudong's tourism is not only one of the important tasks for Pudong to build a leading area in socialist modernization, but also an important support for Shanghai to build a world-famous tourism city. Based on the characteristics of internationalization, science and technology and modernization, Pudong promotes the strategic direction of the development and upgrading of tourist attractions with digital empowerment and technology empowerment. In addition, this paper analyzes the current situation of the transformation and upgrading of Pudong's tourism resources and points out three challenges facing Pudong's tourism industry in the post epidemic era: the impact of epidemic prevention and control, the change of tourists' preferences and the intensification of homogenized competition in traditional tourism. Therefore, Pudong can explore the introduction of science fiction theme parks, form a complementary dual core with Disney, and improve the energy level of Shanghai International Resort. In addition, Pudong can explore the industrial tourism development of modern manufacturing industries such as Zhangjiang Science and Technology Park and Cruise Town. Pudong can also enhance the cloud interaction between tourists and Pudong's high-quality scenic spots through meta games, and enhance the immersive experience of tourists through sharing and co-building.

Keywords: Pudong New Area; Tourism; Digital Enabling Development; Science and Technology Enabling Development

B.5 To Take the New Opportunity for Economic Development by Developing Digital Culture Industry *Wang Chang* / 087

Abstract: Digital cultural industry is a key field of cultural industry development and an important part of digital economy. In recent years, the nation, Shanghai and Pudong have continuously increased policy guidance and support for digital cultural industry. This report analyzes the current development situation of the digital culture industry in Pudong New Area from the aspects of leading overall situation, basic development conditions, forward-looking spatial layout, and advantageous system construction. It believes that the digital culture industry in Pudong is in the ascendant, but it still faces the development bottlenecks such as core functions to be cultivated, industry boundaries to be clear, integration system to be built, and typical signs to be refined. Therefore, Pudong should take this as a breakthrough, make good use of the initiative of the digital culture industry, and seize the new strategic opportunities of the new track of economic development.

Keywords: Digital Culture; Culture Industry; Pudong New Area

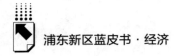
B.6　The Present Situation, Problems and Countermeasures

of Venture Capital Development in Pudong New Area

Abstract: Steady development of venture capital, is a key point in the construction of Pudong's Pioneer Area for Socialist Modernization. This paper analyzes the present situation, problems of venture capital development in Pudong, and finally gives some countermeasures and suggestions. First, establish a differentiated supervision system to optimize business environment for venture capital. Second, promote the management structure and mechanism innovation of state-owned venture capital institutions. Third, create a sound ecosystem for venture capital development. Fourth, allow Venture Capital Association play a bigger role as a link between VC institutions and government departments.

Keywords: Venture Capital; Business Environment; Pudong New Area

B.7　Practice and Thinking on Leading the Revitalization

of Rural Industry in Pudong New Area

Abstract: Promoting rural revitalization is a major strategic deployment of China in the new era, and the foundation and key of rural revitalization lies in industrial revitalization. In recent years, Pudong New Area has vigorously implemented the strategy of rural revitalization, driven the overall revitalization of rural areas by industrial revitalization, and made great efforts to optimize the layout of rural industries, deepen the comprehensive rural reform, and develop urban modern agriculture. It has achieved remarkable results in supporting policy mechanisms, building a foundation for industrial development, and developing new business entities. At the same time, compared with the goals and requirements of the construction of the leading area, it also faces many difficulties and challenges. It is necessary to further improve the level of rural industry development, accelerate the development of rural collective economy, improve the new agricultural management system, improve the comprehensive service guarantee function, and promote the rural revitalization of Pudong New Area to achieve new results.

Keywords: Rural Revitalization Strategy; Modern Agriculture; Industrial Revitalization; High Quality Development

Ⅲ   Special Topics

B.8   Promote the Construction of Pioneer Area for Socialist
Modernization and Enhance the Ability of Global
Resource Allocation

Xu Quanyong, Zhang Wenqi and Wang Chang / 140

Abstract: The practice of building Pudong into a pioneer area for socialist modernization has effectively improved the global resource allocation and influence of Pudong as international finance, shipping, trade, science and technology, and consumption centers. However, there are still some problems in Pudong such the lower influence of the global resource allocation in terms of the ability to gather and radiate high-end global elements, the weaker ability to build and control the global value chain, and the lower leadership of independent innovation and the lack of rules-making initiative of global resource allocation and governance. The next step is to actively innovate ideas and create a strategic link of domestic and international dual circulation, implement domestic and foreign opening-up to the highest level, improve the control of the global value chain, build the advantages of the global value and innovation chain, enhance the global leadership of independent innovation, promote system integration reform, and enhance the global influence of "Pudong governance".

Keywords: Pioneer Area for Socialist Modernization; Global Allocation of Resources; Global Influence; Pudong

B.9 The Current Status, Problems and Suggestions for the Development of Pudong New Area's Headquarters Economy *Wen Wen* / 156

Abstract: To develop the higher functional level headquarters economy is the important goal of Pudong New Area's headquarters economy construction for the 14th Five-Year Plan period. The goal decomposes the development of higher functional level headquarters economy of Pudong New Area into two main tasks, enhancing the functional level and expand the quantity. The article investigates the current status of Pudong New Area's headquarters economy development, summarizes its development mode and path, and then identifies the basis and starting point for Pudong New Area to move forward to higher functional level headquarters economy. Through conducting multidimensional comparison of Pudong New Area's headquarters economy competitiveness, the article further concludes the strengths and weaknesses of Pudong New Area's headquarters economy development. Based on this, the article presents three suggestions, namely building more resilient and stable development environment for headquarters economy, strengthening the aggregation and leading force for indigenous enterprise headquarters and cultivating new forms and models of headquarters economy, in order to provide ideas and working points for improving the functional level of Pudong New Area's headquarters economy.

Keywords: Pudong New Area; Headquarters Economy; Industrial Cluster

B.10　Leverage the Role of Large Enterprises as Centers of
　　　　Openness and Innovation, and Enhance Pudong's Function
　　　　as an Independent Innovator　　　　　*Zhang Bochao* / 172

Abstract: The Open Innovation Center for Large Enterprises (GOI) is an important starting point for Pudong to strengthen its innovation engine and a new highland of independent innovation. The construction of Pudong GOI is accelerating, focusing on the key scientific and technological industries in Pudong. Its technological empowerment continues to expand, and the innovation spillover effect begins to appear; Financial empowerment continues to improve, and the supporting function of factors is increasingly strengthened; Continuous optimization of ecological empowerment and increasingly strong regional innovation atmosphere; The new track empowerment continued to advance, and the new battlefield of scientific and technological innovation accelerated. However, GOI also has some problems, such as insufficient infrastructure construction such as public technology service platform, unsmooth supply and demand docking mechanism, urgent need to further improve the intellectual property rights of innovation achievements, and the need to strengthen linkage and cooperation between GOI and mass entrepreneurship and innovation carriers. Therefore, in the future, Pudong GOI should enhance the incubation service function of large enterprise open innovation centers, establish a coupling development mechanism of large enterprise

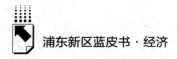
open innovation centers, optimize the assessment and evaluation rules of large enterprise open innovation centers, strengthen the atmosphere building work of large enterprise open innovation centers, strengthen the leading function of scientific innovation, and better serve the construction of Pudong leading area.

Keywords: Large Enterprise Open Innovation Center; Independent Innovation; Pudong New Area

B.11 Promote Innovation in Consumption Patterns to Deepen
the Development of the Pudong Leading Area

Zhan Yubo, Wang Bolin and Fu Quansheng / 188

Abstract: In view of the strategic task of "expanding the exemplary leadership of domestic demand" undertaken by Pudong Leading District, this study discusses how to innovate the consumption mode in Pudong to meet the needs of people's high quality life. We believe that consumption model innovation is an inevitable choice in the current stage of economic development due to the joint action of consumer upgrading, Internet technology progress and business model innovation. However, the formation of the new consumption mode depends on the improvement of the system support and supervision level.

Keywords: Innovation of Consumption Model; Pudong Leading Area; Business Model

B.12   Incubation of Hardcore Technology Enterprises in Pudong
New Area: Problems and Suggestions for Countermeasures
Li Zezhong, *Zhang Bochao* / 207

Abstract: This paper first analyzes the current situation of the development of hard-core technology enterprises in Pudong and, importantly, analyzes the characteristics and trends of the development. Then, from the perspectives of incubation source, incubation, and incubation effectiveness, this paper analyzes the shortcomings and shortcomings of hard-core technology enterprises in Pudong. Through the research and analysis of Pudong hard-core technology enterprises and incubation carriers, the current development trend of Pudong hard-core technology enterprises and the ability level and effectiveness of serving hard-core technology enterprises are clarified. In this way, this paper provides an essential basis for the development model of Pudong enterprises to change from scale growth to connotation improvement and quality improvement. It provides suggestions for improving the primary environment for incubation and cultivation in Pudong. In the future, it is necessary further to optimize the innovation power of the entire Pudong region to build a resource interaction platform. By improving the level of professional services, it can create a good development path for the growth of hardcore technology enterprises.

Keywords: Pudong New Area; Hard-core Technology Enterprises; Business Incubation Model

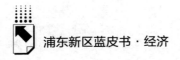
Abstract: Intellectual property finance is an organic integration of intellectual property system and financial service industry, and an important innovative business form in the period of high-quality economic development. Pudong New Area is the first pilot area to engage in intellectual property pledge financing in China, and has gradually explored the Pudong model in the innovation of intellectual property financial services. This paper combs and analyzes the development process and current situation of intellectual property financial services in Pudong New Area, summarizes the achievements and makes case studies. At the same time, the further development of intellectual property financial services innovation in Pudong New Area is still facing many challenges under the background of pioneer area for socialist modernization, and the article puts forward corresponding countermeasures and suggestions accordingly.

Keywords: Intellectual Property; Financial Services; Pledge Financing; Pioneer Area for Socialist Modernization

Abstract: Since the development of Pudong, the four development zones of Lujiazui, Waigaoqiao, Jinqiao and Zhangjiang have given full play to the role of "main force" in investment promotion and capital introduction in Pudong and formed an industrial foundation with their own characteristics, providing important support for the economic development of Pudong. In the practice of investment promotion and capital introduction, the four development zones pay attention to giving full play to national strategic advantages for Pudong developmen, improve business environment, focus on development and industrial planning, precise policies, optimize services, improve mechanisms, comprehensive use of industrial chain investment and other ways. At present, faced with challenges and problems such as complex and severe external environment, fierce competition from other provinces and regions, and constraints on its own element resources, the development zone needs to further improve the coordination mechanism, assessment mechanism and quick response decision-making mechanism, strengthen industrial investment research and platform construction, optimize talent and other policies, improve the efficiency of spatial resource allocation, so as to achieve higher quality investment attraction and boost high-quality economic development.

Keywords: Investment Promotion and Capital Introduction; Four Major Development Zones; Industrial Development; Business Environment

皮 书

智库成果出版与传播平台

❖ 皮书定义 ❖

皮书是对中国与世界发展状况和热点问题进行年度监测，以专业的角度、专家的视野和实证研究方法，针对某一领域或区域现状与发展态势展开分析和预测，具备前沿性、原创性、实证性、连续性、时效性等特点的公开出版物，由一系列权威研究报告组成。

❖ 皮书作者 ❖

皮书系列报告作者以国内外一流研究机构、知名高校等重点智库的研究人员为主，多为相关领域一流专家学者，他们的观点代表了当下学界对中国与世界的现实和未来最高水平的解读与分析。截至2022年底，皮书研创机构逾千家，报告作者累计超过10万人。

❖ 皮书荣誉 ❖

皮书作为中国社会科学院基础理论研究与应用对策研究融合发展的代表性成果，不仅是哲学社会科学工作者服务中国特色社会主义现代化建设的重要成果，更是助力中国特色新型智库建设、构建中国特色哲学社会科学"三大体系"的重要平台。皮书系列先后被列入"十二五""十三五""十四五"时期国家重点出版物出版专项规划项目；2013~2023年，重点皮书列入中国社会科学院国家哲学社会科学创新工程项目。

权威报告·连续出版·独家资源

皮书数据库
ANNUAL REPORT(YEARBOOK)
DATABASE

分析解读当下中国发展变迁的高端智库平台

所获荣誉

- 2020年，入选全国新闻出版深度融合发展创新案例
- 2019年，入选国家新闻出版署数字出版精品遴选推荐计划
- 2016年，入选"十三五"国家重点电子出版物出版规划骨干工程
- 2013年，荣获"中国出版政府奖·网络出版物奖"提名奖
- 连续多年荣获中国数字出版博览会"数字出版·优秀品牌"奖

皮书数据库　　"社科数托邦"
　　　　　　　　微信公众号

成为用户

　　登录网址www.pishu.com.cn访问皮书数据库网站或下载皮书数据库APP，通过手机号码验证或邮箱验证即可成为皮书数据库用户。

用户福利

- 已注册用户购书后可免费获赠100元皮书数据库充值卡。刮开充值卡涂层获取充值密码，登录并进入"会员中心"—"在线充值"—"充值卡充值"，充值成功即可购买和查看数据库内容。
- 用户福利最终解释权归社会科学文献出版社所有。

数据库服务热线：400-008-6695
数据库服务QQ：2475522410
数据库服务邮箱：database@ssap.cn
图书销售热线：010-59367070/7028
图书服务QQ：1265056568
图书服务邮箱：duzhe@ssap.cn

社会科学文献出版社　皮书系列
SOCIAL SCIENCES ACADEMIC PRESS (CHINA)

卡号：325838248442
密码：

S 基本子库
UB DATABASE

中国社会发展数据库（下设 12 个专题子库）

紧扣人口、政治、外交、法律、教育、医疗卫生、资源环境等 12 个社会发展领域的前沿和热点，全面整合专业著作、智库报告、学术资讯、调研数据等类型资源，帮助用户追踪中国社会发展动态、研究社会发展战略与政策、了解社会热点问题、分析社会发展趋势。

中国经济发展数据库（下设 12 专题子库）

内容涵盖宏观经济、产业经济、工业经济、农业经济、财政金融、房地产经济、城市经济、商业贸易等 12 个重点经济领域，为把握经济运行态势、洞察经济发展规律、研判经济发展趋势、进行经济调控决策提供参考和依据。

中国行业发展数据库（下设 17 个专题子库）

以中国国民经济行业分类为依据，覆盖金融业、旅游业、交通运输业、能源矿产业、制造业等 100 多个行业，跟踪分析国民经济相关行业市场运行状况和政策导向，汇集行业发展前沿资讯，为投资、从业及各种经济决策提供理论支撑和实践指导。

中国区域发展数据库（下设 4 个专题子库）

对中国特定区域内的经济、社会、文化等领域现状与发展情况进行深度分析和预测，涉及省级行政区、城市群、城市、农村等不同维度，研究层级至县及县以下行政区，为学者研究地方经济社会宏观态势、经验模式、发展案例提供支撑，为地方政府决策提供参考。

中国文化传媒数据库（下设 18 个专题子库）

内容覆盖文化产业、新闻传播、电影娱乐、文学艺术、群众文化、图书情报等 18 个重点研究领域，聚焦文化传媒领域发展前沿、热点话题、行业实践，服务用户的教学科研、文化投资、企业规划等需要。

世界经济与国际关系数据库（下设 6 个专题子库）

整合世界经济、国际政治、世界文化与科技、全球性问题、国际组织与国际法、区域研究 6 大领域研究成果，对世界经济形势、国际形势进行连续性深度分析，对年度热点问题进行专题解读，为研判全球发展趋势提供事实和数据支持。

法律声明

"皮书系列"（含蓝皮书、绿皮书、黄皮书）之品牌由社会科学文献出版社最早使用并持续至今，现已被中国图书行业所熟知。"皮书系列"的相关商标已在国家商标管理部门商标局注册，包括但不限于LOGO（▨）、皮书、Pishu、经济蓝皮书、社会蓝皮书等。"皮书系列"图书的注册商标专用权及封面设计、版式设计的著作权均为社会科学文献出版社所有。未经社会科学文献出版社书面授权许可，任何使用与"皮书系列"图书注册商标、封面设计、版式设计相同或者近似的文字、图形或其组合的行为均系侵权行为。

经作者授权，本书的专有出版权及信息网络传播权等为社会科学文献出版社享有。未经社会科学文献出版社书面授权许可，任何就本书内容的复制、发行或以数字形式进行网络传播的行为均系侵权行为。

社会科学文献出版社将通过法律途径追究上述侵权行为的法律责任，维护自身合法权益。

欢迎社会各界人士对侵犯社会科学文献出版社上述权利的侵权行为进行举报。电话：010-59367121，电子邮箱：fawubu@ssap.cn。

社会科学文献出版社